Andrea Gerhardt (*1971) studierte Erziehungswissenschaften, Wirtschafts- und Sozialgeographie und Soziologie an der Universität Kassel. Von 2003 bis 2009 arbeitete sie dort als Wissenschaftliche Bedienstete und Dozentin am Fachbereich 05, Gesellschaftswissenschaften. Die Dissertationsschrift zur Erlangung des akademischen Grades eines Doktors der Wirtschafts- und Sozialwissenschaften (Dr. rer. pol.) erschien 2007 unter dem Titel ‚*Ex-klusive Orte und normale Räume'* – *Versuch einer soziotopologischen Studie am Beispiel des öffentlichen Friedhofs*.
Nachdem die Autorin 2011 den pädagogischen Vorbereitungsdienst für das Lehramt an Gymnasien absolviert hatte, arbeitete sie zunächst an unterschiedlichen Schulen als Lehrerin im Angestelltenverhältnis, bis sie 2014 eine Stelle als Studienrätin an einem Gymnasium in Niedersachsen antrat.

Andrea Gerhardt

Wenn die Frau Mensch wird.
Campe, Holst und Hippel im Vergleich

Ein Beitrag zur Geschichte der Mädchen- und Frauenbildung

Bibliografische Information der Deutschen Nationalbibliothek:
Die Deutsche Nationalbibliothek verzeichnet diese Publikation in der Deutschen Nationalbibliografie; detaillierte bibliografische Daten sind im Internet über http://dnb.dnb.de abrufbar.

© 2017 Andrea Gerhardt

Herstellung und Verlag: BoD – Books on Demand, Norderstedt

ISBN: 978-3-7431-5336-3

Inhalt

1. Einleitung 7
   1.1 Meinungsbildung und „überzeugende Rede".
       Zur Wahl der Untersuchungsmethode 12
   1.2 Zum Forschungsstand 17
   1.3 Problematische Sachverhalte und
       Vernunftgründe. Zur Zielsetzung 22
   1.4 Soziologisch-Historische Positionierung. Zur
       Auswahl der Texte 26

2. Joachim Heinrich Campe – Zur Person 33
   2.1 Väterlicher Rat für meine Tochter. Ein
       Gegenstück zum Theophon 35
   2.2 Die zweifache Bestimmung der Frau 37
   2.3 Die Macht der Machtlosigkeit – „Eiche und
       Efeu" 41
   2.4 Die Kenntnis vom Menschen 44
   2.5 Gesellschaftskritik im Väterlichen Rat 50
   2.6 „Tue Recht und scheue niemand" – Sprachliche
       Aspekte und Überzeugungsstrategien 58
   2.7 Einschätzung zur Wirksamkeit des Campe-
       Textes 73

3. Amalia Holst – Zur Person 81
   3.1 Amalia Holst: Über die Bestimmung des Weibes
       zur höheren Geistesbildung (1802) 84
   3.2 Zuerst ist die Frau Mensch. Das
       Gleichheitspostulat bei Amalia Holst 87
   3.3 Bestehende Ungleichheiten. Das Faustrecht des
       Stärkeren 95
   3.4 Der Einfluss von Frauen auf die Menschheit.
       Das zentrale Belegmuster des Textes 108
   3.5 Zwischen Rousseau-Kritik und einer
       Angleichung an Campe: Die
       Auseinandersetzung mit Opponenten 119
   3.6. Einschätzung zur Wirksamkeit des Holst-
       Textes 131

4. Gottlieb von Hippel – Zur Person 137

    4.1 Theodor Gottlieb von Hippel: Über die
    bürgerliche Verbesserung der Weiber (1793)
    und Nachlass über weibliche Bildung (1801) 139

    4.2 Ursprung und Mechanismen der Macht und der
    Überlegenheit. Hippels implizite Machttheorie 143

    4.3 Die Überhöhung der weiblichen Natur 159

    4.4 Auswirkungen des postulierten
    Gleichheitsanspruchs 168

    4.5 Bildung und Erziehung 175

    4.6 Die Mühsal des Verstehens: Zur Textgestaltung
    bei Hippel 181

    4.7 Einschätzung zur Wirksamkeit des Hippel-
    Textes. 186

5. Bildung befördert die Vernunft.
Zusammenfassung und Ausblick 193

Literatur und Quellen 211

    Primärliteratur 211

    Sekundärliteratur 211

    Literatur zur Argumentationsanalyse und
    Buchwirkungsforschung 214

    Zeitschriftenartikel 215

1. Einleitung

In der vorliegenden Arbeit möchte ich drei vielzitierte Texte aus den Anfängen der Diskussion um weibliche Bildung neu lesen und interpretieren, da ich der Meinung bin, dass sie bisher vorwiegend unter dem Aspekt der angeblich von Männern geplanten und konstruierten Unterdrückung der Frau und dem gesellschaftlichen Machterhalt der Männer zur Kenntnis genommen worden sind. Wenn den Autoren Rousseau, Campe, und anderen unterstellt wird, es gehe ihnen in ihren Schriften *„um eine möglichst effiziente und stringente Beantwortung der Frage der Unterlegenheit der Frau gegenüber dem Mann"*,[1] dann wird die m.E. doch beträchtliche Mühe unterschätzt, die sich gerade Campe mit der Begründung seines Geschlechterrollen- und Gesellschaftsentwurfes gemacht hat. Der Aspekt der Unterdrückung der Frau durch den Mann ist zwar unbestritten ein wichtiger Aspekt, verkürzt aber die Betrachtung auf eine Gleichsetzung von Mann und Täter. Der Frau kommt dann ausschließlich die Opferrolle zu. Aus einer solchen Perspektive kann aber der soziologische Prozess der Bildung einer ganzen Gesellschaft nur unzureichend abgebildet werden. Auch eine Modifizierung des Täter-Opfer-Modells, wie sie beispielsweise von Viktoria Schmidt-Linsenhoff vorgeschlagen wird, kann keine wirkliche Forschungsalternative sein, da hier nun die *„Analyse der Mittäterschaft zum Zentrum feministischer Bildung und Wissenschaft"*[2] gemacht wird. Schmidt-Linsenhoff konstatiert zwar eine relativierte Sicht auf den *„mehr oder weniger brachialen ‚Ausschluss' der Frauen aus der ‚Männergesellschaft' und das Bild der Frauen als unschuldiges, ohnmächtiges Opfer"*,[3] festigt in der Folge ihrer Ausführungen jedoch das Täter-Opfer-Modell mit der Darstellung kollaborierender Frauen, ohne sich ernsthaft die Frage zu stellen, was diese Frauen von der

---

[1] vgl. Jonach 1997, S.17
[2] vgl. Christina Thürmer-Rohr, zit. nach *Sklavin oder Bürgerin?* Einleitung von Viktoria Schmidt-Linsenhoff, S.9-17
[3] vgl. ebd. S.11

Richtigkeit des hierarchischen Geschlechtermodells überzeugt haben könnte. Ich möchte einen Beitrag dazu leisten, aus den Texten selbst heraus ein Verständnis dafür zu entwickeln, warum manche Ideen oder auch Rollenvorbilder einen größeren Reiz auf Leserinnen und Leser ausübten als andere und damit eine stärkere Wirkung oder Wirksamkeit erzielen konnten.

Ich gehe im Folgenden davon aus, dass es sich bei den drei hier behandelten Texten um argumentative Texte handelt, die sich mit den Mitteln der Argumentationsanalyse unter der Zielsetzung, die Art und Form der Absicherung der vertretenen Thesen, d.h. ihre Begründungsstrategie nachzuvollziehen, untersuchen lassen. Auch die sehr frühen Positionen zum Thema der weiblichen Bildung waren inhaltlich differenziert und fielen nicht nur in zwei große, einander diametral gegenüberstehende Positionen auseinander. So stellt beispielsweise Elke Spitzer fest: *„Das Bewusstsein für die zum Teil erhebliche Differenz zwischen den Positionen ist noch kaum ausgebildet"*.[4] Zudem enthalten die Schriften, vornehmlich die von Campe, Holst und Hippel, Grundannahmen und argumentative Begründungsstrategien, die im Laufe des 19. Jahrhunderts nicht einheitlich und im ursprünglichen Zusammenhang rezipiert und fortgeführt worden sind. Diese Brüche und Diskontinuitäten sichtbarer zu machen, kann neue Erkenntnisse bezüglich des weiteren Diskurses über das Geschlechterverhältnis nach 1848 bringen.

Ich gehe davon aus, dass die überzeugende Rede im Zuge der Ereignisse nach der Französischen Revolution einen zentralen Stellenwert einzunehmen beginnt, da gerade im deutschsprachigen Raum um ein ausgewogenes Verhältnis zwischen Reform, also notwendiger gesellschaftlicher Erneuerung einerseits und Stabilität von gesellschaftlicher Ordnung andererseits gerungen wird. Beim Etablieren des Bürgerlichen stützt sich die Gesellschaft auf die Grundlagen der Selbstkontrolle gesellschaftlicher

---

[4] Spitzer 2002, S.184

Normen – der Einzelne muss wollen, was er soll. Um dies zu erreichen, muss der Einzelne davon überzeugt werden, dass das eine Handeln und Verhalten richtig, im Sinne von erwünscht und damit für die gesamte Gesellschaft nützlich und förderlich ist und das andere falsch, im Sinne von nicht erwünscht und damit schädlich für die Gesellschaft. Damit erhalten die Themen Bildung und Erziehung eine zentrale Position innerhalb dieses Spannungsfeldes des möglichst konfliktfreien Zusammenlebens der Menschen und sozialer Sicherheit, da der Einzelne bei allen Rechten und Freiheiten davon überzeugt werden muss, sich dem Wohl(ergehen) der ganzen Gesellschaft unterzuordnen. Die Bildung sorgt dabei für die nötige rationale Einsicht, die Erziehung sichert die Tradierung bewährter Verhaltensmuster durch Sozialisation – damit also sind zwei zentrale Stabilitätsfaktoren für die Konstitution einer Gesellschaft benannt, die beginnt, sich allmählich nicht mehr auf Obrigkeitsbefehl und gottgewollte Hierarchie zu stützen.

Für das neue Menschenbild war die Frau noch für Rousseau pädagogisch gesehen wenig interessant – der Mann war der Mensch, den es zu bilden und zu erziehen galt. Die Stellung der Frau war abhängig von der des Mannes, dem sie zur allgemeinen Unterstützung, zur Produktion und Versorgung der Nachkommen und zur Unterhaltung lediglich beigeordnet wurde. Ein pädagogisches Interesse an der Frau wird erst da relevant, wo die Frau freiwillig auf ihr prinzipiell zustehende Rechte verzichten soll, um die bisherige Geschlechterordnung zu erhalten (z.B. bei Campe). Das heißt: Sobald die Frau dem Manne in der Eigenschaft des Mensch-Seins gleichgestellt wird, hat sie vom Prinzip her die gleichen Rechte auf ein selbstbestimmtes Leben oder einen eigenen Lebensentwurf. Wenn die Frau Mensch wird, muss sie daher aus eigenen, freien Willen darauf verzichten, die gleichen Rechte einzufordern, die der Mann für sich geltend macht. Um in der Sprache der Zeit zu bleiben: Die Frau hat als

Mensch ein Recht auf eine gleichmäßige Entwicklung all ihrer Fähig- und Fertigkeiten.

Ausgehend von verschiedenen Grundannahmen, ergeben sich nun unterschiedliche pädagogische Konsequenzen. Eine erste Grundannahme könnte nun lauten, dass die Frau sich prinzipiell in den meisten ihrer Fähig- und Fertigkeiten vom Mann unterscheidet, so dass die bisherige gesellschaftliche Arbeitsteilung als quasi-natürlich beibehalten werden kann und muss. Eine entsprechende Argumentation ließe sich daher wie folgt skizzieren: Die Frau hat von Natur aus weniger Verstand als der Mann, ist daher auf die Versorgung durch den Mann angewiesen und ihre verminderten geistigen Fähigkeiten legitimieren daher auch seine Vormundschaft über sie. Des Weiteren erhält die Frau ihre natürliche Aufgabe in der Gesellschaft durch die Fähigkeit zur Mutterschaft. In diesem Fall gälte es, die Frau davon zu überzeugen, dass sie, wie Campe es nennt, zu Glückseligkeit nur kommen kann, indem sie ihrer spezifisch *„weiblichen Bestimmung"* folgt und der Pädagoge hat dafür zu sorgen, dass sie in der Ausbildung ihrer spezifischen Fähigkeiten und Fertigkeiten alle nötigen Hilfen erhält und schädliche Einflüsse von ihr ferngehalten werden.

Eine zweite Grundannahme könnte besagen, dass die geistigen Fähigkeiten von Frauen denen der Männer gleichrangig sind. Dennoch wird sich die Frau – so die Position von Amalia Holst – immer für ihren *„natürlichen Beruf"* der Mutterschaft entscheiden, sofern sie die Möglichkeit dazu hat. Eine Geistesbildung werde sie in der Ausübung dieses Berufes nicht behindern, vielmehr bestehe begründeter Anlass anzunehmen, dass diese Geistesbildung sie dafür sogar weiter qualifiziere. Sie werde, so die Argumentation, klüger haushalten können und sehr viel verständiger auf den Ehemann und die Kinder eingehen können, wenn sie auch ihre geistigen Fähigkeiten entwickelt habe. Pädagogisch gesehen bedeutet dies, dass es keine wirklich schädlichen Einflüsse für die Frau geben kann. Da im Kindesalter ja noch nicht festgestellt werden kann, ob die Frau ihren natürlichen Beruf als Mutter wird ausüben können, müssen ihr die gleichen Inhalte und Arbeitsweisen vermittelt werden, die auch die Knaben lernen. Die junge Frau darf nicht durch väterliches Gebot von etwas abgehalten werden, für das sie sich von sich aus interessiert.

Eine dritte Prämisse formuliert, dass das bestehende Geschlechterverhältnis ein Ergebnis gesellschaftlicher Machtverhältnisse ist, die sich ändern werden, wenn Frauen die gleichen Möglichkeiten zur Entwicklung ihrer Fähig- und Fertigkeiten erhalten wie die Männer. In der Argumentation von Theodor Hippel scheint zwar ebenfalls die Grundannahme durch, dass Frauen über spezifische Fähig- und Fertigkeiten verfügen, diese sind bei ihm allerdings nicht exklusiv auf den privaten Haushalt und die Kindererziehung beschränkt, sondern lassen sich auf alle Bereiche des gesellschaftlichen Lebens übertragen, wenn Frauen die entsprechenden Möglichkeiten dazu erhalten.

Diese Positionen sind nur auf den ersten Blick direkt miteinander vergleichbar, d.h. man kann nicht davon ausgehen, dass die zitierten Autoren, obwohl sie sich inhaltlich durchaus aufeinander beziehen, miteinander über das gleiche Thema diskutieren. Alle drei gehen von unterschiedlichen Grundannahmen aus, von denen aus sich ihre Argumentation entfaltet. Dieser Sachverhalt wird aber erst deutlich, wenn man ihre Positionen und Begründungszusammenhänge auseinander nimmt und damit die bisher oft verschwiegene oder vernachlässigte inhaltliche Differenz aufdeckt.

Aus dieser argumentativen und inhaltlichen Differenz ergeben sich Rückschlüsse auf die normbildende Kraft der Texte und damit auf ihre Wirkung oder Wirksamkeit im Prozess der Konstituierung von Gesellschaft, die ja direkt zusammenhängt mit der Überzeugungskraft, Begründung und Plausibilität eines argumentativen Textes. Nicht nur die Wahrheit einer Aussage überzeugt die Leser, sondern auch die Praktikabilität einer möglichen Umsetzung und die Rhetorik des Vorgetragenen spielen dabei eine Rolle. Plausibel und damit auch überzeugend wird eine Argumentation einmal durch die verwendete Rede, beziehungsweise den Text selbst. Um diesen Aspekt näher beleuchten zu können, wird der Frage der Buchwirkungsforschung: „Was macht das Medium mit den Menschen?" nachgegangen. Ein besonderes Augenmerk wird dabei auf den Aspekten der inneren Wirkung liegen. Zudem überzeugt eine Argumentation durch die mögliche Relevanz, die die vertretene oder abgelehnte Meinung beziehungsweise Einstellung für das eigene Leben hat. Dabei stellt sich die Frage, ob das besprochene Thema für wichtig oder eben für nicht so wichtig gehalten wird. Erkenntnisse darüber lassen sich aus dem soziologischen, historischen und kulturellen Kontext herleiten. Die präferierte Vorgehensweise könnte als Diskursanalyse bezeichnet werden.

1.1 Meinungsbildung und „überzeugende Rede". Zur Wahl der Untersuchungsmethode

Die drei von mir zur Untersuchung ausgewählten Texte werden im Verlauf der vorliegenden Arbeit nach dem gleichen Muster befragt. Der Schwerpunkt meiner Untersuchung liegt jedoch nicht in einer Datensammlung technischer historischer Argumente für oder gegen die Mädchen- und Frauenbildung, sondern in der Frage, warum einige Argumentationen offenbar stärkere Wirksamkeit entfaltet haben als andere. Diese Wirksamkeit bezieht sich auf die normierende Funktion normativer Argumente. Es geht in diesem Zusammenhang nicht so sehr um die Identifikation faktischer Richtigkeit von Argumenten, sondern um die Wirkung von überzeugender Rede auf das Verhalten, Handeln und Denken von Menschen. Von zentraler Bedeutung dabei ist, dass Menschen ihre Meinungen ändern können. Deshalb könnte man auch sagen, ich möchte herausfinden, inwieweit Argumentationen als überzeugende Rede zur Änderung und / oder Festigung von Meinungen und Einstellungen beigetragen haben.

Meinungsbildung und öffentliche Willensbildung können nur unter der *„Voraussetzung einer rational motivierenden und kollektiv bindenden Zustimmungsnötigung"*[5] bestehen. Die Motivation für Handeln und Verhalten wird meist durch überzeugende Rede, die Rhetorik, erzeugt. Gerade weil die Argumentation das entscheidende Werkzeug ist, *„Menschen gewaltlos, durch den ‚zwanglosen Zwang' überzeugender Rede (Persuasion) für gemeinsame Ziele zu gewinnen"*,[6] ist sie ein Werkzeug der Normbildung.[7] Normen beruhen auf einem hohen Maß an Konsens und Freiwilligkeit – die Wirksamkeit einer Normierung besteht darin, dass sich Individuen selbst auf Erfüllung der Norm kontrollieren. Die gesellschaftlichen Veränderungen im Zuge der französischen Revolution bedeuteten vor allem die Neueröffnung von Handlungsoptionen und damit das Entstehen neuer Verhandlungspositionen. Erhöhte gesellschaftliche Kontingenz bedeutet eine erhöhte Notwendigkeit der Verwendung von überzeugender Rede, um normbildende Kräfte zu mobilisieren, die als Grundlage der modernen Gesellschaft gelten können. Um 1800 vollzieht sich nicht nur im Geschlechterverhältnis ein wichtiger Wandel in der gesellschaftlichen Definitionsmacht,[8] auch die später als Humanwissenschaften bezeichneten Fächer konstituieren sich in diesem Zeitraum, waren allerdings noch weit von einer Ausdifferenzierung einzelner Disziplinen entfernt.

Der sich entwickelnde politische und wirtschaftliche Liberalismus spielt gerade für Deutschland eine wichtige Rolle als geisti-

---

[5] vgl. Kopperschmidt 2000, S.27
[6] ebd. S.32
[7] Dies gilt vor allem überall dort, wo sich demokratische Prozesse und Strukturen zu etablieren beginnen. Der Begriff *Normbildung* wird bewusst gewählt, da sich erst im Verlauf des 19. Jahrhunderts Normalisierungsprozesse herausgebildet haben (vgl. dazu Link 1999 und 2001; Link u.a. 2003)
[8] vgl. u.a. Dreßen 1982; Fraisse 1995; Frevert 1986 und 1995

ger Impuls der bürgerlichen Revolutionen von 1830 und 1848 und nationalen Einigungsbewegungen. Die bürgerlichen Emanzipationsbestrebungen gingen aus Protesten gegen Privilegien hervor, die mit der Geburt eines Menschen innerhalb eines gesellschaftlichen Standes einhergingen. An diesen Privilegien des Adels und des Klerus rieben sich die neuen Ideale der individuellen Leistung und der prinzipiellen Gleichheit aller Menschen. Da nun diese Privilegien von Gottes Gnaden obsolet zu werden drohten, mussten neue theoretische Entwürfe für die gesellschaftliche Differenzierung entwickelt werden. Die zentralen Fragen drehten sich um die Positionierung des Einzelnen zur und innerhalb der Gesellschaft. Es muss neu ausgehandelt werden, wie ein Zusammenleben von prinzipiell gleichen Individuen möglich ist und zugleich regulierbar, lenkbar und kontrollierbar bleibt.

Die Idee der Erziehbarkeit des Menschen zu Handlungen, die auf vernünftigen Entscheidungen beruhen, gewann im Zuge dieser Theoriebildung einen wichtigen Stellenwert. Adam Smith[9] begann sich in der Mitte des 18. Jahrhunderts mit diesen Fragen auseinander zu setzen. Die Gesellschaft wird bei Smith zum ersten Mal zu einem sich selbst regulierenden Handlungszusammenhang. In diesem Zusammenhang erhält der gesellschaftliche Kontext, wie etwa Herkunft, Familie, Milieu, aber auch die Anforderungen der wirtschaftlichen Selbsterhaltung (wenn nicht sogar diese vor allen anderen) eine andere Gewichtung und Betonung als zuvor. Smith war nicht nur Ökonom, sondern Gesellschaftswissenschaftler – seine Ideen wirkten weit in gesellschaftsbildende Prozesse auch im deutschsprachigen Raum hinein, denn:

„Nicht die sanfte Macht der Menschenliebe, sagt Smith, nicht der schwache Funke des Wohlwollens können unsere Leidenschaften

---

[9] Adam Smith (1723-1790) war Philosoph, Aufklärer und gilt als Begründer der klassischen Nationalökonomie

kontrollieren. Dazu ist eine stärkere Macht nötig, nämlich unsere innere Abhängigkeit von den Urteilen der Gesellschaft".[10]

Nach Smith eignet sich jedes Individuum die Verhaltenserwartungen, die an ihn gerichtet werden an, und diese Aneignung führt zu der Errichtung eines unabhängigen Subjekts im Innern, zu einem „*man within*", also zu einer inneren Instanz, die unser Verhalten kontrolliert. Nach Smiths Theorie werden gültige gesellschaftliche Normen durch einen sozialen Lernprozess in den Individuen selbst kontrolliert errichtet. Dieser „*Inwohner in unserer Brust*" ist für Smith eine Art Tribunal, das jedes Individuum in sich selbst aufbaut und vor dem alle Handlungen gerechtfertigt werden müssen. Smiths gesellschaftstheoretischer Entwurf mit der Abhängigkeit des Einzelnen von den Urteilen der Gesellschaft und mit dem inneren Tribunal, welches selbstkontrolliert dafür Sorge trägt, dass vom Einzelnen die geltenden Normen auch eingehalten werden, war eine wesentliche Voraussetzung für die praktische Arbeit der Pädagogen und die „*deutschen Pädagogen versuchten allererst, ein solches inneres Tribunal aufzubauen*".[11]

Die Idee von der Kraft der Normierung oder Normbildung in Bezug auf gesellschaftsbildende Prozesse wird von Jeremy Bentham[12] und damit zeitnah zu den hier behandelten Texten, weiterentwickelt. Benthams Ziel, das „*größtmögliche Glück für die größtmögliche Zahl von Menschen*" erreichen zu wollen, wird ein wichtiges Paradigma der bürgerlichen Emanzipationsbewegung. Er formulierte das Nützlichkeitsprinzip des Utilitarismus, dessen Anziehungskraft so groß war, dass sein Einfluss bis weit in das öffentliche Leben reichte und das wir als Argument in vielen – auch und vor allem pädagogischen – Schriften der Zeit wiederfinden.

---

[10] Jonas 1981, S.104
[11] Dreßen 1982, S.208
[12] Jeremy Bentham (1748-1832) war Sozialreformer und Jurist. Er gilt als Begründer des klassischen Utilitarismus

Die Themen rund um die Bildung und Erziehung des Menschen rückten zusammen mit den damit verbundenen Normierungsprozessen innerhalb einer Gesellschaft von Gleichen immer stärker ins Zentrum der gesellschaftlichen Aufmerksamkeit. So setzten sich bereits John Locke,[13] Jean Jacques Rousseau[14], der Marquis de Condorcet[15] und auch Immanuel Kant,[16] zum Teil ausführlich mit diesen Themen auseinander. Der neue Mensch ist ein sich selbst regulierender Organismus, vernunftbegabt und daher zu rationalem Verhalten und Handeln fähig, wenn er dazu erzogen wird. Individuelle Leistung bestimmen seine Nützlichkeit für die Gesellschaft, nicht die Privilegien der Geburt. Smiths Konzept des *„man within"* ist eine wichtige Verknüpfung zwischen der individuellen Erziehung des Einzelnen und den zentralen gesellschaftsbildenden Prozessen, da dieser neue Mensch kraft seiner Vernunftbegabtheit von richtigem, d.h. gesellschaftlich erwünschtem Handeln und Verhalten überzeugt werden kann.

Warum wurden nun also einige Meinungen beziehungsweise Überzeugungen normbildend und damit als handlungsleitende Prinzipien von den meisten Menschen akzeptiert und andere nicht? Ralph-Rainer Wuthenow bemerkt im Nachwort des Textes *Über die bürgerliche Verbesserung der Weiber*:

> „Immerhin steht Hippel nicht völlig allein mit seinen oft kühnen Überlegungen; wenn sie uns heute überraschen, dann doch vor allem, weil sie erstaunlicherweise von so geringer Wirkung waren, dass man sie hat vergessen können".[17]

---

[13] John Locke (1634-1704) war einflussreicher Vordenker der Aufklärung
[14] J.J. Rousseau (1712-1778) war Schriftsteller, Sozialphilosoph und Pädagoge
[15] Marie Jean Antoine Nicolas Caritat, Marquis de Condorcet (1743-1794) war Philosoph, Mathematiker und Politiker der Aufklärung
[16] Immanuel Kant (1724-1804) war bedeutender Philosoph der Aufklärung
[17] Theodor Gottlieb von Hippel: Über die bürgerliche Verbesserung der Weiber (1793). Nachwort von Ralph-Rainer Wuthenow 1977, hier S.273

Bisher hat sich, nach meiner Kenntnis, noch niemand daran versucht, das Erstaunliche dieser geringen Wirkung näher zu erkunden. Statistiken über Auflagenzahlen der einschlägigen Schriften können bei diesem Unternehmen lediglich ein Anhaltspunkt, aber keine inhaltlich erschöpfende Antwort sein.

Die Wahl eines argumentationsanalytischen Untersuchungsansatzes liegt, wie ich versucht habe zu zeigen, nahe, da überzeugende Rede ein wichtiges Moment im normbildenden gesellschaftlichen Prozess ist, der sich als (mit-)konstitutiv für die entstehende bürgerliche Gesellschaft erwiesen hat. Zudem greife ich damit eine Richtung der Erziehungswissenschaft auf, die an der *„These, dass die Pädagogik eine argumentativ orientierte Disziplin ist und die Erziehungswissenschaft argumentationsanalytisch zu arbeiten hat"*[18] orientiert ist. Um eine rein technische Analyse kann es in dieser Arbeit allerdings nicht gehen. In einem standardisierten, inhaltsanalytischen Verfahren fallen die rhetorischen Wendungen aufgrund des unzumutbar hohen Aufwands heraus, weshalb die Zielsetzung einer argumentationsanalytischen Untersuchung also im Vordergrund stehen muss.

1.2 Zum Forschungsstand

Diese von mir angestrebte genauere Untersuchung historischer Quellen zur Mädchen- und Frauenbildung ist in der bisherigen Forschung zu diesem Bereich als defizitär einzustufen. Es gilt zwar als allgemein bekannt – und anerkannt – dass sich eine bestimmte Argumentation durchgesetzt hat. Diese kann auch als *Mainstream* bezeichnet werden und umfasst im Kern die naturrechtlich begründete Unterlegenheit der Frau. Allerdings wurde den Mechanismen der Durchsetzung dieser Argumentation bisher wenig oder gar nicht nachgegangen. Dieser Umstand mag verwundern, vor allem, weil Forscherinnen auf dem Gebiet der historischen Mädchen- und Frauenbildung und der Geschichte

---

[18] Paschen/Wigger 1992, S.53

der Emanzipationsbewegung immer wieder anführen, dass es Alternativen zum *Mainstream* durchaus gegeben hat. Die frühen Schriften der Umbruchszeit um 1800 finden, so Elke Spitzer, *„keinen Platz in der Geschichte der Emanzipation, obwohl die Schriften von Amalia Holst und Gottlieb von Hippel bekannt waren und durch Neuauflagen zugänglich blieben"*.[19]

Im Zentrum der Aufmerksamkeit der meisten Forscherinnen stehen die Schriften, die um die Mitte des 19. Jahrhunderts entstanden sind und im Zusammenhang mit der Gründung des *Allgemeinen deutschen Frauenvereins* (1865) und damit der organisierten Frauenbewegung stehen. Der Grund, warum das Gleichheitspostulat, welches u.a. Hippel vertrat, ausgeblendet wurde, liegt in der Betonung der Differenz, die u.a. von Helene Lange vorgenommen wurde. Auch die Studie von Ann Taylor Allen belegt, dass in der Betonung der Geschlechterdifferenz eine Chance für die Frauen lag:

> „Ihre Aufgaben als Familienmütter schränkten einerseits ihre Möglichkeiten ein, lieferten ihnen andererseits ein Modell, mit dem sie sich einen Machtzuwachs verschaffen und ethische Autonomie erlangen konnten".[20]

Da also die ersten Vertreterinnen der alten Frauenbewegung selbst kaum Bezug auf die Schriften von Amalia Holst und Gottlieb Hippel nahmen, finden diese auch bei Margit Twellmann[21] und Ute Gerhard.[22] kaum Erwähnung. Der Schwerpunkt des vielzitierten Buches von Margit Twellmann liegt auf der Eigengeschichtsschreibung der deutschen Frauenbewegung. Von Historikerinnen wurde das Thema der Geschlechtlichkeit Mitte der siebziger Jahre aufgegriffen. Gisela Bock schrieb 1976 über *Arbeit*

---

[19] Spitzer 2002, S.1
[20] Allen, S.18
[21] Twellmann: Die deutsche Frauenbewegung. Ihre Anfänge und erste Entwicklung 1843-1889, Kronberg 1979
[22] Gerhard: Unerhört. Die Geschichte der deutschen Frauenbewegung, Reinbek 1990

aus Liebe – Liebe als Arbeit. Zur Entstehung der Hausarbeit im Kapitalismus[23] und Barbara Duden über *Das schöne Eigentum. Zur Herausbildung des bürgerlichen Frauenbildes an der Wende vom 18. zum 19. Jahrhundert*[24], sowie Karin Hausen über *Die Polarisierung der Geschlechtscharakters*[25]. Die Germanistin Silvia Bovenschen griff 1979 *Die imaginierte Weiblichkeit* auf und die Sozialwissenschaftlerin und Juristin Ute Gerhard begann 1978 über *Die Verhältnisse und Verhinderungen* der Frauenarbeit und Frauenrechte im 19. Jahrhundert nachzudenken. Boventschen unterstrich mit ihrer Arbeit vor allem die Richtung des Forscherinnenblicks auf die Konstruktion des Mannes als Täter und der Frau – dem entsprechend – als Opfer.[26]

Das Mädchenschulwesen in Deutschland, und damit den engeren Bereich der Frage nach der Erziehung und Bildung des weiblichen Geschlechts, hat Elisabeth Blochmann bereits in *Das ‚Frauenzimmer' und die ‚Gelehrsamkeit'. Eine Studie über die Anfänge des Mädchenschulwesens in Deutschland* 1966 analysiert und dabei die Bedeutung Rousseaus und der deutschen Philanthropen sowie die Idealisierungen von Weiblichkeit in der deutschen Klassik unterstrichen. Die Rolle der Frau als Bürgerin hat Monika Simmel 1980 in ihrer Schrift *Erziehung zum Weibe. Mädchenbildung im 19. Jahrhundert* aufgegriffen.

Zu den wichtigsten und meist zitierten Arbeiten gehört aber wohl noch immer *Die Ordnung der Geschlechter. Die Wissenschaft vom Menschen und das Weib 1750-1850*, welches 1991 von Claudia Honegger verfasst wurde. Bei ihr wird u.a. deutlich, wie sehr die konstruierte Weiblichkeit durch herrschende gesellschaftliche Diskurse beeinflusst worden ist und die Erkenntnisse der begin-

---

[23] In: Frauen und Wissenschaft, Sommeruniversität für Frauen, Juli 1976. Berlin 1977
[24] In: Kursbuch 47, 1977, S.125-140
[25] In: Werner Conze: Sozialgeschichte der Familie in der Neuzeit Europas. Stuttgart 1977, S.363-393
[26] vgl. Spitzer, S.17

nenden Ausdifferenzierung der wissenschaftlichen Disziplinen quasi überschwappten in den moralisch-sittlichen Diskurs der Geschlechterrollen. Die Sonderanthropologie der Frau lieferte eine wissenschaftlich legitimierte Grundlage für die Hierarchie der Geschlechter. Auch Ute Frevert diskutiert bereits 1986 in *Frauen-Geschichte zwischen bürgerlicher Verbesserung und Neuer Weiblichkeit* das ideologische Spannungsfeld zwischen bürgerlich-freiheitlichen Gleichheitsansprüchen und dem hierarchischen Geschlechtermodell: *„Der Versuch, geschlechtliche Ungleichheit als ‚natürlich' zu rechtfertigen, fand aber am Selbstverständnis der bürgerlichen Gesellschaft seine Grenze"*.[27]

Der Ausstellungskatalog des Historischen Museums Frankfurt *Sklavin oder Bürgerin? Französische Revolution und Neue Weiblichkeit 1760-1830*, den Viktoria Schmidt-Linsenhoff 1989 herausgegeben hat, liefert schließlich vielfältige Einblicke über die Konstruktion von Weiblichkeit um 1800. Umfassen die Beiträge vor allem den literarisch-künstlerischen Bereich, so stellt er doch eine facetten- und umfangreiche Materialsammlung dar. Im theoretischen Teil wird die neue Perspektive der feministischen Forschung verkündet, die darin bestehe, die Mittäterschaft der Frauen am Konstruktionsprozess der Weiblichkeit zu fokussieren. Diese Perspektive blendet den Aspekt der Wirksamkeit verschiedener theoretischer Ansätze nicht direkt aus, weigert sich aber die Konsequenzen einer offenbar funktionierenden Normalitätsproduktion anzuerkennen.

Pia Schmidt beschäftigt sich in ihrer Habilitationsschrift von 1993 *Der Beitrag der Pädagogik bei der Durchsetzung der bürgerlichen Geschlechtertheorie* schließlich mit der Rolle der pädagogischen Hauptströmung und den Konzeptionen der Gegenstimmen, zu denen die Schriften von Holst und Hippel gehören. Ebenso wie Hannelore Schröder in *Die Frau ist frei geboren. Texte zur Frauenemanzipation* werden die Hauptaussagen der zitierten Texte so

---

[27] Frevert, S.11

sehr reduziert, dass eine adäquate Einschätzung der textimmanenten Begründungsstrategien und eine Beantwortung der Frage, warum diese Texte von Holst und Hippel so wenig wirksam waren, nicht möglich ist. Als wichtiges Standardwerk zum Thema der weibliche Bildung muss an dieser Stelle die *Geschichte der Mädchen- und Frauenbildung* herausgegeben von Elke Kleinau und Claudia Opitz Erwähnung finden. Diese Aufsatzsammlung beinhaltet, in thematischen Schwerpunkten zusammengefasst, die wichtigsten Eckpunkte und bietet einen ausführliche Überblick. Elke Spitzer konstatiert zutreffend:

„Damit liegt eine große Zahl sozialhistorischer und literaturwissenschaftlicher Studien vor, die zeigen, dass sich die ideengeschichtliche Auseinandersetzung mit dieser Zeit überwiegend auf den Geschlechterdualismus beschränkt hat".[28]

Dem Aspekt der Gleichheit der Geschlechter, welcher den Schwerpunkt in Spitzers Arbeit bildet, wurde ebenso wenig Aufmerksamkeit geschenkt, wie der Frage, warum sich diese alternativen Entwürfe zur weiblichen Bildung, für die exemplarisch die Schriften von Holst und Hippel stehen, so wenig wirksam durchgesetzt haben. Die Frage, die Jürgen Kocka aufwarf, bleibt weiterhin unbeantwortet:

„Die Mechanismen und Legitimationsmuster, die verhinderten, dass diese Ungleichheit [im Geschlechterverhältnis] stärker und früher als Ungerechtigkeit definiert und bekämpft wurde, sind mindestens so interessant wie die Ungleichheit selber. Woher nahmen die Familie, die Kirchen, das Schulwesen, Ideologie und Kultur die Kraft und die Macht, die Umsetzung von sozialer Ungleichheit in Proteste im Fall des Geschlechterverhältnisses zu verhindern oder doch sehr klein zu halten, während doch gleichzeitig eine andere Furche sozialer Ungleichheit, nämlich die zwischen den Klassen, zur Front härtester Proteste und Verteidigungen wurde?"[29]

---

[28] Spitzer, S.20
[29] In: Frevert: Bürgerin und Bürger, S.207; zitiert nach Spitzer, S.10

Woher nahm die entstehende bürgerliche Gesellschaft die Kraft und die Macht die Geschlechter dualistisch und hierarchisch zueinander zu stellen und bei dieser offensichtlichen Ungleichheit keine umfassenden Proteste und Gegenbewegungen heraufzubeschwören? Eine mögliche Annäherung an die Beantwortung dieser Frage liegt m.E. in der, mit der Überzeugungskraft und damit normierenden Kraft zusammenhängenden, Wirksamkeit der einschlägigen frühen Texte – die also zu einem Zeitpunkt entstanden, als die Weichen für ein neues Paradigma gestellt wurden.

1.3 Problematische Sachverhalte und Vernunftgründe. Zur Zielsetzung

Ich versuche die Texte *Väterlicher Rat für meine Tochter* (Campe 1796), *Über die bürgerliche Verbesserung der Weiber* (Hippel 1795) und *Über die Bestimmung des Weibes zur höheren Geistesbildung* (Holst 1802) also unter dem Gesichtspunkt der argumentativen Begründungszusammenhänge zu betrachten, um dem Geheimnis ihrer Wirksamkeit, die sich zu großen Teilen auf die Stärke der angeführten Argumente stützt, ein Stück näher zu kommen.

Die unterlegten Rollenbilder der Geschlechter spielen dabei eine ebenso große Rolle wie die Lösungsvorschläge für ein möglichst konfliktfreies Gesellschaftsmodell. Ich denke, ich habe ausreichende Gründe gefunden, die oben genannten Texte als argumentative Texte betrachten zu können. Ich gehe im nächsten Abschnitt näher darauf ein. Zunächst möchte ich näher definieren, von welchen Arbeitsbegriffen ich ausgehe und wie diese sich zu den Fragestellungen der Plausibilität, Überzeugungskraft, Glaubwürdigkeit und letztlich Wirksamkeit verhalten.

Der Begriff des argumentativen Textes meint im Folgenden keine Textgattung; die Argumentation ist ein vom Inhalt weitgehend unabhängiges Textmuster, eine Superstruktur. Dieses Textmuster äußert sich vor allem in der Art und Weise der Darstellung von Begründungszusammenhängen:

> „Unter ‚Argumentation' soll eine geregelte Abfolge (Sequenz) von Sprechhandlungen verstanden werden, die zusammen ein mehr oder weniger komplexes, kohärentes und intentionales Beziehungsnetz zwischen Aussagen bilden, das der methodischen Einlösung von problematisierten Geltungsansprüchen dient".[30]

Unter einem Geltungsanspruch ist dabei eine Aussage, beziehungsweise eine Behauptung über das Sosein eines Sachverhaltes zu verstehen. Dabei geht es nicht nur um die Richtigkeit einer Aussage oder eines Faktums, sondern auch um den Wahrheitsgehalt. Der Wahrheitsanspruch und der Richtigkeitsanspruch sind aber auch zwei strukturell voneinander zu unterscheidende Geltungsansprüche:

> „Während der Wahrheitsanspruch die Verlässlichkeit informativer Rede sichert, verbürgt sich der Richtigkeitsanspruch für die Verbindlichkeit von handlungsleitenden Orientierungen".[31]

Wahrheitsanspruch und Richtigkeitsanspruch strukturieren allerdings nur eine *„spezifische Warum-Frage"*, nämlich die Geltungsfrage. Diese muss von der Sachfrage, die nach Erklärung und Deutung fragt und damit durch die Anführung von Ursachen und Motiven beantwortet wird, strukturell unterschieden werden. Mit Argumenten, die als spezifische Art von Gründen gelten können, wird also ein Begründungszusammenhang entworfen, der einen behaupteten Anspruch auf Geltung möglichst überzeugend darlegt.

Wird ein Geltungsanspruch problematisiert, dann wird mit dieser Infragestellung der Behauptung entweder die implizit mit behauptete Wahrheit einer Behauptung (Wahrheitsanspruch) oder aber ihre Richtigkeit (Richtigkeitsanspruch) in Bezug auf die handlungsleitende Orientierung bestritten. Ist letzteres der

---

[30] Kopperschmidt 2000, S.59
[31] Kopperschmidt 1989, S.39

Fall, dann bedeutet dies, dass *„ein tragendes Einverständnis zwischen den Kommunikationspartnern nicht weiter naiv unterstellt werden kann".*[32] Das Problematisieren von Geltungsansprüchen ist für die vorliegende Arbeit deshalb von Bedeutung, weil zweierlei Aspekte dabei deutlich werden: 1.) diese allgemeinere Bestimmung von Argumentation erlaubt es, das was Frevert *„Kampf um die Definitionsmacht"* innerhalb des Geschlechterrollendiskurses genannt hat, als Aushandlungsprozess mit argumentativen Mitteln zu betrachten und 2.) verknüpft dieser Ansatz der Argumentationsanalyse in anschaulicher Weise die Geschlechterrollendebatte mit den normbildenden gesellschaftlichen Prozessen. Der Begriff Geltungsanspruch beinhaltet das, worum es geht; es geht um das, was gelten soll – und was nicht.

Die Plausibilität von Argumenten ist ein wichtiges Moment ihrer Überzeugungskraft. Für diese Plausibilität lassen sich Begründungssprachen rekonstruieren, denn *„Argumente können für die Bewältigung einer Problemlage nur dann einschlägig sein, wenn sie material dem gleichen Bereich bzw. ‚der selben Sprache' angehören".*[33] Aus diesem Grund schenke ich in meiner Interpretation einer Argumentationsanalyse auch den jeweils verwendeten Plausibilitätsressourcen besondere Beachtung. Aus diesen Quellen werden schließlich die Argumente für die formulierten Thesen generiert. Die alltägliche, praktische Erfahrung aller Beteiligten Akteure oder auch die herrschende Normalität des gesellschaftlichen Hier und Jetzt, spielt als Plausibilitätsressource eine evident wichtige Rolle. Sie garantiert die Anknüpfung der Argumentation an bereits Bekanntes und stellt damit eine gesicherte argumentative Basis dar.[34] Im Gegensatz dazu ist eine argumentative

---

[32] Kopperschmidt 1989, S.76
[33] Kopperschmidt 1989, S.106
[34] In metaphorischer Hinsicht bildet das Für-Selbstverständlich-Hingenommene den festen Boden unter unseren Füßen. So sind dann auch die Gewissheiten, die wir alle teilen, gewissermaßen Tabu; sie werden in der Regel nicht infrage gestellt, da dies bedeuten würde, unsere Welt in ihren Grundfesten zu erschüttern.

Anknüpfung an zukünftig vorgestellte gesellschaftliche Zustände weit weniger sicher; weshalb eine solche Argumentation als utopisch charakterisiert werden könnte.[35] Es wird also ersichtlich, dass die verwendete Ressource der täglichen praktischen Anschauung einerseits und die der bloß vorgestellten, möglichen Zukunft andererseits, sich stark voneinander unterscheiden. Während eine Argumentation, die sich aus der ersteren schöpft, ihre überzeugende Wirkung dadurch erzielen kann, dass die Wahrheit gewissermaßen direkt vor den Füßen des zu Überzeugenden liegt, muss sich letztere auf die Vorstellungskraft des zu Überzeugenden verlassen.

Als weitere Plausibilitätsressourcen müssen die Erkenntnisse aus verschiedenen wissenschaftlichen Disziplinen betrachtet werden. Um 1800 beginnen sich die Wissenschaften, wie bereits erwähnt, gerade zu spezialisieren. Die Erkenntnisse aus der vergleichenden Anthropologie beispielsweise, konstituieren etwa ab der Mitte des 18. Jahrhunderts ein wichtiges Wissensfeld über die Geschlechter. Dieses Wissen führt im Laufe des 19. Jahrhunderts zur Entstehung einer weiblichen Sonderanthropologie,[36] welche auch außerhalb der wissenschaftlichen Disziplin als Argument immer wieder auftaucht; d.h. wissenschaftliche Spezialdiskurse beeinflussen immer auch andere Diskurse, wie z.B. den um die Partizipation von Mädchen und Frauen an höherer Bildung. Die im Vergleich zum Mann sich unterscheidende Organisation des weiblichen Körpers wird mithilfe der sich langsam entwickelnden biologischen, zoologischen und medizinischen Forschung immer mehr zur allgemein akzeptierten Tatsache. Da die Erkenntnisse aus diesen wissenschaftlichen Disziplinen zunehmend als gesicherte Erkenntnisse gelten, stellt eine Berufung

---

[35] Der Begriff „utopisch" leitet sich hier vom Wortsinn ab, der mit „kein Ort" benannt werden könnte – eine utopische Argumentation bezieht sich demnach auf gesellschaftliche Zusammenhänge, die im Hier und Jetzt (noch) keinen Ort haben.
[36] vgl. Honegger, S.295

darauf argumentativ eine sichere Option dar – d.h., es stärkt jede Argumentation, wenn sich diese auf wissenschaftliche Erkenntnisse berufen kann. Ob und inwiefern es jedoch erlaubt, beziehungsweise angebracht ist, eine soziologisch-normative Forderung mit z.B. medizinischen Argumenten zu stützen und wie sich dies tatsächlich auf die Glaubwürdigkeit auswirkt, wird noch zu zeigen sein. Denn das Heranziehen von Expertenwissen stellt nicht nur eine sichere Plausibilitätsressource dar, sondern demonstriert auch den Zugang zu einer Machtressource, da Experten immer mehr wissen, als andere. Dennoch bleibt an dieser Stelle zunächst festzuhalten, dass die Plausibilitätsressource als Basis für die entworfene Argumentation dient und vor allem dann wirksam werden kann, wenn es gelingt, diese auf die Inhalte, die vermittelt werden sollen, abzustimmen.

1.4 Soziologisch-Historische Positionierung. Zur Auswahl der Texte

Meine Auswahl der Schriften beschränkt sich bewusst auf die historische Phase vor 1830, da ich der Meinung bin, dass um 1800 die Grundlagen der Legitimierung des vorherrschenden Diskurses ab diesem Zeitraum gelegt worden sind. Auch die Argumentationen der zweiten Hälfte des 19. Jahrhunderts, vornehmlich die der alten Frauenbewegung, mussten sich auf Bekanntes – wo schon nicht auf Anerkanntes – beziehen, um an Sachverhalte anknüpfen zu können, die bereits viel früher, wenn auch in anderer Form, behandelt worden sind. Für die Auswahl der Texte ist zunächst die grobe Positionierung der darin geäußerten Meinungen vor dem sozial-historischen Hintergrund ausschlaggebend.

Die zeitliche Phase nach 1789 und vor 1830 ist vor allem in Deutschland im Wesentlichen durch ein Sicherheitsdenken bezüglich der gesellschaftlichen Ordnung geprägt. Einerseits muss die gesellschaftliche Ordnung neue, bindende Grundlagen erhalten, andererseits wurde man auf der deutschen Seite durch ten, andererseits wurde man auf der deutschen Seite durch die Gräueltaten der Revolutionäre in Frankreich vor allzu grundlegenden Forderungen abgehalten – der anfänglichen Euphorie über die Französische Revolution folgte rasch eine Ernüchterung, die vor allem durch die unverhohlene Gewaltbereitschaft und Gewaltanwendung ausgelöst wurde. Der Tenor in den Schriften der deutschen Reformer ist demnach ein klares „Ja" zu den Menschenrechten, aber ein ebenso klares „Nein" zu gewaltsamer gesellschaftlicher Veränderung. Diese Hoffnung auf eine möglichst gewaltfreie Reformbewegung ist einer der Hintergründe, vor dem die um 1800 entstandenen Schriften gesehen werden müssen.

Die Themen der gesellschaftlichen Sicherheit, die durch eine kontrollierte Reform erreicht werden sollte und der Erneuerung, die mit der notwendigen Modernisierung der Gesellschaft einhergeht, lassen sich nur mit Mühe miteinander vereinbaren. Allen von mir ausgewählten Autoren ist die Überzeugung gemeinsam, dass die Art der Bildung und Erziehung im Kern das friedliche Zusammenleben der Menschen sichern können. Bildung befördert die Vernunft – und ein aus Vernunftgründen heraus handelnder Mensch ist die sicherste Option auf sozialen Frieden. Die richtige Erziehung befördert die Bildung zur Vernunft und gewöhnt den Einzelnen an die nötige Kooperation, die für das Leben in der Gemeinschaft mit anderen Menschen erforderlich ist.

In Bezug auf die weibliche Bildung ergibt sich ein deutliches, unübersehbares Konfliktpotenzial hinsichtlich dieser gemeinsamen Überzeugung. Wo einige (z.B. Hippel und Holst) der Ansicht sind, dass Frauen nicht aufhören werden, Mütter, Gattinnen und Hausfrauen zu sein, ja sie sogar besser ihre Aufgaben erfüllen werden, gesteht man ihnen den uneingeschränkten Zugang zu (höherer) Bildung zu, verweisen andere (z.B. Campe) auf die Gefahren, die von zu viel und zu gründlicher (Geistes-)Bildung der Frau ausgehen. Während die eine Seite davon überzeugt ist, dass eine bessere Bildung der Frau sich als ein Vorteil für die gesamte Gesellschaft erweisen wird, will die andere Position möglichst wenig dem Zufall überlassen. Strikte, ausführliche Regeln bezüglich des Handelns, des Verhaltens und des Denkens von Frauen werden hier formuliert und nur diese allein können nach dieser Überzeugung eine ausreichende Garantie hinsichtlich der angestrebten gesellschaftlichen Sicherheit liefern. Dass es sich bei dieser Formulierung der einen und anderen Seite nur um eine äußerst grobe und, wie ich meine, unzureichende Zuordnung handelt, wird im Verlauf der Arbeit deutlich werden.

Bildung selbst ist ein ambivalenter Prozess im Spannungsfeld von sozialer Sicherheit und gesellschaftlicher Erneuerung. Für die weibliche Bildung gilt dies in mindestens doppelter Weise, da mit der Frage nach weiblicher Bildung die Frage nach der Stellung der Frau in der Gesellschaft verbunden ist. Schließlich ist damit auch die Frage nach der gesamten sozialen Ordnung auf das Engste verknüpft. Und nicht zuletzt ist jede Frage nach der gesellschaftlichen Ordnung auch und zugleich eine Machtfrage.

Hippel betont diesen Zusammenhang gesellschaftlicher Macht immer wieder und er bekräftigt dennoch seine Grundhaltung der Gewaltfreiheit. Frauen haben ihm zufolge ihre gesellschaftliche Macht ohne ihre Schuld verloren und sie haben bisher keinen gewaltsamen Versuch unternommen, sie wiederzuerlangen. Dies, soviel ist nach Hippel offenkundig, liege auch gar nicht in ihrem Bestreben. Ich interpretiere Hippel an dieser Stelle dahingehend, dass frau sich mit dieser Haltung als vernunftbegabte Kooperationspartnerin qualifiziert, die für friedliche Verhandlungen offen ist. Deshalb appelliert Hippel an die Vernunft der Männer, bestehendes Unrecht einzusehen und etwas daran zu ändern. Hippel braucht allerdings nicht extra zu betonen, dass das Teilen von Macht direkt mit einem Machtverlust einhergeht

– und Machtverlust bedeutet in erster Linie Kontrollverlust, welcher wiederum direkt mit existenziellen Ängsten einhergehen kann. Hippel sieht diesen Umstand durchaus, wenn er davon spricht, dass man(n) den Frauen „*allmählich*" auf politische Köpfe und Füße helfen muss. Hierbei spielt die Bildung wiederum eine zentrale Rolle. Werden den Frauen, so Hippel, in ihrem jetzigen, ungebildeten Zustand soziale Macht eingeräumt durch die gleichen Rechte, so grenze dies gewissermaßen an sozialen Selbstmord, da damit der Machtmissbrauch vorprogrammiert wäre, da wo die Voraussetzungen für eine vernünftige Auseinandersetzung mit sozialen Konfliktsituationen fehle. Beweisen Frauen allerdings im Zuge ihrer Menschenbildung (und Hippel lässt keinen Zweifel daran, dass sie es beweisen werden) ihre Fähigkeit, ihr Handeln und Verhalten an rationalen Maßstäben auszurichten, dann müsse ihnen nach Hippel auch die gesellschaftliche Anerkennung und die Rechte des vernünftigen Menschen zugestanden werden. Hippels Denken ist nur konsequent, wenn Frauen mit den gleichen Voraussetzungen der Bildung auch die gleichen Möglichkeiten der sozialen Partizipation erhalten müssen und dieses erworbene Potenzial zum Wohl der ganzen Gesellschaft einzusetzen. Hippel sieht also zukünftig Frauen in ausnahmslos allen gesellschaftlichen Positionen, eben auch in den einflussreichen wie dem Richteramt, in der Politik und als Professorinnen an den Universitäten.

Campe hingegen sieht und kritisiert ausführlich den von ihm befürchteten Niedergang der Familie als Keimzelle des Staates, wenn Frauen etwas anderes sind und werden als Hausfrauen, Ehefrauen und Mütter. Dabei ist m.E. nicht ausgemacht, dass es ihm um die bewusst konstruierte gesellschaftliche Ohnmacht von Frauen geht. Sein Hauptthema ist nicht die effiziente Kleinhaltung der Frau, sondern ihr eigenes, privates und individuelles Lebensglück. Auch Campe kritisiert die herrschende Willkür im Geschlechterverhältnis. Er wünscht sich Gesetze, die nicht nur das Zusammenleben der Geschlechter besser regeln, sondern Frauen auch eine bessere, gesetzlich einklagbare und damit legitime Grundlage ihrer gesellschaftlichen Stellung bieten. Nicht zuletzt sichert Campe mit seinem Konzept Frauen – wohlgemerkt in all ihrer Beschränktheit auf Haus und Familie – damit eine gewisse Machtressource, aus der sich schließlich im öffentlichen Diskurs ein Bereich mit eigenem Ethos entwickeln wird.[37] Genau aus diesem Bereich wird sich der Einstieg von Frauen gerade als Verantwortliche für Haus und Familie in den öffentlichen Diskurs entwickeln. Auch wenn de facto von Campe die Untergebenheit der Frau unter den Mann aufrecht erhalten wird, so wird durch Campes Modell doch die Frau zur Quelle von Gesellschaft; und „Wie die Quelle – so der Bach". Campes *Väterlicher Rat* muss m.E. als Versuch gesehen werden, in unsicheren Zeiten und Verhältnissen die weibliche Existenz zu sichern. Nur in dieser Perspektive werden seine Ausführungen zu weiblichen Bildung verständlich. Hausverstand entwickeln, rechnen können, um nicht von Handwerkern und Hausangestellten hintergangen und betrogen zu werden, Menschenkenntnis erwerben, um bei der Wahl des Gatten und der Angestellten nicht eine unangenehme Überraschung zu erleben, sich an Bescheidenheit und Demut gewöhnen, um nicht den Zorn des Mächtigeren zu erregen – dies sind alles Strategien zur Konfliktvermeidung; aus der (sicheren) Erkenntnis heraus, dass frau im Konfliktfall immer den Kürzeren zieht, sie immer die Leidtragende ist.

In der Position von Amalia Holst findet sich zunächst ein eigenes Profil, indem sie sich auf eine wahre, echte Bildung für Frauen beruft, die sich weder in der Form noch im Inhalt von der Bildung für Männer unterscheiden darf. Holst ignoriert indes in ihrer Schrift zum einen die beginnende Differenzierung der Gesellschaft, indem sie ein ausgeprägtes ständisches Denken offen-

---

[37] Verwiesen sei an dieser Stelle ein weiteres Mal auf die von Allen formulierten Anfänge des Feminismus, insbesondere die „geistige Mütterlichkeit"

bart und zum anderen die beginnende Differenzierung der wissenschaftlichen Disziplinen, indem sie mehrfach bekräftigt, es gäbe für sie nur eine Wissenschaft. Der Fortschrittsglaube ist dagegen – paradoxer Weise – sehr stark ausgeprägt. Das Thema der gesellschaftlichen Stabilität und Ordnung besteht deshalb in ihrer Schrift aus einer Mixtur aus konventionellen und liberalen Argumenten. Holst will selbst keine „*Revolutionsschreiberin*" sein – die gesellschaftliche, bei ihr sogar die ständische, Ordnung darf als Sicherheit gebend nicht angetastet werden. Auch bei ihr findet sich implizit eine Auseinandersetzung mit dem Spannungsfeld zwischen sozialen Reformen und gesellschaftlicher Stabilität, welches erschüttert wird durch das Thema der weiblichen Bildung.

Neben den unterschiedlichen Positionen und Meinungen war ein weiteres Kriterium für die Auswahl der Texte ausschlaggebend: Ihr eigener Anspruch, überzeugen zu wollen; d.h. einen ausgearbeiteten und umfangreichen Beitrag zu diesem Thema leisten zu wollen. Allen Autoren gemeinsam ist ein ganz persönliches Anliegen, welches sie am Thema Frauenbildung haben. Campe formuliert seinen Text als Ratgeber vornehmlich für seine eigene Tochter, Holst sieht sich selbst als Vertreterin der Frauen, die sich bisher zu diesem Thema noch nicht ausreichend geäußert haben und Hippel sieht in der momentanen Einrichtung des Geschlechterverhältnisses ein grundlegendes Übel, gegen welches er mit Vernunftgründen anzugehen gedenkt.

Ich betrachte den *Väterlichen Rat* als argumentativen Text, weil der Text zunächst die Form einer überzeugenden (An-) Rede hat. Campe will seine Tochter und mit ihr alle bürgerlichen Mädchen von der Wichtigkeit freiwilliger Pflichterfüllung überzeugen. Er tritt ein für die Normierung von Handeln und Verhalten und schließlich nimmt der Text, wie oben ausgeführt, Bezug auf aktuelle Problemlagen der entstehenden bürgerlichen Gesellschaft.[38] Campe entwirft eine Lösungsstrategie für die oben genannten gesellschaftlichen Problemlagen, die auf guten und vernünftigen Gründen beruht. Seine Ausführungen werden argumentativ gestützt und leisten damit einen Beitrag zu öffentlich geführten Diskussionen.

In *Die bürgerliche Verbesserung* bemerkt Hippel selbst:

„Wo Satz und Gegensatz einander so nah sind, dass sie sich die Hände bieten können, da liegt jedem die Pflicht auf, seinen Satz mit aller Stärke zu beweisen und dann dem Publico das Richteramt zu überlassen".[39]

Hippel selbst formuliert damit den Anspruch des argumentativen Prinzips für seinen Text. Der gesamte zweite Teil des Textes veranschaulicht dieses Prinzip, indem er die Einwände seiner Opponenten zitiert, um darauf zu antworten. Damit wird der Text dialogisch – er ist in der Form von Rede und Gegenrede gehalten.

Amalia Holst stellt gleich zu Beginn ihrer Schrift fest, *„dass diese wichtige Materie, über welche fast Männer allein bereits so viel geschrieben haben, auch einmal von der andern, von der weiblichen Partei"*[40] zur Sprache kommen müsse. Sie möchte vorzüglich ihr Geschlecht von der Wichtigkeit und dem Umfang ihres Berufes als Mensch und als Weib überzeugen. Auf die Darstellung der Wichtigkeit von Frauen und ihren Einfluss auf die Gesellschaft verwendet Holst nicht unerhebliche Mühe – neben den Ausführungen zu den weiblichen Pflichten ist dies ihr Hauptanliegen. Sie kämpft damit auch gegen die Unsichtbarkeit von Frauen und gegen die Herabsetzung ihrer Leistungen.

---

[38] Insbesondere die „Schriftstellereisucht" und „Lesewut", sowie die Stellung der „höheren Stände" wird von Campe kritisiert.
[39] Hippel 1793, S.37
[40] Holst, S.15

2. Joachim Heinrich Campe – Zur Person

Geboren wird J.H. Campe als fünftes von acht Kindern im Juni 1746 in Deensen bei Holzminden an der Weser. Sein Vater, der früh verstirbt, betreibt eine kleine Gastwirtschaft und handelt mit Garn und Leinen. Auf Initiative der Mutter wird Campe an das Gymnasium in Holzminden gegeben, von dem aus er im Jahr 1765 an die Universität in Helmstedt wechselt, um Theologie zu studieren. Er gilt als eifriger Schüler und Student und vertritt öffentlich eine freisinnige, aufgeklärte Theologie, derentwegen ihm schließlich sein Landesstipendium gestrichen wird und er schließlich sogar aus Helmstedt fliehen muss. Campe beendet sein Studium 1769 in Halle a.d. Saale.

Seine erste Anstellung in Berlin, als Hauslehrer und Erzieher von Wilhelm und Alexander von Humboldt, eröffnet Campe den Zugang zur Berliner Aufklärungsgesellschaft. 1773 heiratet Campe Dorothea Maria Hiller und er übernimmt eine Anstellung als Feldprediger. Nach der Geburt von Tochter Lotte (Sophie Elisabeth Lucie Charlotte) 1774 bessert Campe das Familieneinkommen durch die Tätigkeit als Schriftsteller und Rezensent auf. Er vertritt eine philanthropische, aufgeklärte Meinung, mit der Überzeugung, dass der Mensch ein zur Vernunft erziehbares Wesen sei.

Campe ist in Berlin bekannt und beliebt, doch er verlässt die Stadt, um dem Ruf nach Dessau an das dortige *Philanthropin* zu folgen, da die Rolle und Arbeit als Theologe ihn nicht ausfüllt. Doch bereits nach elf Monaten scheitert Campe in seinen Reformbemühungen und geht nach Hamburg, um dort als freier Schriftsteller zu arbeiten, was ihm mit der Veröffentlichung seines Lesebuches *Robinson* auch gelingt.

1778 gründet Campe mit seiner Frau ein Familieninstitut, in dem er gegen gute Bezahlung und unter Übernahme der Elternrechte die Kinder von reichen Hamburger Kaufleuten zur Erziehung in seinem Haus aufnimmt. Die Popularität dieses Projektes ist so groß, dass Campe immer wieder Bitten um Aufnahme von weiteren Kindern abschlagen muss. Sein Haus wird von Neugierigen und Durchreisenden regelrecht belagert.

Aus gesundheitlichen Gründen verlagert Campe 1783 seinen Wohnsitz nach Trittau und übergibt die Leitung seines Erziehungsinstitutes dem Philanthropen Ernst C. Trapp. Gemeinsam mit anderen Aufklärern und Pädagogen arbeitet Campe an dem Werk zur *Allgemeinen Revision des gesamten Schul- und Erziehungswesens,* welches zwischen 1785 und 1792 erscheint.[41] Damit festigt Campe seine Position innerhalb der aufgeklärten Intelligenz seiner Zeit.

1786 übersiedelt Campe nach Wolfenbüttel und beginnt im Auftrag des Herzogs mit der Ausarbeitung eines Plans zur umfassenden Reform des niederen und höheren Schulwesens im Herzogtum Braunschweig – Wolfenbüttel. Das Reformvorhaben scheitert schließlich am Widerstand der Stände und der orthodoxen Geistlichkeit.

Die Gründung der Braunschweigischen Schulbuchhandlung und Campes damit verbundene Aktivität als Verleger Pädagogischer Schriften macht Braunschweig zum wichtigsten publizistischen Zentrum der spätphilanthropischen Erziehungsbewegung. Neben dem Vertrieb seiner eigenen Bücher, die beträchtliche Auflagen erreichen, gelingt es Campe, viele wichtige Denker seiner Zeit zur Veröffentlichung ihrer Schriften in seinem Verlag zu bewegen. Mit der Gründung des *Braunschweigischen Journals philosophischen, philologischen und pädagogischen Inhalts* schafft Campe ein modernes Diskussionsforum, in das auch Artikel aufgenommen werden, die von seiner eigenen Haltung und Meinung abweichen.

---

[41] Bei den *Allgemeinen Revisionen* handelt es sich um ein 15bändiges Werk, das sich kritisch mit allen wichtigen pädagogischen Positionen der Aufklärungszeit auseinandersetzt

Die Ereignisse und den Verlauf der Französischen Revolution, die Campe zusammen mit Wilhelm von Humboldt auf einer Parisreise kennenlernt, bestätigen ihn in seiner Überzeugung, dass der Mensch zunächst durch eine aufgeklärte Erziehung zu Selbständigkeit und Selbstorganisation befähigt werden müsse, bevor ihm ein größeres Maß an bürgerlicher Freiheit eingeräumt werden könne. Joachim Heinrich Campe stirbt im Oktober 1818 im Alter von 72 Jahren.

2.1 Väterlicher Rat für meine Tochter. Ein Gegenstück zum Theophon

Der *Väterliche Rat* erscheint in der ersten Auflage bereits im Revolutionsjahr 1789.[42] Der Text erlebt bis 1832 neun weitere Auflagen durch Campe selbst und wahrscheinlich vier Auflagen, die durch Raubdruck entstanden. Bis 1799 werden 8700 Exemplare des *Väterlichen Rats* verkauft. Der Text wird ins Holländische, Französische, Russische, Polnische und Dänische übersetzt.[43] Von den 766 Personen, die im Subskriptionsverzeichnis aufgeführt sind, sind immerhin 293 weiblich. Dies ist ein ungewöhnlich hoher Anteil. Aus diesen Zahlen lässt sich ablesen, dass der *Väterliche Rat* ein Bestseller war und viel – vor allem von Frauen – gelesen wurde.

In den folgenden Abschnitten werden die zentralen Inhalte des *Väterlichen Rats* herausgearbeitet. Andere Schriften Campes finden indes hier keine Berücksichtigung. Ein Versuch der Gegenüberstellung des *Väterlichen Rats* und des *Theophons* liegt bereits in der Publikation von Jonach *Väterliche Ratschläge für bürgerliche Töchter*[44] vor. Dennoch ist dieses Feld m.E. noch längst nicht erschöpfend behandelt.

---

[42] Meiner Bearbeitung liegt ein Nachdruck der Ausgabe von 1796 zugrunde
[43] vgl. Schmitt 1996, 205
[44] vgl. Jonach 1997

Der *Väterliche Rat* ist mit 528 Seiten recht umfangreich. Die folgenden Abschnitte behandeln Campes Setzungen zur weiblichen Bestimmung,[45] die Abhängigkeit der Frau vom Mann,[46] Campes Ausführungen zur Menschenkenntnis[47] sowie gesellschaftskritische Aspekte des Textes.[48] Gerade dieser letzte Punkt wurde bisher nur unzureichend beleuchtet, spielt aber m.E. eine große Rolle bei der Einschätzung des Textes hinsichtlich seiner Bezugnahme auf die Formierung der bürgerlichen Gesellschaft. Vor diesem Hintergrund tritt das bürgerliche Ideal der weiblichen Rolle als Gattin, Hausfrau und Mutter nicht etwa zurück, sondern wird als wesentliches Element im Kanon der Ideale der bürgerlichen Gesellschaft neu positioniert. Die Abgrenzung der bürgerlichen Gesellschaft vom Adel geschieht bei Campe nicht vorrangig über die Betonung des neuen Familienideals sondern, wie wir noch sehen werden, durch das Berufen auf die Fähigkeit zur menschlichen Vervollkommnung. Die bürgerliche Frau gehört nicht etwa zur bürgerlichen Gesellschaft weil sie dem neuen Familienideal entspricht, sondern weil sie durch ihren bürgerlichen Stand, ihre Erziehung und durch die selbstbewusste, vernünftige Übernahme ihrer Pflichten zu menschlicher Vervollkommnung in der Lage ist.

In Abschnitt 2.6 konzentriere ich mich auf Campes sprachliche Strategien und auf die legitimatorischen Ressourcen, die er zur Begründung seiner Behauptungen immer wieder heranzieht, d.h. auf die Autoritäten, auf die sich Campe zur Stützung seiner Argumentation beruft. Abschließend werden die von mir behandelten Aspekte hinsichtlich ihrer Wirkung auf die Leserin eingeschätzt.

---

[45] vgl. Abschnitt 2.2
[46] vgl. Abschnitt 2.3
[47] vgl. Abschnitt 2.4
[48] vgl. Abschnitt 2.5

2.2 Die zweifache Bestimmung der Frau

Campe postuliert gleich zu Beginn seines *Väterlichen Rats:*

„Du bist ein M e n s c h – also bestimmt zu allem, was der allgemeine Beruf der Menschheit mit sich führt. Du bist ein F r a u e n z i m m e r – also bestimmt und berufen zu allem, was das Weib dem Manne, der menschlichen und bürgerlichen Gesellschaft sein soll. Du hast also eine zweifache Bestimmung".[49]

Diese Feststellung ist für das Konzept von Campe alles andere als trivial und nicht zu vernachlässigen. Aus der Bestimmung des Menschen ergibt sich bei Campe der Sinn des Lebens – und dieser ist, *„Beglückung seiner selbst und Anderer".*[50] Der Bestimmung des Menschen sind verschiedene *Wirkungskreise* zugeordnet. Diese Zuordnung ergibt sich aus dem Schicksal oder der Vorsehung einerseits und der Stellung innerhalb der menschlichen Gesellschaft, also dem gesellschaftlichen Stand, andererseits. Aus diesem *Wirkungskreis* ergeben sich wiederum die (Berufs-)Pflichten des Einzelnen, deren Erfüllung notwendig ist, damit der Wirkungskreis ausgefüllt, die Bestimmung erfüllt und das Leben sinnvoll und glücklich sein kann.

Die Einschränkungen der menschlichen Bestimmung auf die Grenzen des so angewiesenen *Wirkungskreises,* würden also theoretisch durchaus als Grundlage für die weitere Spezifizierung der (Berufs-)Pflichten der Frau ausreichen. Schließlich ergibt sich aus der eingeschränkten menschlichen Bestimmung bereits durch den besonderen Standort innerhalb der menschlichen Gesellschaft der Wirkungskreis der Frau, woraus sich ihre zu erfüllenden Pflichten ableiten lassen – d.h. die von Campe im obigen Zitat postulierte zweifache Bestimmung der Frau ergibt sich nicht aus der durch den Wirkungskreis angewiesenen Bestimmung des Menschen und sie ist damit auch keine Ableitung

---

[49] Campe, S.7
[50] Campe, S.8

aus der menschlichen Bestimmung, sie ist eine zusätzliche Setzung. Diese zweifache Setzung ist ein wichtiges Element, um die Geschlossenheit von Campes Entwurf verstehen zu können und Ausdruck seiner Überzeugung, dass Frauen nur im häuslichen Kreise als Hausfrauen, Gattinnen und Mütter wirklich glücklich werden können. Die allgemein menschliche Bestimmung der Frau ist bereits auf den „*bestimmteren Beruf als Weib*" bezogen.[51] Die Frau ist Mensch, indem sie ihr Frau-Sein ausfüllt. Die Setzung der weiblichen Bestimmung neben der so definierten menschlichen Bestimmung sichert den angestrebten Sinn des Lebens in doppelter Weise ab, denn der Ausdruck „seine Bestimmung erfüllen" bedeutet in jedem Zusammenhang bei Campe die Chance auf ein glückliches, erfülltes Leben. Die Frau findet nicht als Mensch Glück und Erfüllung, sondern als Frau.

Der Umstand weiblichen Geschlechts zu sein, bringt bei Campe eine eigene, eine gesonderte Bestimmung mit sich. Die Bestimmung als Frau, die von der allgemein menschlichen Bestimmung unterschieden ist. Die Besonderheit dieser Bestimmung liegt darin, dass sie nur einen Wirkungskreis hat: das Haus. Den Sinn des Lebens findet die Frau nicht außerhalb ihrer Bestimmung. Ihre menschliche Bestimmung verweist sie zwar bereits auf diesen häuslichen Wirkungskreis, betont aber nicht stark genug, dass Glück und Erfüllung im Leben der Frau nur und einzig aus dieser Quelle fließen. Genau das aber wird durch die Setzung der weiblichen Bestimmung erfüllt.

Der Wirkungskreis, der sich aus der menschlichen Bestimmung der Frau ergibt und aus dem sich die weiblichen Pflichten ergeben, sagt noch nichts über die herausragende Wichtigkeit der Stellung der Frau in der Gesellschaft. Dieser allgemeinmenschliche Wirkungskreis ist nämlich, wie Campe selbst betont, durch die Übereinkünfte und Traditionen der menschlichen Gesellschaft gesetzt. Damit ist er Veränderungen unterworfen,

---

[51] vgl. Campe, S.12

die sich aus der sich wandelnden Organisation der Gesellschaft ergeben mögen. Es ist für Campe nicht genug, Frauen ihren Platz innerhalb der gesellschaftlichen Arbeitsteilung zuzuweisen und ihnen ihre sich daraus ergebenden Pflichten und Aufgaben zu erläutern, sondern er definiert Frau-Sein als spezifisches Mensch-Sein mit einer eigenen Bestimmung, einem eigenen Wirkungskreis und damit einer eigenen Hoffnung auf ein glückliches, erfülltes Leben.

Da Frauen nicht glücklich werden können, wenn sie gegen ihre Bestimmung leben, müssen sie alle Tätigkeiten, Verhaltensweisen und Denkweisen vermeiden, die nicht zu ihrer Bestimmung gehören. Als pädagogische Konsequenz daraus ergibt sich die Forderung, dass alle Bildungsvorhaben und Bildungsinhalte für Mädchen und Frauen sich auf ihre Bestimmung beziehen müssen, weil alles andere sie unglücklich machen würde.

Die *weibliche Bestimmung* ist ein eigener Komplex von Prämissen. Aus der einmal konstruierten weiblichen Bestimmung gibt es in Campes Konzept kein Weg mehr zurück zur allgemein menschlichen Bestimmung. Das ist vielleicht Campes wichtigste argumentative Leistung. Die wichtigste Intention für die Verfassung des *Väterlichen Rats* ist, *„den Nachen der Glückseligkeit"* vor dem Kentern zu retten. Für Campe sind Frauen ein über seine eigenen Vorteile erblindetes Geschlecht;[52] ihre Abhängigkeit vom Mann ist nur ein Scheinübel und sie haben es selbst in der Hand, *„diese Abhängigkeit so zu mäßigen, zu mildern und zu versüßen"*, dass außer den selbstverständlichen Einschränkungen, die sie als Mitglieder einer menschlichen Gesellschaft nun einmal hinnehmen müssten, davon *„kaum noch etwas merklich bleibt".*[53] Es ist eine Tatsache, so Campe, dass Frauen zwischen Vorurteilen, Moden, Sitten und bürgerlicher Verfassung eingezwängt seien und von allen Seiten Beschränkung erfuhren. Die Erziehung und das

---

[52] vgl. Campe, S.27
[53] Campe, S.27

Modediktat zielten auf eine körperliche Schwächung und auf Verweichlichung ab, die Sitte verlange von der Frau die Vorsicht, nicht auch nur den Anschein eines unsittlichen Verhaltens entstehen zu lassen, also auf ihren guten Ruf zu achten und die bürgerliche Verfassung habe alle wichtigen gesellschaftlichen Positionen ausschließlich mit Männern besetzt, die diese mit einem *„demütigenden Zurück!"* an die Frauen gerichtet, auch verteidigten.

Campe mag sich ernsthaft gefragt haben, wie Frauen von diesen Beschränkungen umzingelt, überhaupt glücklich werden können. Seine Antwort ist das Konzept der weiblichen Bestimmung, mit dem dreifachen Beruf der Gattin, Hausfrau und Mutter. Die einzig wahre Aussicht auf Glück besteht für Frauen darin, sich keine falschen Hoffnungen zu machen, keine überzogenen Erwartungen an das Leben, die Männer oder ihre Möglichkeiten zu haben, sich keinen falschen Illusionen hinzugeben und bestimmt nicht darin, ihr Schicksal zu bejammern. Die Frau muss pragmatisch lernen, sich in ihrer Beschränkung wohl zu fühlen, sich die drückende Abhängigkeit zu erleichtern wissen und zufrieden zu sein, mit dem was sie hat und bekommt. Letztlich gilt dies nicht nur für Frauen:

> „Dass doch Jeder und Jede mit dem Standorte in der menschlichen Gesellschaft, den die Vorsehung ihnen angewiesen hat, zufrieden sein wollten! Dass doch Jeder und Jede ihre Ehre und ihr Glück darin suchen und finden möchten, d i e s e n Standort, und n u r d i e s e n, mit Würde zu behaupten, und nur nach dem zu streben, was ihnen dazu behilflich sein kann! Dann würde es mit der menschlichen Gesellschaft überhaupt, und mit dem Privatwohl einer jeden einzelnen Familie in jedem untergeordneten Stande insonderheit, ungleich besser stehen".[54]

In dieser Trennung, die sich aus der Definition der allgemeinen und der besonderen Bestimmung des Menschen als vergesell-

---

[54] Campe, S.85

schaftetes Wesen ergibt, liegt ein großes Sicherheitspotenzial – wenn jeder und jede weiß, wo sein / ihr Platz ist, wenn jeder und jede so lebt, dass er seinen / ihrem angewiesenen Wirkungskreis ausfüllt, dann funktioniert der Staat und die Gesellschaft wie eine gut geölte Maschine, in der alle Rädchen ineinander greifen und ein jedes seine Aufgabe hat. Wenn ein jeder auch noch daran arbeitet, diesen ihm angewiesenen Platz mit Freude und allen ihm zur Verfügung stehenden Möglichkeiten auszufüllen, dann wird es keine Konflikte oder Auseinandersetzungen geben.

2.3 Die Macht der Machtlosigkeit – „Eiche und Efeu"

Die Abhängigkeit der Frau vom Mann ist also für Campe eine Tatsache, die er nicht ändern will und auch nicht kann, denn mit einer solchen Forderung würde er sich gegen die weise Einrichtung der Natur und gegen die Tradition der menschlichen Gesellschaft stellen.

„Es ist also der übereinstimmende Wille der Natur und der menschlichen Gesellschaft, dass der Mann des Weibes Beschützer und Oberhaupt, das Weib hingegen die sich ihm anschmiegende und stützende treue, dankbare und folgsame Gefährtin und Gehilfin seines Lebens sein sollte – er die Eiche, sie der Efeu, der einen Teil seiner Lebenskraft aus den Lebenskräften der Eiche saugt, der mit ihr in die Lüfte wächst, mit ihr den Stürmen trotzt, mit ihr steht und mit ihr fällt – ohne sie ein niedriges Gesträuch, das von jedem Vorübergehenden zertreten wird".[55]

Campe ist überzeugt, dass der Mensch als ein soziales Wesen immer abhängig vom Urteil anderer Menschen ist. Menschen haben durch ihre Vergesellschaftung Vorteile, aber um diese auch nutzen zu können, müssten sie einige Nachteile in Kauf nehmen.[56] Einer dieser Nachteile sei für die Frau die Abhängig-

---

[55] Campe, S.23
[56] „Will man des überwiegenden Vorteils der Gesellschaft genießen, so muss man auch die damit verbundenen Nachteile zu ertragen wissen" Campe, S.202

keit vom Mann. Campe mildert diesen Umstand ab, indem er schon zu Beginn seines Textes die generelle Abhängigkeit aller Menschen von der gesellschaftlichen Ordnung anführt. Nun komme es darauf an, dass frau diese spezielle Abhängigkeit vom Mann richtig einzuschätzen lerne, damit sie nicht zu drückend für sie werde.

Campe betont immer wieder, dass die Erwartungen des Mannes an eine kluge, verständige, ihn in allen Dingen unterstützende Gattin rechtmäßig sind. Schon im Zuge der gesellschaftlichen Arbeitsteilung dürfe der Ehemann erwarten, dass sein Haushalt, den er durch seine außerhäusliche Arbeit finanziert, nicht durch Leichtsinn und Verschwendung an den Rand des Ruins gebracht werde. Der Mann dürfe erwarten, dass alles sauber und aufgeräumt sei, wenn er aus dem Kontor nach Hause komme; er dürfe erwarten, sich nicht um alles selbst kümmern zu müssen – was ihm auf Grund seines außerhäuslichen Berufes auch gar nicht möglich sei. Die Frau hingegen ist mit solchen Erwartungsrechten nicht ausgestattet – ganz im Gegenteil, sie dürfe nicht erwarten, dass ihre Träume, Wünsche und Hoffnungen irgendwann Erfüllung finden; sie ist nicht die Gestaltende, sie muss sich darauf verlassen, dass ihr Versorger immer die richtigen Entscheidungen trifft. Sie hat nur eine einzige Möglichkeit für das Wohl der Familie – und für ihr eigenes – zu sorgen, nämlich alles zu vermeiden, was den Gatten von der Erfüllung seines Berufes ablenken könnte und ihm alle Arbeiten abzunehmen, die nichts mit seiner Versorgerrolle zu tun haben.

Die Frau ist mit dem Mann auf Gedeih und Verderb unlösbar verbunden, sobald sie in den Ehestand tritt. Beeinflussen kann sie ihn nur durch Sanftmut, Geduld und Unterwürfigkeit – dies sind ihre *„mächtigen Waffen"* gegen die sich der Gatte gar nicht wehren kann:

> „Denn wisse, mein Kind, dass der Mann, und zwar je kraftvoller und männlicher er ist, eher gegen alles andere, als gegen anhal-

tende Sanftmut, gegen stille und geduldige Ertragung seiner Launen, gegen Nachgiebigkeit und fortdauernde Freundlichkeit auszuhalten vermag. [...] Er ist der Löwe, der nur gegen Starke Stäke zeigt, und den Schwächeren mit sich spielen lässt".[57]

So, und nur so, sei der Mann völlig in der Hand der Frau *„und mit etwas Klugheit, verbunden mit wahrer und herzlicher Liebe, kannst du daraus machen, was du willst! Bei Gott! Das kannst du!"*[58] Campe bekräftigt diese Behauptung, indem er noch weiter ausholt:

„noch soll der Mann geboren werden, der diesen Waffen zu widerstehen vermag. Es widersteht ihnen Keiner, sei er so trotzig, wie er wolle; sei er so kalt oder so hitzig, wie er wolle, so fühllos oder so leidenschaftlich, wie er wolle! Es widersteht ihnen Keiner; denn das wäre wider die Natur des Menschen, und wider die vermag sogar der größte Unhold nichts!"[59]

Und belegt es, indem er die Geschichte und die Erfahrung in den Zeugenstand ruft. Indem also Campes Tochter auf seine Ratschläge hört, verbündet sie sich gewissermaßen mit einem mächtigen Freund – der Natur. Sind die Gesetze der Natur auf der Seite der Frau, braucht sie kein von Menschen gemachtes Gesetz mehr; sie ist mächtiger als jedes geschriebene Wort, mächtiger als alle Macht, die von Menschen gewährt werden kann. Das stärkste Moment dieser Macht ist freilich die Machtlosigkeit, denn die Frau kann ihre Macht niemals einsetzen, um etwa eigennützige Ziele zu verfolgen. Der einzige Sinn und Zweck dieser Macht ist das eigene, individuelle Glück der Frau – verbunden mit der einzigen wahren Anerkennung, die sie in dieser Gesellschaft erwerben kann.

Der einzige Zweck der von Campe geforderten Bildung und Erziehung der Frau ist, diese vor hausgemachten Schwierigkeiten, die jede Frau selbst vermeiden könne, zu warnen und zu schützen. Der Kernpunkt einer solchen Erziehung liegt in der

---
[57] Campe, S.203/204
[58] Campe, S.203/204
[59] Campe, S.204

Konzentration auf die wahren Stäken der Weiblichkeit, die nicht aus einer dumpfen, unbewussten Unterwürfigkeit, sondern aus ihrer Nachgiebigkeit und aus ihrer Klugheit besteht, zu wissen, wann es besser ist, die eigenen Bedürfnisse zurück zu halten. Die Unterordnung der Frau folgt aus ihrem aufmerksamen Bedenken und Abwägen der nachteiligen Folgen, die sich daraus ergeben können, wenn man sich mit einem Stärkeren auf einen offenen Konflikt einlässt. Das frühe Einüben der häuslichen Pflichten ist der Frau bei dieser Entwicklung eine Hilfe. Durch die Hausarbeit konzentriert sie sich auf solche Dinge, die sie beeinflussen kann und die von keinem Stärkeren beansprucht werden. Mit der Konzentration auf den häuslichen Wirkungskreis wird die Frau von gefährlichen, weil vorwiegend von Männern, also den vermeidlich Stärkeren, besetzten Aktivitäten abgelenkt.

2.4 Die Kenntnis vom Menschen

Campes Ziel im zweiten Teil des *Väterlichen Rats* ist die Vermittlung von Menschenkenntnis – ein letzter Dienst, den er seiner Tochter erweisen könne. Ich bin ganz im Gegensatz zu Ruth Bleckwenn nicht der Meinung, dass dieser Teil unwichtiger ist als der erste,[60] immerhin umfasst er, allein schon vom Umfang her, etwa die Hälfte der gesamten Schrift.[61] Campe hat den *Väterlichen Rat* schließlich aus diesen zwei Teilen bestehend herausgegeben, und bei der Beantwortung der Frage nach dem Erfolg des Textes kann man sich m.E. nicht nur auf die knappe Hälfte des Textes stützen.

Eingangs des zweiten Teils weist Campe darauf hin, dass die Fähigkeit der Menschenkenntnis nur durch eigene Erfahrung erworben werden kann und bietet sich seiner Tochter – bis sie in der Lage sein wird, diese eigenen Erfahrungen zu machen – als

---

[60] vgl. Einführung, in Campes *Väterlicher Rat*
[61] 266 Seiten zu 257 Seiten des ersten Teils

Führer an.⁶² Campe geht dieses Vorhaben systematisch-wissenschaftlich an. Zunächst formuliert er die Zielsetzung: Da die Menschheit im Grunde eine einzige große Familie ist, müssen in ihr „*gemeinschaftliche Züge*" und Charaktereigenschaften existieren. Diese werden zunächst identifiziert. Anschließend muss man sich mit den „*Eigentümlichkeiten*" derjenigen Völker und Gruppen beschäftigen, zu denen man entweder selbst gehört oder mit denen man „*im näheren Verhältnis*" stehe. Schließlich müssten diese Gruppen genauer erforscht werden, welche sich durch „*hervorragende Eigenschaften*" auszeichnen – solche also, die sich als Vorbilder eignen, denn „*desto leichter wird uns nachher die Beurteilung der weit größeren Menge gemeiner Menschenseelen, deren Abweichung von einander nur in unbedeutenden Verschattungen besteht*".⁶³ Es erweist sich jedoch, dass Campe weniger auf die Vorbild-Funktion elitärer gesellschaftlicher Schichten abhebt, um positive Beispiele zu geben, sondern über weite Strecken seines Textes die Ursachen der Degeneration der „*feinen und üppigen Weltleute*" erforscht⁶⁴ und diese als Negativfolie verwendet, um die entstehende bürgerliche Gesellschaft von der des Adels abzugrenzen⁶⁵ Schließlich, so die weitere Zielsetzung, müssten die gewonnenen Erkenntnisse aus den gemachten Beobachtungen in praktisch-umsetzbare, handliche Verhaltensregeln zusammengefasst werden, damit sie ihren Nutzen für das tägliche Leben entfalten könnten.

Zunächst entwickelt Campe also die „*Prinzipien des allgemein menschlichen*",⁶⁶ welche zusammengefasst lauten: Alle Menschen sind von Natur aus gut. Sie sind gutartige Wesen. Dabei ist kein Mensch vollkommen. Jeder habe gute und schlechte Eigenschaften. Darüber hinaus ist auch kein Mensch völlig selbstlos oder

---

[62] vgl. die verwendete Metapher: „Landkarte / Reisender" S. 265/266
[63] Campe, S.266
[64] „Wahrnehmungen" 11 bis 20, S.321-360
[65] siehe Abschnitt 2.5.2
[66] vgl. die „Wahrnehmungen" 1-11, Campe, S.266-320

uneigennützig. Überall ist „*wenigstens eine Art von Eigennutz*".[67] Alle Menschen unterscheiden sich von Natur aus in ihren angeborenen, natürlichen Anlagen des Temperaments, ihrer Triebe, Bedürfnisse, Empfindungen und Sehnsüchten.[68] Alle Menschen unterscheiden sich hinsichtlich ihrer äußeren Umstände, d.h. in welchen Kulturkreis, in welchen gesellschaftlichen Stand, in welche Familie sie hineingeboren wurden und welchen Einflüssen von außen sie sonst noch ausgesetzt waren und sind. Die natürlichen, angeborenen Unterschiede und die Unterschiede, die durch äußere Einflüsse zustande gekommen sind, begründen die Individualität des einzelnen Menschen. Und schließlich gelte: Der Mensch ist einzig und allein das „*Werk der Gewöhnung*".[69]

Dass der Mensch von Natur aus gut ist und es zudem durch Veredelung all seiner natürlichen Anlagen auch im praktischen, täglichen Leben sein kann, davon muss der Menschenfreund (Philanthrop) unbedingt ausgehen, „*denn woher nähmen wir ohne diese Überzeugung, Trieb, Kraft und Mut zu unserer eigenen sittlichen Vervollkommnung?*"[70] Auch für den Erzieher ist diese Grundannahme evident, „*denn wer, wenn er glaubte, dass der Urstoff des Menschen böse sei, würde noch Lust oder Beruf in sich verspüren, an der Ausbesserung und Veredelung dieses Geschlechts zu arbeiten?*"[71] Als pädagogisches Prinzip lässt sich bei Campe weiterhin identifizieren, dass die äußere Umgebung zusammen mit den natürlichen Anlagen die Wahrnehmung prägen, welche wiederum direkten Einfluss auf die Urteile hat, von denen dann die Handlungsweise abhängt. Daraus ergibt sich ein umfassender Anspruch an die Erziehung des Menschen, denn der „*Mensch ist in der Tat mit allem, was er ist, kann und vermag, das Werk der Gewöh-*

---

[67] Campe, S. 277
[68] Alle Menschen unterscheiden sich in der „Mischung der Säfte und Stimmung der Nerven" Campe, S.282
[69] vgl. Campe, S.287
[70] Campe, S.270
[71] Campe, S.270

nung"[72] und es erklärt gleichzeitig, warum nicht alle Menschen gleich sind, denn die äußeren Umstände zusammen mit den natürlichen Anlagen des Menschen sind die Basis seiner Individualität.

Wichtig für die Fragestellung der vorliegenden Arbeit ist dieser Abschnitt, weil in ihm die Basis formuliert wird, von der aus Campe seinen *Väterlichen Rat* aus entfaltet. Diese „Wahrnehmungen" – so sind die Abschnitte des zweiten Teils des Textes von Campe betitelt – verdeutlichen, von welchen Grundsätzen Campe ausgeht – alle Menschen sind im Kern ihres Wesens gut und können es durch die richtige Erziehung, durch die bestmöglichen Einflüsse von außen auch bleiben, kein Mensch ist vollkommen, d.h. Menschen sind Menschen, *weil* sie unvollkommen sind; alle Menschen sind individuell verschieden und damit einzigartig. Und genau aus diesen Grundannahmen folgen die wichtigsten Prinzipien für das eigene Leben: Bemühe dich, immer das Gute im Menschen zu sehen und sie trotz aller Fehler liebevoll anzunehmen, lege Bescheidenheit an den Tag, denn auch du bist nicht vollkommen, erkenne die Unterschiedlichkeit der Menschen an, d.h. sei tolerant anderen gegenüber.

Im Anschluss an seine *Wahrnehmungen*[73] folgt eine Art Exkurs[74] über einige ausgewählte Charakterzüge, bzw. bestimmte „*Menschenklassen"*; darunter die „*Empfindsamen"*, die „*Schwärmer"* und „*Heuchler"*, die „*Hervorragenden und Berühmten"* und schließlich die „*Stumpfköpfe und Dummköpfe"*. Wichtig ist dieser Abschnitt, weil er von Campe quasi ständeübergreifend angelegt ist; diese „*Menschenklassen"* finde man in allen gesellschaftlichen Schichten. Dieser Abschnitt ist weiterhin wichtig, weil Campe hier eindeutig auf die Gefahren oder auch die Unschädlichkeit abhebt, die von solchen Charakteren ausgeht und von denen man

---

[72] Campe, S.286
[73] Campe, S.266-360
[74] Campe, S.360-410

sich entweder tunlichst fernhalten oder deren Gesellschaft man aufsuchen sollte. Es ist und bleibt auch im zweiten Teil des *Väterlichen Rats* ein vorrangiges Ziel des Autors, seine Tochter auf mögliche Gefährdungen ihrer Glückseligkeit aufmerksam zu machen und ihr den richtigen Weg zu weisen.

Von den *„Schwärmern und Heuchlern"* geht selbstredend die größte Gefahr aus, betrogen, hintergangen und ausgenutzt zu werden. Gefährlich, ja sogar *„ansteckend"* seien die falschen Ideale und Begriffe, die diese Menschen in Umlauf brächten. Auch die *„Dummköpfe"* sind äußerst gefährlich, da sie aufbrausend, überheblich und von sich selbst restlos überzeugt seien. Die *„Stumpfköpfe"* hingegen seien die ungefährlichsten Zeitgenossen, die man sich – selbst wenn ihre Gesellschaft etwas anstrengend sein sollte – auf jeden Fall gewogen halten sollte, da sie zuverlässig und vertrauensselig ohne viele Fragen zu stellen dienstfertig zur Stelle seinen und leicht zu *„befriedigen"* seien. Ihre Dienste sind günstig zu haben, da sich die von ihnen geforderte Gegenleistung in Grenzen halte.

Zu den *„hervorragenden"* Menschen, welche entweder eine hohe gesellschaftliche Stellung einnehmen oder sich durch besondere Fähigkeiten und Verdienste ausgezeichnet haben, gehören neben den *„Seelenriesen"* auch die Schriftsteller. Diese *„hervorragenden"* Menschen werden, so Campe, meist vom großen Haufen der Leute falsch beurteilt, weil ihr Genie entweder gutmütig überhöht oder durch Missgunst und *„neidische Eifersucht"* in Verruf gebracht werde.[75] Da man selten Gelegenheit habe, sich von diesen Menschen einen eigenen, persönlichen Eindruck zu machen, ergeht Campes Rat, diese *„gutmütige Überhöhung"* auf der einen und die *„neidische Missgunst"* auf der anderen Seite bei einem Urteil über diese Menschen im Auge zu behalten.

---

[75] vgl. Campe, S.391

Anschließend geht Campe dazu über, in den „*Bezügen*"[76] Weisheitsregeln und Klugheitsregeln zu formulieren, die sich meist von selbst aus den *Wahrnehmungen* ergeben. Dieser letzte Abschnitt verdeutlicht auch noch einmal seine Vorgehensweise der zusammenfassenden Wiederholung und der Formulierung praktischer Konsequenzen für das eigene Verhalten und damit die Anwendung des erworbenen Wissens: „wir haben gesehen, dass ... also folgt daraus" – Mit dieser Form der Rede betont Campe stets die bestehenden Verhältnisse oder die bestehende gesellschaftliche Praxis als Plausibilitätsressource.

Der gesamte zweite Teil des *Väterlichen Rats* betont die Abhängigkeit des Individuums von der Gesellschaft. Die Individualität des Einzelnen hängt bei Campe von den natürlichen Anlagen genauso ab, wie von den äußeren Einflüssen, die im Laufe des Lebens auf den Einzelnen wirken. Der so entstehende autonome „*Eigenwille*" des Individuums ist die Grundlage für die Partizipation am „*Gemeinwillen*". Für Frauen gestaltet sich diese Partizipation schwieriger als für Männer, da sie – als Schwächere – auf ungleich mehr Abhängigkeiten zu achten haben. Um also ihr Hauptziel zu erreichen, den „*Nachen der Glückseligkeit*" vor dem Kentern zu retten, müssen Frauen auf Dinge Rücksicht nehmen, die für Männer weniger wichtig sind – sie müssen mehr taktieren, klüger und vorausschauender ihre gesellschaftlichen Kontakte pflegen, mehr über die Psychologie ihrer Mitmenschen wissen, um nicht den Unmut und Unwillen der Stärkeren zu erregen. Dieses kluge Taktieren im Umgang mit Menschen ist für Campe generell, d.h. für Männer *und* Frauen, die zentrale Konfliktvermeidungsstrategie. Doch die wichtigste Konsequenz, der als so nötig erachteten Menschenkenntnis, ergibt sich aus dem mahnenden Appell Campes an seine Tochter: „*Um Gottes willen*

---

[76] Campe, S.410-528

erträume dir keine Schäferwelt; keine Idyllenmenschen mit zuvorkommender Engelgüte!"[77]

2.5 Gesellschaftskritik im Väterlichen Rat

Campes gesellschaftskritische Ansätze im *Väterlichen Rat* ergeben sich aus seiner Feststellung, dass noch nicht alles ist, wie es sein soll. *„Nur Schade, dass die Grenzen des Rechts der Herrschaft welche [...] die männliche über die weibliche [Hälfte des menschlichen Geschlechts] behauptet, bisher so unbestimmt und schwankend waren"* - jeder konnte diese Grenzen *„willkürlich ausdehnen oder zusammenziehen"* und weder die Gesetzgebung, noch die *„öffentliche Aufklärung haben es bis jetzt über sich genommen [...], diese Grenzen nach Recht und Billigkeit [...] genau zu bestimmen"*. Aus dieser Unbestimmtheit der rechtlichen Grenzen der Herrschaft resultiert also die Willkür im Verhältnis der Geschlechter. Campe kritisiert, dass man dadurch in den Beziehungen zwischen den Geschlechtern praktisch alles findet; von der an Sklaverei grenzenden Abhängigkeit der Frau vom (Ehe-)Mann, bis hin *„zur völligen Gleichheit"*.[78]

Campe fordert allerdings nirgends in seinem *Väterlichen Rat* eine Reform des schriftlich fixierten Gesetzestextes – die Grenzen zwischen den Geschlechtern werden bei Campe durch das moralisch-sittlich richtige Verhalten der Einzelnen bestimmt. ‚Rechtlich' bedeutet bei Campe richtiges Handeln und Denken nach den richtigen Grundsätzen. Das ist auch der Grund, warum Campe sich so ausführlich den *„herrschenden Geistesseuchen"* widmet. *„Lesewut"* und *„Schriftstellereisucht"* sind für Campe Elemente gesellschaftlicher Unordnung, die nur durch vernünftige Einsicht bezüglich ihrer negativen Folgen auf das Familienleben – und damit auf die gesamte Staatsverfassung – bekämpft werden können.

---

[77] Campe, S.421
[78] Campe, S.24

2.5.1 Lesewut und Schriftstellereisucht

Die gesellschaftskritischen Aspekte im ersten Teil des *Väterlichen Rats* bestehen aus der Bezugnahme Campes auf sein *Revisionswerk*. Er nimmt Teile aus dieser Schrift in den *Väterlichen Rat* auf, *„um die darin enthaltenen Vorstellungen noch etwas mehr in Umlauf zu bringen"*,[79] womit er ein deutliches Interesse an öffentlicher Wirksamkeit seiner Gedanken bekundet. Campes Kritik richtet sich gegen die herrschende *„Geistesseuche"* des *„literarischen Luxus"*, die sich zum einen in der *„mehr und mehr vordringenden Lesewut"* und zum anderen in der *„unseligen Begierde, seinen Namen durch schriftliche Erzeugnisse des Geistes zu verherrlichen"*[80] äußert.

An der *„Lesewut"* wird von Campe kritisiert, dass viel zu viel, *„zu vielerlei und mit zu wenig Auswahl"* und schließlich das Falsche gelesen werde.[81] Dieses zu viele und wahllose Lesen sei deshalb verwerflich, beziehungsweise schädlich, weil es gerade jungen Frauen den Blick für die raue Wirklichkeit verstelle. Gerade die schöne Literatur wecke in den Frauen falsche Vorstellungen, falsche Hoffnungen und falsche Wünsche – und damit auch unrechtmäßige Erwartungshaltungen an die Männer – die sie schlussendlich unfähig machten, in der Realität ihres Alltags zufrieden und glücklich zu sein. An einem Beispiel illustriert Campe:

> „Der Mann ward [schließlich] zum Hause hinausgejammert; an den unnatürlichen, ausgearteten Kindern ward mit Gewalt gearbeitet" und „Zwietracht, Unordnung, mürrisches und verdrießliches Wesen, Sorgen und Kummer [...] nagten an jeglichem Herzen".[82]

---

[79] Campe, S.58
[80] Campe, S.59
[81] Campe, S.60/61
[82] Campe, S.67

Die Schriftstellereisucht entfalte als modische Ausschweifung ebenso verheerende Wirkungen auf den häuslichen Frieden und das Glück der Familie wie die Lesewut; ja sogar noch schlimmere, wenn dem „*Vaterlandsfreunde*" Campe beim Blick auf die Folgen sogar „*das Blut kocht*".[83] Stets wird von Campe die von Lesewut und Schriftstellereisucht verursachte Vernachlässigung des Haushaltes und der Kindererziehung angeprangert. Auch den schädlichen Einfluss auf die Gesundheit der Frau, verursacht durch zu wenig Bewegung und stundenlanges Krummsitzen, bleibt nicht unerwähnt. Die Kritik bezieht sich aber vor allem auf die „*genährte Eitelkeit und Ruhmbegierde*" und auf den „*häufigen Anlass zu missvergnügten Stunden, Tagen und Wochen*", die mit der nicht immer wohlwollenden öffentlichen Diskussion über Werk und Autor(in) einhergeht. Diese Schriftstellereisucht sei schon bei seinen männlichen Geschlechtsgenossen nicht besonders wünschenswert. Wenn sich aber dieses „*geistige Schnupfenfieber*" sogar des anderen Geschlechts bemächtige und die Frauen darüber so ganz ihre „*natürliche und gesellschaftliche Bestimmung [...] vergessen*", dann hat Campes Toleranzgrenze ihren absoluten Nullpunkt erreicht.[84] Es ist für ihn ein definitiv unhaltbarer Zustand, „*wie solche Weiber, den Kopf voll Gas aus Strohfeuer erzeugt, sich aus ihrem natürlichen Kreise erheben, ihren [...] Männern, mit schnöder Geringschätzung begegnen*" und vor allem, dass sie umschwärmt werden von „*dummgaffenden Lesevolk*" und „*Schattenrissträumern*". Deutlicher kann wohl kaum formuliert werden, dass die Literaturzirkel und Salons, die von Campes Zeitgenossen so sehr geschätzt wurden, als unproduktiv und degeneriert bewertet werden.

In Campes Wut über diese „*Geistesseuchen*" äußert sich nicht nur seine Kritik an gesellschaftlicher Unordnung, sondern vor allem seine Überzeugung, dass Emotionalität eine Gefahr für das friedliche Zusammenleben der Menschen darstellt. Im zweiten

---

[83] Campe, S.70
[84] Campe, S.69

liche Zusammenleben der Menschen darstellt. Im zweiten Teil des *Väterlichen Rats* tritt diese Überzeugung sehr viel deutlicher hervor, indem Campe eindringlich vor den ideologischen und den gefühlsbetonten Schwärmern warnt.[85] Das Beherrschen der eigenen Emotionalität ist für Campe ein zentrales Thema. Es geht darum, seine eigenen Gefühle zu kontrollieren, anstatt von ihnen beherrscht zu werden. In einer auf Vernunftgründen basierenden gesellschaftlichen Ordnung hat Emotionalität immer erst die zweite, nachgeordnete Stelle einzunehmen; Gefühle sind Ausdruck der Irrationalität und werden in den Bereich der schöpferischen Kreativität verwiesen – bei der Entscheidung über pragmatisch-zweckmäßige Handlungen haben sie nichts verloren.

Die oben angeführten gesellschaftlichen Missstände, von mangelnder gesetzlicher Regelung des Geschlechterverhältnisses, über das unkontrollierte Lesen, welches die Frauen unglücklich macht, weil sie ihre Traumwelten in der Wirklichkeit nicht finden können, bis hin zu der Unmöglichkeit, dass Frauen wegen anderer Dinge als ihrem bloßen Frau-Sein in der Öffentlichkeit verehrt werden und dazu durch unverantwortliche Schwärmer auch noch ermutigt werden, stellen für Campe einen Zustand der moralisch-sittlichen Unordnung dar. Dieser Zustand muss korrigiert werden. Campe versucht sich im *Väterlichen Rat* an dem Entwurf einer besseren Ordnung der Gesellschaft und damit auch einer besseren Ordnung im Geschlechterverhältnis. Die Grundlagen dieser Ordnung sind für Campe – wie er immer wieder betont – die natürliche Einrichtung der Dinge, d.h. die durch Tradierung gewachsene menschliche Gesellschaft und der sich in dieser Tradierung zeigende Wille Gottes. *„Gott und die menschliche Gesellschaft haben gewollt..".* - so beginnt Campe an vielen Stellen[86] seine Begründungen für die aus der jetzigen Einrichtung der Dinge resultierenden Handlungs- und Denkvor-

---

[85] vgl. Ausführungen zu „Heuchler" und „Empfindsame"
[86] z.B. Campe, S.175-177

schriften. Die richtige und gute Ordnung der Gesellschaft ist für Campe bereits vorhanden, genau wie das Gute im Menschen. Die gute Ordnung muss lediglich hervorgebracht werden, indem alle diese natürliche und gute Ordnung aus freien Stücken (an-)erkennen und sich in allen ihren Handlungen nach dieser Erkenntnis richten.

2.5.2 Abgrenzung von den "feinen und üppigen Weltleuten"

Als gesellschaftskritisch lässt sich ebenso Campes Abgrenzung der bürgerlichen Schicht von der Gesellschaftsschicht der *„höheren Stände"* betrachten. Dabei wird vor allem deutlich, dass die Menschen der *„verfeinerten und üppigen"* Lebensweise nur mit einem Wort zu charakterisieren sind: dekadent. Ihr gesamtes Verhalten und Denken ist degeneriert und kraftlos, sie verfallen körperlich und geistig.

„Man tue vielmehr, was man kann, um diesen feinen und schwächlichen Geschöpfen jeder Mühwaltung in ihren eigenen Angelegenheiten mitleidig abzunehmen, und ihnen ihr erbetteltes (precaires) Dasein, das ohnehin schon oft genug ihnen zur Last wird, so viel möglich, zu erleichtern".[87]

So schreibt Campe und weist darauf hin, dass *„diese armen Leute"* sich selbst kaum zu helfen wissen, *„weil ihre eigene Unbehilflichkeit in vielen Fällen ebenso groß und allgemein, als die einer Schildkröte ist, die man auf den Rücken gelegt hat".*[88] Nicht der Mittelstand befindet sich in Abhängigkeit vom Wohlwollen der höheren Stände, sondern bei Campe ist es genau umgekehrt. Hier tritt ein ständisches Selbstbewusstsein zu Tage, welches durchaus geeignet ist, ein einendes Band um die so heterogene bürgerliche Gesellschaft zu winden. Campe lässt keinen Zweifel daran, wer die wahren Herren im Lande sind; es sind nicht diejenigen, die die Krone tragen und von ererbten Titeln und ererbtem Geld leben und sich nur

---

[87] Campe, S.487
[88] Campe, S.487

einbilden zu herrschen, es sind die „*Menschen von gröberer Leibesbeschaffenheit und minder feiner Ausbildung*", die den degenerierten Menschen der gesellschaftlichen Oberschicht ihre „*Augen, Hände und Füße, den Verstand, die Vernunft, die Kenntnisse und Geschicklichkeiten leihen*".[89] Mitleidig und behutsam müssten diese degenerierten Menschen behandelt werden, weil all ihre Sinne überreizt seien und sie sich keine richtigen Begriffe von den Dingen machen könnten, weil ihr Denken durch mangelnde Fähigkeit zu anhaltender Aufmerksamkeit lediglich oberflächlich sein könne.

Selbst eine Frau, so sie denn nach Campes Vorstellungen erzogen ist und sich getreulich an seinen erfahrenen Ratschlägen orientiert, steht im Wert höher, als jeder dieser verfeinerten und schwächlichen Menschen. Daran lässt der Autor keinen Zweifel.

Auch Goethe[90] betont in *Hermann und Dorothea* (1797): „*Denn durch Dienen allein gelangt sie endlich zum Herrschen*". Gleiches gilt bei Campe für den gesamten Mittelstand, aus dessen Abhängigkeit sich die höheren Stände erst einmal befreien müssen, wenn sie es denn überhaupt noch können. Hinzu komme, dass die Menschen der höheren Stände, diese „*Lahmen und Krüppel*" ihre dienstfertigen Helfer aus dem Mittelstand wie „*Krücke und Stab*" in Ehren halten werden und müssen. Die Reichen und Schönen, daran lässt Campe keinen Zweifel, sind kein Vorbild für den redlichen Bürger, die redliche Bürgerin – das Bild der Abhängigkeit und der Hilflosigkeit einer „*Schildkröte, die man auf den Rücken gelegt hat*", prägen den Eindruck, den ein Mensch des „*Mittelstandes*" von diesen Menschen habe.

Schon früher im Text nutzt Campe seine *Wahrnehmungen* bezüglich der „*Denk- und Sinnesart der feinen und üppigen Weltleute*" zur Betonung und Bekräftigung seiner Ideale durch die Darstellung der falschen Begriffe, die sich die „*feinen und üppigen Weltleute*"

---

[89] Campe, S.487
[90] Johann Wolfgang von Goethe (1749-1832) war einer der bedeutendsten deutschsprachigen Dichter

von den Dingen machen; klug und weise sein heißt in diesen Kreisen, *"nicht wer einen aufgeklärten Verstand mit einem wohlwollenden Herzen verbindet"*,[91] sondern wer die feine Gesellschaft am besten durch seinen Witz zu unterhalten vermag; als gut und edel gilt diesen Leuten *"nicht wer bei allem, was er tut die Grundsätze einer strengen Rechtschaffenheit vor Augen hat"*[92] sondern wer am besten durch *"glatte Worte und Schmeicheleien"* mit Handlungen *"prunken"* könne, die nur für edel gehalten werden.

Campes Kritik an der Lebensweise der *"Erzfeinen"* geht aber noch weiter, indem er schreibt *"dass die Glieder der höheren Stände fast nur nach Einem Muster gemodelt sind, und dass fast gar keine Eigentümlichkeit bei ihnen mehr geduldet wird"*.[93] Er spricht damit den herrschenden Konformitätszwang innerhalb der feinen Gesellschaft an, der bereits soweit gehe, dass sich Ansätze zu menschlicher Vervollkommnung erst gar nicht mehr zeigen dürften, weil den *Erzfeinen* dafür jeglicher Sinn fehle. Hier nimmt Campe eine wichtige Abgrenzung zwischen der bürgerlichen Schicht und dem Adel vor – nicht nur, dass die Mitglieder der *"feinen und üppigen Gesellschaft"* allesamt schwächlich, weichlich, überreizt und an Geist und Körper degeneriert seien, nein, sie könnten sich, selbst wenn sie es wollten, gar keine richtigen Begriffe mehr von den Dingen bilden. Sie könnten die wahren Werte, auf die es beim Streben nach menschlicher Vollkommenheit ankomme, überhaupt nicht verstehen. Daraus ergibt sich die überaus wichtige und interessante Konsequenz, dass die Ideale der Bürgerlichen, die als wahr und richtig gesetzt sind, von den Angehörigen der höheren Stände in keiner Weise angreifbar sind – die *Erzfeinen* wissen ja überhaupt nicht, worum es geht, da sie durch ihre Lebensferne unfähig sind, die Dinge nur erst in richtiger Weise wahrzunehmen, geschweige denn durch eigenes Nachdenken zu den richtigen Schlüssen zu kommen. Auch hier

---

[91] Campe, S.331
[92] Campe, S.331
[93] Campe, S.334

vergisst Campe sein schlitzohriges Bedauern der höheren Stände nicht:

„Die höheren Stände können ja nicht dafür, dass sie der obenerwähnten Gelegenheiten und Hilfsmittel zur Erweiterung und Berichtigung ihrer Menschenkenntnis entbehren müssen".[94]

Auch hier können die armen Menschen der gesellschaftlichen Oberschicht angeblich nichts für ihre Oberflächlichkeit und mangelnde Fähigkeit des richtigen Denkens – diese bemitleidenswerten Kreaturen tun *„ja wirklich alles, was sie können, um ihre Einsichten in diesem Stücke, so viel wie möglich, durch Erkundigungen bei Andern auszudehnen"*[95] – verkehrte Welt; die Großen orientieren sich bei Campe an den Kleinen und holen bei ihnen Erkundigungen ein.

Interessant in diesem Zusammenhang ist zudem, dass Campe an keiner Stelle auf desaströse familiäre Verhältnisse der höheren Stände eingeht und auch die immer noch üblichen Zweckehen nicht kritisiert. Es wird bei diesen Ausführungen noch einmal deutlich, dass Campe die bürgerlichen Ideale der Liebesheirat und bürgerlichen Familienstruktur aus dieser Abgrenzung der bürgerlichen Gesellschaft von den höheren Ständen heraushält. Die Fähigkeit zur menschlichen Vervollkommnung steht bei dieser Abgrenzung im Vordergrund – und der Weg dieser Vervollkommnung ist jeder Frau offen, die das Glück hatte, in den bürgerlichen Stand hineingeboren zu werden und somit ihre wahre Bestimmung erfüllen zu können.

---

[94] Campe, S.336
[95] Campe, S.336

2.6 „Tue Recht und scheue niemand" – Sprachliche Aspekte und Überzeugungsstrategien

Campe ist im *Väterlichen Rat* niemals spekulativ. Er ist sich seiner Sache immer völlig sicher, von dem, was er sagt, restlos und völlig überzeugt. Seine Position dem Gegenstand der weiblichen Bestimmung gegenüber ist klar und eindeutig. Es soll gelten, was ist – bei Campe findet kein Problematisieren von Geltungsansprüchen statt. Wenn alle wirklich das tun, was sie nach der jetzigen Einrichtung der Dinge tun sollen, dann sind alle glücklich und zufrieden. Es braucht keine Forderungen nach einem Weg, von dem wir nicht wissen, wo er hinführt! Die Dinge sind so, wie sie sind und es geht lediglich darum, sich richtig zu ihnen zu verhalten.

Aus dem Text heraus werden von Campe die Aufgaben der Frau nicht mutwillig oder willkürlich eingeschränkt, sondern auf das Wesentliche konzentriert;[96] es gilt für Campe eine gewisse Hierarchie in den Pflichten zu berücksichtigen. Die obersten Stellen dieser Hierarchie werden von den Aufgaben und Pflichten der Frau als Gattin, Hausfrau und Mutter besetzt. Faktisch bedeutet diese Konzentration auf das Wesentliche freilich eine strikte Einschränkung – diese real-existente Einschränkung ist allerdings auch fast der einzige Ansatzpunkt für eine Kritik des Konzeptes. Andere Angriffsflächen bietet der Text durch seine Ge-

---

[96] vgl. Campe, S.116: „dass ich doch wohl nicht [...] die Absicht haben könne, euch zur Unwissenheit und zu einer ärmlichen Beschränkung an Geist und Herzen zu verdammen." und S.129: „Oder scheint dir der Kreis von Begriffen, Fertigkeiten und Geschicklichkeiten, den ich oben für dich abstecken zu müssen glaubte, noch immer zu beschränkt und zu armselig zu sein: wohlan! Fülle ihn aus, fülle ihn erst ganz aus; und was dir dann von Zeit und Kräften übrig bleibt, das widme, welchem Lieblingsgeschäfte du willst! [...] dann lerne, wenn du anders bei der Anwendung von jenen noch Lust und Zeit dazu übrig haben wirst – woran ich freilich zweifeln muss – alte und neue Sprachen, so viel du willst, schöne Künste und Wissenschaften, so viel du willst! Ich habe nichts dawider."

schlossenheit nicht – es ist an alles gedacht, alles ist angesprochen, jegliches Für und Wider abgewogen, sämtliche Bedingungen formuliert, unter denen Frauen, nach Campes Meinung, glücklich werden können und das jetzt und unter den herrschenden gesellschaftlichen Bedingungen und aus eigener Kraft!

Campe ist kein großer Theoretiker. Aus diesem Grund kann er auch Unsicherheiten, Ambivalenzen und Zweifel, hinsichtlich der Richtigkeit seiner aufgestellten Behauptungen, auf Abstand halten. Sein Denken basiert auf wenigen, eingängigen und in der Tat allgemein akzeptierten Grundlagen. Diese lassen sich sprichwortartig zusammenfassen, z.B. in „Gott gebe mir den Mut, Dinge zu ändern, die ich ändern kann, die Gelassenheit, Dinge hinzunehmen, die ich nicht ändern kann und die Weisheit, das eine vom anderen zu unterscheiden" oder „Was Hänschen nicht lernt..". oder auch „Was du nicht willst, das man dir tut, das füg auch keinem andern zu". Eigentlich alle Klugheitsregeln und Weisheitsregeln Campes lassen sich auf diese Art in allgemeine Weltklugheiten zurückübersetzen.

Ein kluger Mensch wisse sich – nach Campe – in allen Situationen anzupassen; im Gespräch mit den Dienstherren und gesellschaftlich höher Gestellten die äußere Form und Sitte zu wahren, sowie mit dem einfachen Landmann in seiner Sprache zu sprechen.

Campes Hauptbotschaft ist in der Tat *„Tue Recht und scheue niemand!"* wie er selbst formuliert. Rechtschaffend zu sein, d.h. immer möglichst nach wahren und richtigen Grundsätzen zu handeln. Jeder soll jedem anderen gegenüber seine gesellschaftlich-menschliche Pflicht erfüllen. Der Mensch ist von Natur aus gut und aus der Erkenntnis der eigenen Unvollkommenheit heraus bescheiden und demütig – das ist die Grundlage seiner menschenfreundlichen Gesinnung. Niemanden zu scheuen bedeutet in erster Linie, sich des eigenen Wertes (als Mensch) bewusst zu sein. Das Richtige aus den richtigen Gründen heraus zu tun, ist das Eine, niemandem anders als sich selbst das Richteramt über das eigene Denken und Handeln zu überlassen, das Andere. In der Aufforderung „scheue niemand" kommt eine Gleichwertigkeit aller Menschen eben durch ihr Menschsein zum Ausdruck – auf Abhängigkeiten gesellschaftlicher und gottgewollter Natur ist freilich immer zu achten. Jede und jeder hat ihren / seinen Platz, an den sie / er gestellt ist. Aus dem Menschsein ergeben sich bei Campe keinerlei Rechte auf einen bestimmten Platz innerhalb der gesellschaftlichen Ordnung; es ergeben sich keinerlei Rechte, auf eine bestimmte gesellschaftliche Anerkennung. Ganz im Gegenteil hängen die Entfaltungsmöglichkeiten des Einzelnen vom gesellschaftlichen Stand, in den man hineingeboren wurde und – das ist wesentlich – der Geschlechtszugehörigkeit ab. Diese Mitgift gilt es selbstbewusst zu mehren und den größtmöglichen Nutzen für die Erfüllung des eigenen Lebenssinns, nämlich glücklich zu sein, daraus zu ziehen.

2.6.1 Campe als aufrichtig besorgter „Vater"

Die persönliche Ansprache an seine Tochter, in der Campes *Väterlicher Rat* gehalten ist, zusammen mit einem sprachlichen Pathos, der gelegentlich im Stil von Offenbarungen, gelegentlich in Form von flehendem Bitten gehalten ist, machen den Reiz des Textes aus. Hinzu kommt, dass Campe immer verlangt, dass das eigene Urteilsvermögen der Leserin einbezogen wird; stets appelliert er an die Einsicht der Tochter. Unverblümt spricht er bestehendes Unrecht an und er meint es immer ehrlich.

Immer wieder wird von Campe deutlich gemacht: Hier spricht ein besorgter Vater, der mit helfender, wohlwollender Hand sein Vermächtnis an seine liebste und einzige Tochter weitergibt *„Komm, komm, mein teures Kind, und ergreife diese väterliche Hand ... dass sie dich ... führe"*.[97] Mit immer wiederkehrenden Ausrufen

---

[97] Campe, S.5

wie „*mein gutes Kind,*" „*O meine Tochter*"[98] und Aussagen wie: „*O glaube mir, mein Kind, dass ich auch hier, wie überall, dir die lautere Wahrheit ... sage!*"[99] oder „*o glaube meiner Versicherung, bis du dich einst aus eigener Erfahrung überzeugen wirst, dass ich dir die Wahrheit sagte*",[100] betont Campe immer wieder seine Besorgnis auf der einen und sein väterliches Wohlwollen auf der anderen Seite. Einer solchermaßen geballten Gutmütigkeit kann man sich als Leserin des *Väterlichen Rats* schwerlich entziehen. Ebenso wenig wie der Offenheit und Ehrlichkeit, die Campe z.B. mit Aussagen wie: „*Ich darf es dir ja nicht verhehle ..*",[101] „*Das ist freilich keine angenehme, aber eine nötige Nachricht, die ich, wenn ich zu deinem großen Schaden dich nicht täuschen wollte, dir nicht verhehlen durfte*",[102] „*ich wage es zu sagen*"[103] oder „*Ich weiß übrigens recht wohl, dass deine niedlichen Schwestern mir dieses hartscheinende Urteil nie vergeben werden. Ich weiß ... Ich weiß das, ...,*"[104] „*Aber ich kann, ich darf dich nicht auf einer Insel erziehen*"[105] an den Tag legt. Der Väterliche Rat ist vom Stil her weniger eine allgemeine Belehrung, als ein persönlicher Brief – gekennzeichnet durch echt wirkende Besorgnis und der daraus resultierenden guten, nützlichen und praktischen Ratschlägen.

Eine Art Offenbarungston leitet meist diese nützlichen Ratschläge ein: „*Siehe da, mein Kind ..*".[106] „*– o vernimm ...!*"[107] „*so vernimm meine Antwort / meinen Rat / die Gründe*",[108] „*Vernimm sie (die Naturgesetze), mein Kind, und lass sie dir beständig heilig sein!*"[109] „*Vernimm diese Regeln, und präge sie deinem Gedächtnis und deinem Her-*

---

[98] z.B. Campe, S.81, S.138, S.160, S.291
[99] Campe, S.123
[100] Campe, S.135
[101] z.B. Campe, S.20, 160
[102] Campe, S.21
[103] Campe, S.131
[104] Campe, S.134
[105] Campe, S.162
[106] z.B. Campe, S.5, S.6, S.100, S.182, S.264
[107] Campe, S.16, S.22
[108] z.B. Campe, S.42, S.55, S.78, S.130, S.203, S.231
[109] Campe, S.156

zen mit unauslöschlichen Buchstaben ein".[110] Diese Offenbarungen gehen mit dem Anliegen des Textes ein „*Führer*" durch die „*Untiefen*" des Lebens zu sein, durchaus konform und verstärken in quasi-religiöser Weise das Gesagte.

In die gleiche Kategorie dieser quasi-religiösen Rede gehören auch die Heilsverkündungen, die diese Offenbarungen mit der Darstellung der Dinge, wie sie sein sollen, abschließen. Angesprochen sind Äußerungen wie z.B.: „*Wohl dem Weibe, ... wohl dem Manne...*,"[111] „*Glücklicher Mann..*".[112] oder „*Glücklicher Mann! Ehrwürdiges Weib! Beneidenswerte Familie!"*[113]

2.6.2 Sprachliche Muster und wiederholende Ausführlichkeit

Zu Campes wichtigsten sprachlichen Mitteln gehören Gegenüberstellungen,[114] Aufzählungen der Vorteile[115] „*Sie muss..*".[116] und der „*negativen Folgen"*[117] und die ständige Wiederholung.[118] Die Ausführlichkeit seines Textes ist bemerkenswert. Nicht nur die ständigen Aufzählungen und Wiederholungen an sich, sondern auch der ständige, konkrete Anwendungsbezug seiner zunächst allgemeinen Ausführungen spielt eine große Rolle. Damit lässt Campe, im wahrsten Sinne des Wortes, keine Fragen offen. An einem Beispiel lässt sich das Muster belegen: „*Wie musst du es denn nun anfangen...?*" die komplexe Antwort: „*Du musst ... du musst ... indem du ... indem du ... wenn du ...*

---

[110] Campe, S.163
[111] Campe, S.181
[112] Campe, S.191
[113] Campe, S.191
[114] z.B. „*Hier ... Dort ...*" (7x), S.45
[115] z.B. „*Sie muss wissen ...* " (9x), S.92/93
[116] (8x), S.94/95
[117] besonders eindrucksvoll zum Thema „Fortpflanzungstrieb", S.155
[118] z.B. „Und welches sind denn nun jene Eigenschaften, Fertigkeiten, Kenntnisse und Geschicklichkeiten ..." (z.B. S.88) – immer wiederkehrend.

wenn du ... wenn du ... dann ..."[119] – d.h. die Antwort besteht aus der *Forderung* („du musst..".), aus der Nennung der *Mittel* („indem du..".), aus der Aufzählung der *Bedingungen* („wenn du..".) und schließlich aus der Nennung der *Konsequenzen* („dann..".). Campe wiederholt auf diese Weise regelmäßig alles allgemein Formulierte in Bezug auf den engeren thematischen Gegenstand. D.h., er dekliniert die allgemeinen Forderungen nach Sparsamkeit, Häuslichkeit, Zuverlässigkeit, Achtsamkeit, Ordentlichkeit usw. an jedem einzelnen Punkt akribisch durch und lässt damit auch nicht einen Aspekt unerwähnt. Das erstaunliche an dieser Technik ist, dass es nicht langweilig wird – Campe versteht es, jeden einzelnen von ihm behandelten Unteraspekt der allgemeinen Forderungen immer wieder neu zu formulieren, immer wieder gerade *diesen* Aspekt als besonders wichtig und bedeutsam zu betonen. Er sagt selbst, dass alle seine Ausführungen miteinander zusammenhängen, doch das hält ihn nicht davon ab, sich bei jedem einzelnen Unteraspekt aufzuhalten, seine Wichtigkeit zu betonen und konkret zu sagen, was er damit meint, wenn er z.B. Sparsamkeit fordert.

2.6.3 Die Vernunft der „Tochter"

Ein weiteres wichtiges Mittel Campes besteht in einer anonymen Auseinandersetzung mit den Opponenten seiner Meinung oder eventueller Gegenstimmen: *„Sage mir doch, wozu ...?", „Etwa dazu ... oder vielleicht dazu ... oder dazu ... also noch mal, wozu?"*[120] *„Oder glaubst du vielleicht, dass .."*.[121] Die Einwände gegen seine Meinung werden von Campe in einer Weise behandelt, die sich als zweifelnd charakterisieren lässt. Durch anzweifelnde Fragestellungen finden die Gegenstimmen zwar Erwähnung im *Väterlichen Rat*, werden aber von Anfang an als Nicht-Alternativen ausgewiesen. Das Ansprechen, resp. das Einbeziehen des eige-

---

[119] Campe, S.238/239
[120] Campe, S.47-52
[121] Campe, S.52-55

nen, vernünftigen Urteils seiner Tochter spielt in diesem Zusammenhang eine wesentliche Rolle. Mit Aussagen wie: *„So viel, meine Tochter, wird dir zuvörderst wohl ohne allen Beweis, bei einigem Nachdenken, ganz von selbst einleuchten..".*,[122] *„... leuchtet dir, meine Tochter, hier nicht gleich auf den ersten Blick ganz von selbst ein..".*,[123] *„Doch wie könntest du das alles glauben, da du ... das Gegenteil davon in so manchem traurigen Beispiele selbst beobachtet hast!"*[124] *„Anstatt dir überflüssiger Weise erst noch zu beweisen ... will ich mich nur auf das Urteil deines eigenen Herzens berufen. Nicht wahr, mein gutes Kind, du hast es selbst gefühlt..".*[125] und *„Dir dies erst weitläufig beweisen zu wollen, hieße, meine ich, etwas sehr Überflüssiges tun ... sage dann selbst... Bedenke..."*.[126]

Auf diese Weise zieht Campe seine Leserin symbolisch ganz auf seine Seite. Zudem wird hier angesprochen, an welchen Stellen die Legitimierungsnot von Campes Behauptungen ein Ende findet – nämlich da, wo das eigene Urteil der Tochter bereits die Antwort gibt.[127] Ein vorläufiges Ende findet jede Argumentation in einem *„sag selbst.."*., welches keinen Platz mehr für Zweifel offen hält. Der Anspruch, seine Tochter überzeugen zu wollen, wird dennoch immer wieder betont:

> „Aber ich verlange nicht einmal, dass du dies alles auf mein bloßes väterliches Wort hin glauben sollst. Nein, mein Kind, du sollst es vielmehr ... mit den Augen deines eigenen Verstandes so deutlich und überzeugend erkennen, dass es keines Glaubens weiter bedarf".[128]

---

[122] Campe, S.46 / 47
[123] Campe, S.52
[124] Campe, S.53
[125] Campe, S.141
[126] Campe, S.232/233
[127] „Du fühlst und siehst aus der täglichen Erfahrung mit unbezweifelter Gewissheit ein ..." (S.29), „Du wirst also einsehen, dass ich Recht habe, ..." S.35
[128] Campe, S.39

Auf die Nennung der Gründe, für die Notwendigkeit eines bestimmten Verhaltens, Handelns oder Denkens folgt bei Campe häufig ein Schlusssatz wie z.B.:

> „Ich hoffe, mein Kind, dich durch die bloße Darlegung dieser hohen weiblichen Tugenden, und der unglücklichen Folgen, welche aus ihrer Abwesenheit entspringen, von der Unentbehrlichkeit derselben überzeugt zu haben"[129]

oder „*davon, denke ich, habe ich dich und alle, welche sich überzeugen lassen wollten, schon oben überzeugt*"[130] und weitere Ausführungen zum Thema werden oft eingeleitet mit: „*Um dich völlig hievon zu überzeugen ..*".[131] oder „*Dies werde ich dir im nächsten Abschnitt ... dir bis zum Anschauen deutlich und begreiflich zu machen suchen*".[132]

Dieser Anspruch, durch die Nennung von guten Gründen überzeugen zu wollen, ist die Grundlage des argumentativen Prinzips im *Väterlichen Rat*. Zusammen mit der persönlichen, vertrauten Ansprache des Autors an seine Tochter ergibt sich ein Verhältnis zwischen Campe und der Leserin, welches über die Beziehung des besorgten Vaters zu seiner Tochter hinausgeht. Dieses ausführliche Begründen, der Anspruch, überzeugen zu wollen und die Ansprache des eigenen Urteils der Leserin konstruieren einen vertrauten, geschützten Raum, in dem nach quasi-demokratischen Grundsätzen das Thema der weiblichen Bestimmung diskursiv verhandelt wird.

2.6.4 Prüfsteine

Der *Väterliche Rat* enthält ein weiteres Muster, welches ich an dieser Stelle als überzeugend für Leserin und Leser des Textes herausheben möchte. Es handelt sich dabei um die von Campe als „*Prüfsteine*" bezeichneten Checklisten, an denen der Rezipient des Textes bestimmte Sachverhalte überprüfen kann. Für das

---

[129] Campe, S.193, vgl. auch z.B. S.210
[130] Campe, S.130
[131] z.B. Campe, S.26
[132] Campe, S.37

Identifizieren, das Einordnen und Einschätzen der Menschen, gibt Campe ebensolche „*Prüfsteine*" heraus[133] wie für die Wahl der richtigen Religion oder Religiosität[134].

„Auf Erfahrung sich stützende und durch Philosophie erhellte Vernunft – oder mit einem Worte: Aufklärung! – das ist der sicherste Prüfstein, woran du den Schwärmer und Fanatiker ganz unfehlbar wirst erkennen können!"[135]

Die gemachten Erfahrungen und Beobachtungen, die sich aus einer Prüfung und Beurteilung der Handlungen und Reden der anderen Menschen ergeben haben und das Messen dieser Erfahrungswerte am Maßstab der richtigen Grundsätze, die durch Nachdenken gewonnenen wurden, ist für Campe der beste Schutz vor den Gefahren des menschlichen Zusammenlebens. Diese Gefahren bestehen immer darin, durch Tücke, Hinterlist, Dummheit oder Verführung in die Irre geleitet zu werden und sein eigenes Handeln und Denken an den falschen Grundsätzen auszurichten.

2.6.5 Bildliche Sprache und Sprachbilder

Die zentralen Inhalte des *Väterlichen Rats* lassen sich anhand der von Campe verwendeten Metaphern oder Bilder zusammenfassen. Campes väterlicher Rat verspricht Schutz vor Gefahr, indem der Autor seine Tochter auf eine „*Anhöhe*" führt, von der aus die „*Krümmungen, Windungen und gefährlichen Strudel*" des (Lebens-) Flusses überschaut werden können[136] oder indem Campe sich mit „*Landkarte und Buch*" vergleicht, welche man klugerweise zu Rate zieht, „*bevor man selbst auf Reisen geht*".[137]

---

[133] vgl. z.B. Campe, S.387
[134] vgl. Campe, S.106-108
[135] Campe, S.378/379
[136] vgl. Campe S.5
[137] Campe, S.265

Die Stellung der Frau in der Gesellschaft ist gekennzeichnet durch Abhängigkeit[138] doch sie ist auch die schwächere *„Maus"*, die mit dem *„Löwen"* spielt.[139]

Die Aufgaben der Frau sind vielfältig; sie ist der *„Quell der Glückseligkeit"*,[140] beeinflusst die Belange des Staates und der Gesellschaft[141] und ist die *„erste mächtige Triebfeder, die alles in Bewegung setzt"*.[142] Ihr *„Fluss des Lebens"* soll *„Mühlräder treiben"* und *„lastbare Schiffe auf seinem Rücken tragen"*.[143]

Die Intension der väterlichen Ratschläge ist, den *„Nachen der Glückseligkeit"* vor dem Kentern zu retten[144] – und den größten Anteil an dieser möglichen Rettung hat die Erziehung zur Rechtschaffenheit, welche die Bosheit, *„die uns zu verwunden sucht, entwaffnen"* kann oder doch zumindest in der Lage ist, *„ihre Dolche"* abzustumpfen, so *„dass sie nicht mehr tief eindringen können"*.[145] Der Rechtschaffende ist dabei ein *„Felsen, der nicht erschüttert werden kann, und das Bewusstsein seiner Rechtschaffenheit ist ein Stab, der ihm zur sicheren Stütze dient"*.[146]

Einen eben so großen Anteil an der *„Rettung des Nachens der Glückseligkeit"* hat die Fähigkeit der richtigen Beurteilung und Einschätzung der Mitmenschen. So gleichen die Seelen der *„feinen Leute"* einem *„trüben wirbelnden Wasser"*[147] und die Seelen der *„Schwärmer"* dem dunklen Innern eines Bienenstocks, durch dessen schmale Öffnung nur ein einziger Lichtstrahl fällt:

„Unordentlich, wild und unaufhaltbar schwärmt die junge Bienenbrut aus der ihr zu enge gewordenen Behausung hervor, und we-

---

[138] „Er die Eiche, sie der Efeu", Campe, S.23
[139] vgl. Campe, S.203/204
[140] Campe, S.13
[141] „Wie die Quelle, so der Bach", Campe, S.18
[142] Campe, S.19
[143] Campe, S.4
[144] vgl. Campe, S.33, S.287
[145] Campe, S.411
[146] Campe, S.412
[147] Campe, S.326

he der unvorsichtigen Hand, die sie zurück zu halten oder ihren Flug zu mäßigen und zu ordnen versuchen wollte; und siehe! Gerade eben so unordentlich, wild und unaufhaltbar drängt sich die Brut der Einbildungskraft aus des Schwärmers Kopfe hervor; und wehe dem ruhigen und vernünftigen Zuschauer, der sie festzuhalten, zu untersuchen und zu berichtigen wagt! Er wird hier, wie dort, empfindlich gestochen werden".[148]

Auch die „*religiösen Schwärmer*" oder „*Fanatiker*" sind wie ein „*Gefäß, das klingt*" und deshalb zuverlässig leer ist, denn „*ein Mensch, der Gott und Religion ohne Unterlass im Munde führt, hat beide sicher nicht im Herzen*".[149] Bei der richtigen Beurteilung der Menschen muss man auf die beiläufigen Reden und Handlungen achten, denn andernfalls bekommt man nur die „*Seele im Feierkleide*", jedoch niemals „*in Schlafrock und Pantoffeln*" zu Gesicht.[150] Auch auf die „*leidenschaftlichen Zustände*" der Menschen ist ein besonderes Augenmerk zu richten, denn „*steht ein Haus in Flammen, so springt auch der heraus, der am meisten Ursache hatte, sich darin verborgen zu halten*".[151]

Die Fabel von der Maus, die dem Löwen den Dorn aus der Tatze entfernt, dient Campe gleichzeitig zur Illustration der Weisheitsregel, dass man sich niemanden, auch nicht den scheinbar Geringsten und Schwächsten, zum Feind machen sollte.[152] Der Mensch ist ein soziales Wesen und sollte aus der Erkenntnis der eigenen Fehler heraus über alle den „*großen Mantel der Liebe*" breiten. Andre Menschen sollte er nicht leichtfertig aus „*dem Garten der Freundschaft*" vertreiben, „*welcher der fruchttragenden und schattengebenden Bäume nie zu viel haben kann*",[153] selbst wenn

---

[148] Campe, S.376
[149] Campe, S.389
[150] vgl. Campe, S.518
[151] Campe, S.522
[152] vgl. Campe, S.426
[153] Campe, S.527

darunter mal ein „*unreifes oder wurmstichiges Gewächs*" sein sollte.[154] Zudem gilt es zu bedenken, dass

„alle Handlungen und Schicksale der Menschen [...] wie die Tropfen des Weltmeeres, wie die Glieder einer einzigen unermesslichen Kette, unzertrennlich zusammen" hängen „und die Folge einer jeglichen guten und bösen Tat, welche auf der Erde geschieht, läuft wie ein elektrisches Feuer, durch die ganze Kette vom ersten bis zum letzten Gliede derselben".[155]

2.6.6 Plausibilitätsressourcen

Zur Stützung der Grundannahme, dass der Mensch von Natur aus gut ist, schöpft Campe aus drei Quellen:

„Zuvorderst aus vielfältigen Beobachtungen über die unverderbte Menschheit in solchen Kindern, an denen man die reine Natur noch nicht durch missverstandene Kunst verwischt oder durch unvernünftige Behandlungsarten noch nicht verunstaltet hatte; dann aus der Auflösung aller menschlichen Torheiten und Laster in ihren einfachen Urstoff, welcher bei genauer Prüfung immer gut befunden wird; endlich aus dem Glauben an einen eben so mächtigen wie weisen und gütigen Urheber unseres Daseins, welcher die eine oder die andere von diesen göttlichen Eigenschaften erst hätte ablegen oder verleugnen müssen, wenn er den zur Sittlichkeit bestimmten Menschen mit sittlich bösen Eigenschaften hätte begaben oder nur zugeben wollen, dass er bei seiner Entstehung, von irgend einem anderen Wesen damit begabt würde".[156]

Mehrere Dinge werden hier deutlich. Zunächst benennt Campe hier seine zentralen Plausibilitätsressourcen. Zuvorderst die „*vielfältigen Beobachtungen*" – vornehmlich seine eigenen Erfahrungen, wie er immer wieder betont, aber auch die Erkenntnisse der Entdecker fremder Länder und Kulturen.[157] Darüber hinaus

---

[154] vgl. Campe, S.528
[155] Campe, S.408
[156] Campe, S.269
[157] „und der Weltumsegler Byron fand bei den allerarmseligsten Geschöpfen, welche die Küsten der magellanischen Meerenge bewohnen..." Campe, S.317

beruft sich Campe auf Erfahrungswerte, die als allgemein anerkannt gelten.

Auch die Erkenntnisse aus einer praktischen Philosophie des gesunden Menschenverstandes werden benannt, indem Campe nach den wahren Handlungsmotiven der Menschen fragt. Schließlich beruft sich der Autor auf seinen Glauben an einen guten Gott, der den Menschen nach seinem Vorbild erschaffen hat, demzufolge der Mensch eben auch gut ist.

Seine und allgemein anerkannte Beobachtungen und Erfahrungen, d.h. die natürliche Einrichtung der Dinge, sein gesunder Menschenverstand und sein Glaube sind die zentralen Quellen, aus denen er die Begründungen seiner Thesen schöpft. Seine Erfahrungen kommen allesamt aus den richtigen Schlussfolgerungen seiner Beobachtungen, zu denen ihm der gesunde Menschenverstand verhilft.[158]

Auf weitere Experten beruft sich Campe eher selten und dies spielt bei der Begründung seiner Thesen daher eine untergeordnete Rolle. Wenn überhaupt, führt Campe ganz allgemein „erfahrene Ärzte" oder Philosophen an,[159] aber auch hier ist und bleibt die Rolle der Erfahrung vorherrschendes Motiv.

An der Sicherheit der gewonnenen Erkenntnis gibt es keinen Zweifel. Der einzige Experte, dessen Autorität Campe uneingeschränkt anerkennt, ist er selbst. Er zitiert aus seinen eigenen Werken,[160] welche auch in seinen konkreten Leseempfehlun-

---

[158] „Fragst du, meine Tochter, woher ich diese Naturgesetze kenne, und woher ich wisse, dass es Gesetze Gottes sind ... so wisse ... durch Beobachtung. ...Wenn ich sehe, ... so schließe ich..." Campe, S.158

[159] „und ich schmeichle mir, alle einsichtsvollen und erfahrenen Ärzte, im Geistigen wie im Leiblichen, dabei ganz auf meiner Seite zu haben" Campe, S.121 oder „Ärzte und Philosophen haben sich viele Mühe gegeben, diese, allen bekannte Tatsache zu beleuchten und zu erklären" Campe, S.282

[160] Im ersten Teil des „väterlichen Rats" sehr ausführlich S. 58-72 und im zweiten Teil auf S.380

gen[161] auftauchen. Die Auswahl der übrigen anempfohlenen Lektüre richtet sich wiederum nach der Nützlichkeit, die sie für Campe selbst gehabt hat.

Das Berufen auf die Erfahrung ist das stärkste, meistgebrauchte Mittel Campes und sichert die Normalität als „Norm-Basis," indem eine allgemein anerkannte Grundlage des Wissens konstatiert wird: *„Darin sind wir alle ... eins,"*[162] *„Es ist nämlich eine ausgemachte Sache ...,"*[163] *„Andere Menschenbeobachter haben das Nämliche bemerkt,"*[164] *„Dies bezeugen alle meine Erfahrungen, ohne Ausnahme"*.[165]

Gegen solche Erfahrungswerte scheint kein Kraut gewachsen zu sein – man kann sich ihnen nicht entziehen. Doch bereits Immanuel Kant kritisierte: *„in Ansehung der sittlichen Gesetze aber ist Erfahrung (leider!) die Mutter des Scheins"*.[166] Kern der Kritik ist der Umstand, dass das Berufen auf die Erfahrung keine zukünftigen Handlungen rechtfertigen kann. Erfahrung ist damit – jedenfalls in theoretischer Hinsicht – keine Legitimationsbasis des (sittlichen) Handelns, da die Erfahrungswerte durch ein Festhalten an überkommenden Handlungsweisen, die oft nicht weiter hinterfragt werden, zustande gekommen ist. Dieses *„träge Festhalten am Herkömmlichen [kann] andere, menschenwürdigere Maßstäbe verhindern"*.[167] Für Kant wäre Campes andauerndes Zitieren der Erfahrung lediglich eine Perspektive aus den *„Maulwurfsaugen des bloßen Empirikers"*[168] und damit von Grund auf unzureichend für die Rechtfertigung eines problematischen Sachverhaltes aus dem sittlich-moralischen Bereich. Die Unterlegenheit der Frau unter den Mann ist zwar eine Tatsache und alle Erfahrung zeigt, dass

---

[161] vgl. S.101/102; S.112/113; S.118
[162] Campe, S.73
[163] Campe, S.75
[164] Campe, S.219
[165] Campe, S.238
[166] Kant, S.353
[167] Jonas, S.129
[168] Kant, S.353

frau mit dieser Abhängigkeit besser zurecht kommt, wenn sie sich auch als Unterlegene verhält, d.h., wenn sie sich mit der Abhängigkeit arrangiert und aus dieser „misslichen Lage" das Beste zu machen versucht. Eine Legitimation der Unterlegenheit selbst kann allerdings nicht aus Erfahrungswerten abgeleitet werden. Für eine Erklärung der Abhängigkeit reichen Erfahrungswerte vielleicht gerade noch hin, aber sie können keine Rechtfertigung dafür sein, diese auch beizubehalten. Moralische Grundsätze werden nicht richtiger, indem man sich darauf beruft, dass es schon immer so war; diese Grundsätze können nur aus dem Nachdenken über die herrschenden Verhältnisse entstehen und nur mit den Maßstäben der Vernunft gemessen werden. Campe vermeidet diese Thematik wohlweislich – er zieht sich darauf zurück, dass die Ansprüche und Erwartungen des Mannes an seine Ehefrau rechtmäßig sind, d.h. legal und damit dem geltenden Recht[169] entsprechen. Er verlässt damit die moralisch-rechtmäßigen Ebene und vermeidet die Frage, ob diese Art der Abhängigkeit auch richtig ist. Campe diskutiert nicht die Richtigkeit der Unterlegenheit der Frau – er konstatiert sie als zu akzeptierende Tatsache; er zweifelt nicht mit einem Wort daran, dass diese Unterlegenheit eine Einrichtung der Natur und der menschlichen Gesellschaft ist. Das Berufen auf die Erfahrung und die herrschende gesellschaftliche Praxis ist und bleibt ein scharfes Werkzeug der Überzeugung, wird aber stumpf, sobald es um die Beurteilung von richtig und falsch hinsichtlich moralischer Problemzusammenhänge geht.

---

[169] vgl. Campe S.136/137

2.7 Einschätzung zur Wirksamkeit des Campe-Textes

Joachim Heinrich Campe war eine angesehene Persönlichkeit seiner Zeit und, wie bereits aus der Kurzbiografie hervorgeht, ein erfolgreicher Autor; sein *Robinson* war ein ausgesprochener Bestseller. Campes Erziehungsinstitut erfreute sich größter Beliebtheit und seine Tätigkeit als Verleger, Autor und Herausgeber sicherte entscheidend seinen Ruf als einem der führenden Pädagogen seiner Zeit. Dieser Umstand, zusammen mit der hohen Popularität des *Väterlichen Rats*, die sich in den Zahlen der Auflagen, verkauften Exemplare und Übersetzungen ausdrückt, ist wichtig, wenn man nach der äußeren Wirkung eines Buches fragt.[170]

„Die Wirkung eines Buches wird also niemals allein durch Inhalt und Aussage eines Textes bestimmt, sondern immer auch durch soziale, situative und personale Randbedingungen vor- und mitgeprägt".[171]

Zu diesen Randbedingungen gehört ganz entschieden das Ansehen und die Popularität des Autors. Der äußere Wirkungsgrad des *Väterlichen Rats* muss also, nach dem oben ausgeführten, bereits sehr hoch veranschlagt werden.

Für die Einschätzung der inneren Wirkung des Textes ist zunächst wichtig, dass der Vorgang des Lesens als konstruktivistisch verstanden werden muss; d.h. Lesen gilt *„als eine kognitiv-aktive (Re-)Konstruktion von Information, in der die Rezipienten die im Text enthaltene ‚Botschaft aktiv mit ihrem Vor- und Weltwissen verbinden"*.[172] Campe macht diese Anknüpfung der textimmanenten Botschaft an das Vor- und Weltwissen der Leserin einfach, indem er die Gegebenheiten des gesellschaftlichen Alltags als zu akzep-

---

[170] vgl. Kerlen, S.99
[171] Sahr, S.161
[172] Schön, S.117

tierende Tatsachen unangetastet und unproblematisiert belässt. Seine einzige neue Leistung in seinem Entwurf ist die zusätzliche Setzung der weiblichen Bestimmung, die von der allgemein menschlichen Bestimmung nicht nur nicht abgeleitet, sondern als genuine Grundlage für eine mögliche Glückseligkeit der Frau gesetzt ist, und die aus der Überzeugung Campes resultiert, dass keine Frau ihre Bestimmung außerhalb ihres Kreises als Gattin, Mutter und Hausfrau zu erfüllen in der Lage ist und demnach auch außerhalb dieses Kreises kein Lebensglück für sie existieren kann. Für die Frau konstruiert Campe einen eigenen, von der Bestimmung aller anderen Menschen separierten Bereich – während Rousseau beispielsweise eher ein Ergänzungsmodell der Geschlechter vertrat und lediglich empfahl, dass Frauen sich aus den Geschäften der Männer heraushalten sollen und konstatierte, dass der Mann die Frau benötigt, um selbst geschlechtlich sein zu können, entsteht bei Campe ein Geschlechtermodell, das ich metaphorisch als Sandkorn in einer Perle beschreiben würde: Die weibliche Bestimmung ist bei Campe das *„Herz"*, die *„Quelle"* und die *„erste Federkraft"* der gesamten gesellschaftlichen Ordnung. Wie das Sandkorn innerhalb der Perle abgegrenzt ist, ist die weibliche Bestimmung von der allgemein menschlichen Bestimmung abgegrenzt. Wie das Sandkorn oder das Schalenfragment, durch welches die Auster angeregt wird, eine Perle zu produzieren, wirkt die weibliche Bestimmung unsichtbar und im Verborgenen als *„erste Federkraft"* auf die Entstehung der Gesellschaft. Wie das in die Perle eingeschlossene Sandkorn hat die weibliche Bestimmung einen Einfluss auf die spätere Form der Perle. So bestimmt die Frau gewissermaßen die Form der Gesellschaft. Die weibliche Bestimmung ist das *„Herz des Staatskörpers"* und der *„Urquell aller Sittlichkeit"*.[173] Niemand anders als die Frau selbst, die diese *„hohe und würdige"* Bestimmung erkennt und ihr Leben, Denken und Handeln daran ausrichtet, ist in der Lage,

---

[173] Campe, S.19

diesen exklusiven Bereich der Frau auszufüllen. Die weibliche Bestimmung ist in doppelt abgesicherter Weise exklusiv, wie ich bereits in Abschnitt 2.2 dargestellt habe. Dieser so konstruierten Exklusivität darf meines Erachtens eine große Anziehungskraft bezüglich des Selbstverständnisses von Frauen und ihrer häuslichen Tätigkeit als Gattin, Mutter und Hausfrau zugesprochen werden. Dieses Bild musste anziehend gewirkt haben und ist, wie ich finde, durchaus geeignet, ihm nachzueifern. Sicherlich bleibt unbestritten, dass die exklusive weibliche Bestimmung faktisch bedeutete, dass jegliche öffentlichen Belange jenseits des Wirkungskreises der Frau lagen. Aus allen Dingen, die nicht ihren Haushalt betrafen, hatte sich die Frau herauszuhalten.

Auf den Status der unverheirateten Frau braucht Campe bei dieser Überzeugung gar nicht erst einzugehen – wahres Glück gibt es für die Frau eben exklusiv unter den Bedingungen der ehelichen Gemeinschaft; eben nur wenn sie Gattin, Hausfrau und Mutter ist. Darüber hinaus muss sie eine *gute* Gattin, eine *gute* Hausfrau und eine *gute* Mutter sein – auf welche Art und Weise sie das erreichen kann, zeigt Campe mit seinem *Väterlichen Rat*. Indem Campe die gesellschaftliche Realität der unverheirateten Frauen gar nicht erst aufgreift, können zwei weitere Aspekte des Textes wirksam werden. Erstens wird der Umstand der Nicht-Ehe aus der Normalitätskonstruktion herausgeschnitten – d.h. es ist schlicht nicht vorgesehen, wenn Frauen unverehelicht sind und es ist noch viel abwegiger, dass sie unverehelicht sein *wollen*. Das widerspricht gänzlich der natürlichen Ordnung. Und zweitens kann Campe damit ein Thema, welches im Begriff ist, in der Öffentlichkeit kontrovers diskutiert zu werden, einfach auslassen. Damit verschwindet die Tatsache unverheirateter Frauen praktisch aus dem Fokus der Aufmerksamkeit. Unverheiratete Frauen sind für Campe kein Problem. Denn wie gesagt: Campe schreibt über die Möglichkeiten von Frauen, glücklich werden zu können – und diese Möglichkeiten erstrecken sich definitiv *nicht* auf den Umstand des Unverheiratetseins. In dieser Hinsicht entfaltet der Text seine Wirksamkeit, indem er den Frauen, die sich von ihm leiten lassen, jegliche Zweifel daran nimmt, dass es sich für sie lohnen wird, sich einem Mann zu unterwerfen.

Eine drückend erscheinende Abhängigkeit der Frau vom Mann ist für Campe noch kein Argument, die Institution der Ehe, so wie sie immer bestand, in Frage zu stellen. Denn schließlich befindet sich auch der Mann in einem Abhängigkeitsverhältnis. Auch der Mann muss seine Stellung innerhalb der Gesellschaft ausfüllen und seinen ihm zugewiesenen Wirkungskreis. Zudem ist die Abhängigkeit der Frau nur ein „*Scheinübel*", weil die „*wahren Tyrannen*" der weiblichen Seele in der verzärtelten Erziehung, in ihrer unzweckmäßigen Ausbildung, im Modediktat und in der Verführung ihrer Seelen zu Träumereien zu suchen sind. Schließlich haben alle Mädchen und Frauen es nach Campe in ihrer eigenen Hand, ob sie von dem „Löwen" angegriffen und gefressen werden oder aber mit ihm spielen können. Es liegt also bei ihnen selbst, wie sie die Abhängigkeit vom Mann ausgestalten. Handeln sie klug und mit Verstand, wird es für sie ein Vergnügen und eine Erfüllung sein.

Um die Perspektive noch einmal zu wechseln, so stellt sich für die Leserin des *Väterlichen Rats* der Umstand ihrer Abhängigkeit und Unterlegenheit also folgendermaßen dar: Nicht nur sie als Frau ist abhängig, sondern jeder Mensch. Auch der Mann hat seine gesellschaftlichen Pflichten zu erfüllen, es sind eben nur andere. Nur wenn sie falschen Idealen, Ideen und Vorstellungen nachhängt, besteht die Gefahr, dass sie nicht erkennt, was richtig ist. Die wirklich schädlichen Abhängigkeiten der Frau ergeben sich aus genährter Eitelkeit und der „*Putzsucht*" durch das Modediktat; bestehen aus den illusorischen Träumereien der Romane, die nur unerfüllbare Sehnsüchte, falsche Erwartungen und Hoffnungen wecken. Die schmeichlerischen Verführungen von Heuchlern, Lügnern und Schwärmern tun ihr Übriges. Und schließlich hat die Frau es selbst zu verantworten, ob ihre Ehe, ihr Haushalt und ihre Kinder glücklich und zufrieden sind – und damit ihr eigenes Leben auch glücklich und zufrieden sein kann. Im Verbund mit den wiederkehrenden Appellen des *Väterlichen Rats* an die Einsicht und Vernunft der Leserin, betont der Text auf diese Weise die Selbstbestimmung der Frau. Die Verharmlosung des Abhängigkeitsverhältnisses vom Mann hat zur Folge, dass der Eindruck einer selbstbestimmten, auf Vernunftgründen basierenden Entscheidungsfindung verstärkt wird und wirksam werden kann.

Der zweite Teil des *Väterlichen Rats* hat, meiner Einschätzung nach, einen großen Einfluss auf die Popularität des Textes gehabt. Die Beobachtungen Campes bezüglich der verschiedenen Charaktermerkmale der Menschen und seine daraus resultierenden *„Weisheits- oder Klugheitsregeln"*, wirkten sicher weniger in Bezug auf die Internalisierung bestimmter Geschlechterrollen, als in Bezug auf das entstehende Wir-Gefühl einer sich bildenden bürgerlichen Gesellschaft. Campe klassifiziert die Menschen in diesem Teil einerseits neu, indem er betont, dass *„Einfaltspinsel"*, *„Empfindsame"*, *„Schwärmer"*, *„Heuchler"*, *„Weltkluge"*, *„Seelenriesen"*, *„Dummköpfe"* und *„Stumpfköpfe"* in allen gesellschaftlichen Schichten anzutreffen sind. Andererseits behält er das bestehende ständische Klassifizierungsmuster bei, um in einer schlitzohrigen Wendung die gesamte höhere Gesellschaft als bemitleidenswerte, degenerierte Krüppel zu bezeichnen. Campe lässt auch keinen Zweifel daran, wer von Natur aus die günstigsten Voraussetzungen mitbringt, sich als Mensch zu vervollkommnen – die Mitglieder des *„goldenen Mittelstandes"*.

Campe unterlässt in seinem *Väterlichen Rat* eine Abgrenzung des bürgerlichen Standes zu den unteren gesellschaftlichen Schichten – im Gegenteil bekommt man fast den Eindruck, dass er auch den *„einfachen Landmann"* in seine Ausführungen einschließt.[174] Damit umschifft Campe eine weitere gefährliche Klippe, die Amalia Holst schließlich zum Verhängnis werden sollte – das ideologische Herabsetzen der unteren gesellschaftlichen Schichten zwecks Abgrenzung. Ich denke, man kann davon ausgehen, dass eigentlich alle potentiellen Leserinnen und Leser des *Väterlichen Rats* – inklusive einiger Angehöriger der *„feinen und üppigen Gesellschaft"* selbst – der Meinung waren, dass die Angehörigen des Adels lediglich aus geliehenen Pfründen schöpfen und ihre Lebensweise insgesamt so überflüssig sei wie ein Kropf. Von gesellschaftlicher Nützlichkeit keine Spur, ihr untätiger Müßiggang steht jedem neuen Leistungsgedanken im Wege. In weiten Teilen des Adels heiratet man noch immer nicht aus Liebe, sondern aus Berechnung. Auch von dem neuen Ideal der Natürlichkeit sind die Angehörigen der hohen Gesellschaft weit entfernt – ihre Kleider und Manieren sind künstlich aufgesetzte Larven. Sie geben ihre Kinder ab, kümmern sich nicht um ihre Erziehung, *„verbilden"* sich selbst und ihre Kinder durch unnütze Kenntnisse und Fertigkeiten – kurz der herkömmliche, ständische Adel verstößt gegen alle neuen Ideale der bürgerlichen Gesellschaft, die, wie Campe belegt, beginnt, ein nicht unerhebliches Selbstbewusstsein zu entwickeln. Ein wie auch immer gearteter Angriff auf die Großkopferten ist – vor allem, wenn er mit einer solchen Unschuldsmine vorgetragen wird, wie Campe das tut – als allgemein akzeptiert einzuschätzen. Dies gilt jedoch nicht für eine Herabsetzung der unteren sozialen Schichten – der Ton einer solchen Herabsetzung liefe zu leicht Gefahr, ins Despotische, Herrische abzugleiten.

In Abschnitt 2.6 habe ich bereits ausführlich erläutert, durch welche sprachlichen Mittel sich der *Väterliche Rat* auszeichnet. Ehrlich wirkende Besorgnis, die persönliche Ansprache und ein

---

[174] so z.B. durch den Rat an seine Tochter, dass man mit jedem in seiner Sprache sprechen können müsse

nicht unerhebliche Pathos sprechen die Leserin auf emotionaler Ebene an. Es wird ein fast intimer Raum geschaffen, in dem vertrauliche Geheimnisse mitgeteilt werden. Auch wenn der *Väterliche Rat* den Eindruck eines umfangreichen Werkes erweckt, so kommt Campe doch mit wenigen, einfachen Postulaten und Setzungen aus. Dazu gehört zuvorderst die Setzung der weiblichen Bestimmung, zu der ich bereits ausführlich Stellung genommen habe. Die weibliche Bestimmung hat damit den gleichen, unbezweifelbaren Stellenwert wie die Setzung, dass der Mensch ein gutartiges Wesen hat oder, dass der Mensch in allem ein *„Werk der Gewöhnung"* ist. Diese Setzungen sind strukturell so einfach, dass sie im Allgemeinwissen aufgehen, beziehungsweise mit ihm zusammenfallen. Dennoch befleißigt sich Campe in zugegebenermaßen teils ermüdender Genauigkeit der Auflistung von Gründen und der Anführung negativer oder positiver Folgen eines bestimmten Denkens und Handelns bezüglich eines genau definierten Sachverhaltes. Die Leserin bekommt ausführlich alle denkbaren Fragen zu allen möglichen Themenfeldern in anschaulicher – und wie gesagt emotionaler – Weise beantwortet. Das Wohlwollen eines weisen, erfahrenen Führers, der Sicherheit in unsicheren Zeiten verspricht.

Dem *Väterlichen Rat* lassen sich argumentationsanalytisch einige Fehlertypen zuordnen. So ist bei Campe oft das zu Begründende der Begründung bereits vorausgesetzt („petitio principii"). Die Prämissen und Postulate werden immer wieder zirkulär verwendet; so setzt Campe beispielsweise voraus, dass nur der ordentliche, gut organisierte, reinliche Haushalt einer guten Hausfrau entspricht. Als Gründe für einen gut geführten Haushalt führt er allerdings wieder die Pflichten der guten Hausfrau an. Hinzu kommt, dass an den Autoritäten, die Campe zur Begründung heranzieht, die Erfahrung, den gesunden Menschenverstand und den Glauben, schwerlich zu rütteln und zu deuten ist. Seine Behauptungen sind in denkbar stärkster Weise argumentativ abgesichert, indem sich Campe immer wieder auf Tatsachen beruft, die „*offensichtlich*", „*allgemein bekannt*" und für jedermann „*einsehbar*" sind, muss ein Opponent ihm erst einmal das Gegenteil beweisen. Ein Schluss aus allgemeiner Erfahrung ist zwar nicht logisch zwingend, allerdings ist ihm „*eine immanente Zustimmungsnötigung schwerlich abzusprechen*".[175] Die Berufung auf das Allgemeine wird immer schwerer wiegen, als einzelne, angeführte Beispiele, die dazu dienen sollen, die Regel zu widerlegen.

Durch diese Angabe von Tatsachen immunisiert Campe seine gesamte Argumentation gegen eventuelle Einwände. Dies birgt ein sehr hohes Überzeugungspotential – und stellt Opponenten systematisch still:

> „Wer sich da auf ‚Erfahrung' berufen kann, hat schon die halbe Miete gewonnen. Erfahrung gilt als Argument, das den Gegner zum Schweigen bringt. [...] Das Erfahrungsargument bringt gewissermaßen die Wirklichkeit ins Spiel und vermittelt so den Übergang von bloßen Postulaten zu den Tatbeständen der Erziehung. [...] Auf Erfahrung als Argument gibt es keine konstruktive Fortsetzung des Gesprächs mehr. Es ist am Ende: die Diskutanten können sich von der Wirklichkeit vertreten lassen."[176]

---

[175] Kopperschmidt 1989, S.126
[176] Paschen / Wigger, S.180/181

3. Amalia Holst – Zur Person

Die Herausgeberin des meiner Bearbeitung zugrundeliegenden Textes, Berta Rahm, hat sich sichtlich Mühe gemacht, etwas über die Person und das Leben der Verfasserin des Textes *Über die Bestimmung des Weibes zur höheren Geistesbildung*, Amalia Holst, in Erfahrung zu bringen. Wie ich selbst erfahren musste, ist dies nicht ganz einfach. Aus dem *Damen–Conversations–Lexikon* von 1846, dem *Lexikon der Hamburgischen Schriftsteller* (1857) und aus dem *Nekrolog von 1829 im Freimütigen Abendblatt* trägt Berta Rahm die spärlichen, zudem oft widersprüchlichen Zeugnisse über Amalia Holst zusammen und versucht diese mit eigenen Recherchen über Holsts Aufenthaltsorte und Erziehungsinstitute zu komplettieren. Erschwert wird jede Spurensuche über das Leben einer Frau, die offenbar weder Briefe noch Bilder hinterlassen hat und sich selbst nie über ihre *„Jugend-, Lern- und Wanderjahre"*[177] geäußert hat. In Anerkennung von Rahms Bemühungen und in Ermangelung anderer Quellen zu Amalia Holst, orientiere ich mich hier an Rahms Vorarbeiten.

Amalia Holst wurde als Amalia von Justi 1758 in Altona geboren. Ihr Vater, Johann Heinrich Gottlob von Justi *„war ein außerordentlich vielseitig bewanderter und unermüdlich tätiger Autor, Übersetzer, Herausgeber, Kameralist, Professor, Förderer von Technik und Wissenschaften"*.[178] Er war im Laufe seines Lebens unter anderem für die Herzogin von Sachsen-Eisenach und für Maria Theresia tätig. Die Professur in Göttingen musste er kurz vor Amalias Geburt aufgeben. Ein denkbarer Grund hierfür könnte von Justis Engagement gegen den Krieg gewesen sein – 1759 veröffentlichte er anonym die Schrift *Wohlgemeinte Vorschläge eines die jetzigen Zeiten beseufzenden Menschenfreundes auf was vor Bedingungen die jetzo*

---

[177] Rahm in Holst, S.10
[178] Rahm in Holst, S.160

in Krieg befangenden Mächte zu einem dauerhaftigen und ihrem allerseitigen Interesse gemäßen Frieden gelangen könnten.

1760 folgt eine Schrift mit dem Titel *Vorschlag von Errichtung einer Akademie vor das Frauenzimmer*, in der er die Einrichtung höherer Schulen und Akademien für die bessere Erziehung des weiblichen Geschlechts forderte. Ob seiner Tochter später diese Schrift bekannt war, ist unklar; ich halte es aber für durchaus wahrscheinlich. Von Altona zog die Familie von Justi nach Berlin, wo Amalias Bruder und zwei Schwestern geboren wurden. Weitere zwei Schwestern Amalias wurden erst nach dem Umzug der Familie nach Bernau, bei Berlin, geboren. Der Vater schrieb in dieser Zeit an einem *Vorschlag von Errichtung eines weiblichen Schöpfenstuhls* (1767), in dem er die Tatsache, dass allein Männer über Handlungen der Frauen zu richten haben, als *„unbillig"* und *„grausam"* bezeichnete.

1766 zog die Familie von Justi nach Küstrin (Kostryzyn) - Kietz an der Warthe, wo J.H.G. von Justi der Benennung von Friedrich dem Großen zum königlichen Berghauptmann und Oberaufseher der Glas- und Stahlfabriken folgte. Wie die wahrscheinlich sieben Kinder[179] unterrichtet wurden, ist nicht ganz klar; vor allem, weil die Familie bereits 1768 – diesmal ohne den Vater – erneut den Wohnort wechselte und ein kleines Gut in Staffelde, an der Elbe unweit von Stendal, bezog. J.H.G. von Justi erblindete in diesem Jahr und musste sich, vermutlich wegen Unregelmäßigkeiten in der Buchführung, vor Gericht verantworten. Er starb 1771 im Gefängnis. Offenbar wurde das gesamte Vermögen der Familie konfisziert; die Familie konnte jedenfalls nicht zusammenbleiben. Amalias Brüder kamen in dänische Kadettenschulen, ihre kleineren Schwestern in ein Potsdamer *Stift für Fräulein* und die Mutter zog zu ihrem Bruder nach Braun-

---

[179] Amalia und ein weiteres Kind waren wahrscheinlich aus der ersten Ehe des Vaters, weitere fünf Geschwister folgten

schweig. Wo sich Amalia in der Zeit nach dem Tod ihres Vaters befand, ist nicht bekannt.

1791 findet sich ihre Spur in Hamburg wieder, wo auch ihre drei jüngeren Schwestern bereits verheiratet lebten. Amalia Holst wandte sich in diesem Jahr an den Verleger Johann Gottwerth Müller mit der Bitte, ihre Schrift *Bemerkungen über die Fehler unserer modernen Erziehung von einer praktischen Erzieherin* anonym zu veröffentlichen.

Amalia hatte Johann Ludolf Holst geheiratet, der in Leipzig studiert und 1782 mit einer Abhandlung über Anakreon[180] dissertiert hatte. J.L. Holst war der Sohn eines Garnhändlers und arbeitete in Hamburg St. Georg in einem Handels-Institut. Nach Aufgabe des Handels-Instituts gründeten Amalia und J.L. Holst 1809 ein Erziehungsinstitut in Hamburg, welches bis 1812 Bestand hatte. Der Ehe entstammten drei Kinder. Nach der Aufgabe der Erziehungsanstalt in Hamburg ging Amalia Holst wahrscheinlich 1813/14 – offenbar ohne ihren Ehemann, der 1825 in Hamburg verstarb – nach Parchim, wo sie eine Pensions-Anstalt wahrscheinlich mit ihrer Tochter Mariane gemeinsam unterhielt. 1823 übersiedelte Amalia Holst nach Timkenberg, südöstlich von Hamburg, wo sie 1829 71jährig verstarb.

---

[180] Anakreon war ein Dichter, der im 6. Jahrhundert vor Chr. lebte und nach dessen stilistischem Vorbild die deutschen Dichterkreise des 18. Jahrhunderts, die Anakreontiker, Wein, Liebe, Natur und Geselligkeit besangen.

3.1 Amalia Holst: Über die Bestimmung des Weibes zur höheren Geistesbildung (1802)

Holst will, wie sie eingangs ihrer Schrift selbst formuliert, zur Verbesserung der Menschheit beitragen, indem sie ihr Geschlecht von der Wichtigkeit und dem Umfang seines Berufs als Mensch und als Weib überzeugt. Die Schrift ist, so Holst, eine Antwort auf viele von Männern verfasste Schriften zur weiblichen Bestimmung; es sei wichtig, so Holst, dass sich zu diesem Thema endlich eine Frau äußert, da Männer parteiisch für ihr Geschlecht seien, und da es bisher noch keine weiblichen Stimmen zu diesem Thema gäbe. In zeitgenössischer Kritik[181] wird gemutmaßt, dass Holst den Leserinnen und Lesern ihre Anlehnungen an die *Vindication of the Rights of Women* (1792) von Mary Wollstonecraft[182] vorenthalte. Ihre oben genannte Schrift wurde breit rezipiert. Berta Rahm bestätigt deshalb ebenfalls, dass Holst dieses Werk wohl bekannt gewesen sein müsse: Dass sie den Namen Wollstonecraft

„in ihrem Werk nicht nennt, beruht wohl eher darauf, weil sie die Damen und Herren nicht reizen wollte oder der Verleger ihn strich: Mary Wollstonecraft war verschrien als ‚wütende Fürsten- und Adelsfeindin'".[183]

Über Auflagenzahlen und verkaufte Exemplare von Holsts Schrift ist mir nichts bekannt. Ich vermute, dass sie nicht sehr breit rezipiert wurde, denn erst 1901 wird der Text *Die Bestimmung des Weibes zur höheren Geistesbildung* bei Gertrud Bäumer im *Handbuch der Frauenbewegung* wieder erwähnt. Karl Jacoby wid-

---

[181] vgl. Anhang in Holst, S.150
[182] Die englische Schriftstellerin Mary Wollstonecraft (1759-1797) trat vehement für die Rechte der Frauen ein und forderte vor allem eine gründliche Bildung und Erziehung „als Voraussetzung für Gleichheit, Würde und Achtung" (vgl. Schmid 1996, S.2) der Frauen.
Wollstonecraft schreckt, anders als Holst, auch nicht vor der Forderung nach politischer Partizipation von Frauen zurück und sie gilt als die radikalste Frauenrechtlerin ihrer Zeit.
[183] Rahm in Holst, S.158

met Holst 1911 den ersten Band seiner *Beiträge zur deutschen Litteraturgeschichte des achtzehnten Jahrhunderts*[184] und würdigt Amalia Holst als „*Hamburgs erste Frauenrechtlerin*". Hannelore Schröder nimmt schließlich eine Textauswahl in ihr Buch *Die Frau ist frei geboren. Texte zur Frauenemanzipation*[185] auf. Diese Textauswahl umfasst allerdings nur etwa 10% des Originaltextes und in ihrem Kommentar versäumt es Schröder leider auch auf die umfangreichen Auslassungen ihrerseits einzugehen. Auch Pia Schmid[186] nimmt den Text von Amalia Holst in ihre *Gegenstimmen* auf – m.E. jedoch zu unkritisch, um einen adäquaten Eindruck des Textes vermitteln zu können.

Meine Untersuchung fokussiert zunächst das von Holst formulierte Gleichheitspostulat[187] bezüglich des Geschlechterverhältnisses und arbeitet ihre Forderungen hinsichtlich der höheren Geistesbildung von Frauen heraus. Das „*echt und wahrhaft gebildete Weib*" ist in Holsts Entwurf das zentrale Ziel, und nur durch die höhere Bildung der Frau kann die Menschheit als Ganzes in ihrer Entwicklung voranschreiten. Bestehende Unterschiede zwischen den Geschlechtern aber auch zwischen gesellschaftlichen Ständen werden von Holst dennoch formuliert. In Abschnitt 3.3 möchte ich daher darstellen, dass Holst sich zwar gegen eine Legitimierung der Geschlechterhierarchie, die auf dem „*Faustrecht des Stärkeren*" beruht, wendet und die Ehe als einen Vertrag unter Gleichen konstruiert. Allerdings lässt sie keinen Zweifel daran, dass ihre Gleichheitsforderungen lediglich für die höheren Stände und das mittlere (Bildungs-) Bürgertum gelten können. Ihre ständische Argumentation verwundert vor dem Hintergrund ihrer eingangs formulieren Gleichheitspostulate und stößt bereits bei Zeitgenossen auf scharfe Kritik.[188]

---

[184] Hamburg, 1911
[185] Band I, S.155-174
[186] vgl. Schmid 1993, S.95-97 und 1996 2 , S.340/41
[187] vgl. Abschnitt 3.2
[188] vgl. Abschnitt 3.6

Holsts zentrales Argument für ihre Forderung nach gleicher Bildung für Frauen ist der „mächtige Einfluss" von Frauen auf alle Gebiete des gesellschaftlichen Lebens. Als Belege für diesen Einfluss widmet sie sich stichwortartig zahlreichen Beispiel-Frauen aus der Geschichte, der Literatur und den Künsten. Das Belegmuster, das Holst wählt, besteht dabei ausschließlich in der Anhäufung und Aufzählung von Beispielen[189] – auf die Schwächen und Brüche dieser argumentativen Strategie werde ich noch eingehen.

Die Auseinandersetzung Holsts mit den „Herren, die es gewagt haben, über die weibliche Bestimmung zu schreiben," nimmt im Text ebenfalls großen Raum ein.[190] Rousseau wird von Holst überwiegend als Person kritisiert; sachbezogene Kritik an Rousseaus Texten und Inhalten findet sich bei Amalia Holst nicht. Auch Karl Friedrich Pockels,[191] den sie in weitläufigen Passagen zitiert, kann sie sachlich nicht entkräften und obwohl Holst sich von Campe und seinem *Väterlichen Rat* distanzieren möchte, wird gegen Ende des Textes immer deutlicher, dass sie sich ihm eher annähert als sich von seiner Position zu entfernen. Auf Hippels Text *Über die bürgerliche Verbesserung der Weiber* geht Holst zwar anerkennend ein und empfiehlt ihn ihrer Leserschaft zur Lektüre. Zugleich distanziert Holst sich aber auch von Hippels Position und ihr Anliegen, keine „Revolutionspredigerin"[192] sein zu wollen, könnte als Fazit unter ihrem gesamten Text stehen.

---

[189] vgl. Abschnitt 3.4
[190] Abschnitt 3.5
[191] Karl Friedrich Pockels (1757-1814) ist Protagonist der „Erfahrungsseelenkunde" und Autor des fünfbändigen Werkes *Versuch einer Charakteristik des weiblichen Geschlechts*, 1797-1802
[192] vgl. Holst, S.19

3.2 Zuerst ist die Frau Mensch. Das Gleichheitspostulat bei Amalia Holst

Bei Amalia Holst ist die Frau – vor allem anderen – Mensch, sie hat das Recht und die Pflicht, alle ihre physischen und moralischen Anlagen gleichermaßen auszubilden. Nach Holst wird die Frau durch eine höhere Geistesbildung nicht an ihren Berufspflichten (Gattin, Hausfrau und Mutter zu sein) gehindert, sondern sie werden dadurch *„gewürdigt und vollendet"*. Die Frau *„als denkendes Wesen, müsse ... sich vorerst bloß als Mensch, das ist, als perfektibles Wesen betrachten"*.[193] Die Frau hat aber auch die Pflicht, sich als Mensch zu vervollkommnen, denn nur so kann die Menschheit als Ganzes voranschreiten. Der Fortschritt der Menschheit, so Holsts These, kann nicht vorankommen, wenn Frauen an einer besseren und höheren Ausbildung ihrer Fähigkeiten und Fertigkeiten gehindert werden. Die Verbesserung der Menschheit durch Fortschritt ist das zentrale Argument bei Holst für alle ihre Forderungen. Damit beruft sie sich auf das klassischaufklärerische Argument überhaupt.

Sie wendet sich in ihrer Schrift teils an die Männer, indem sie von ihnen Anerkennung der Frau als denkendes, vernunftbegabtes Wesen fordert und indem sie versichert, dass die Männer bei einer höheren Ausbildung der Frauen nur gewinnen können. Zum größeren Teil wendet Holst sich aber an die Frauen, indem sie an die Strebsamkeit ihrer Geschlechtsgenossinnen appelliert.[194] Die möglichst hohe und möglichst umfassende Ausbildung aller Fähigkeiten liegt in den Händen jeder einzelnen Frau, *„denn gewiss ist es, dass viel, wo nicht alles, von unserem eigenen Betragen abhängt"*. Jede Frau hat selbst dafür Sorge zu tragen,

---

[193] Holst, S.17
[194] „Dass Trägheit, Wahn und Dünkel keine aus unserer Mitte länger von diesem großen Ziel abhalte, ist der innigste Wunsch meines Herzens", Holst S.86

dass sie Mensch wird. Der Appell an die Geschlechtsgenossinnen erscheint bei Holst dringlicher, als der Appell an die Männer.

An die Männer gerichtet möchte Holst mit „*Raphaels Pinsel oder Demosthenes' Redekunst*"[195] lebhaft darstellen, dass Männer bei der höchsten Ausbildung der Frauen alles gewinnen und „*nichts, gar nichts dabei verlieren können*". Den Frauen möchte Holst „*mit Flammenschrift ins Herz zu graben vermögen,*" dass alles von ihrem eigenen Betragen abhängt, denn „*Wären die Weiber überall und immer, was sie sein sollten und könnten, sie würden besser von den Männern behandelt werden*". Eine bestehende Ungerechtigkeit im Geschlechterverhältnis – daran lässt Holst kaum einen Zweifel – ist von Frauen mit verursacht, die sich nicht genug darum bemühen, sich zu besseren Menschen zu bilden.

Die Männer können also nichts verlieren und alles gewinnen – die Frauen werden zur treuen Pflichterfüllung aufgerufen, um von den Männern besser behandelt zu werden. Auffällig bei dieser Formulierung ist der normative Charakter des Appells an die Frauen. Wenn Frauen das wären, was sie sein sollten und könnten – bei den Frauen geht es um die Erfüllung einer handlungsweisenden Norm; bei den Männern um Gewinn und Verlust. Das Ideal, welches Amalias Holsts Ausführungen unterliegt, besteht darin, dass sich Frauen diese Norm selbst setzen beziehungsweise die Notwendigkeit der Erfüllung dieser Norm einsehen, verstehen und danach handeln. Als freies, gebildetes Wesen sieht die Frau die Notwendigkeit der Pflichterfüllung voll und ganz ein – die allgemein anerkannten Pflichten der Frau werden in Umfang und Inhalt von Holst nicht angetastet; sie bestehen auch bei Holst darin, eine gute Gattin, Hausfrau und Mutter zu sein. Das Mittel zu dieser Pflichterfüllung ist bei Holst die wahre Einsicht und Erkenntnis der Frau, diese Pflichten getreulich und nach besten Kräften zu erfüllen. Zu dieser tieferen Einsicht kann frau nur durch wahre Bildung gelangen.

---

[195] Holst, S.86; Angabe gilt für alle Zitate dieses Absatzes.

Die prinzipielle Gleichheit der Geschlechter äußert sich bei Holst in der konsequenten Berufung auf das Mensch-Sein; Männer und Frauen haben zu gleichen Teilen die Pflicht, die Menschheit voran zu bringen. Der Weg zum Menschen führt bei Holst einzig über die (höhere) Geistesbildung. Durch eine wahre und echte Bildung wird der Mensch zum Menschen: das *"echt und wahrhaft gebildete Weib"* müsse deshalb das vorrangige Ziel aller Menschenbildung sein.

Auf die höhere Bildung von Frauen kommt es für Holst so entscheidend an, weil mit ihr zugleich die *"gesamte Menschheit mitgebildet wird"*.[196] Die Frau hat Einfluss auf die *"Triebräder der Staatsmaschine"*, weil ihr Einfluss auf die erste Erziehung des Menschen am wichtigsten ist und weil sie Einfluss auf den *"gesellschaftlichen Ton"* habe.[197] Es ist wichtig, an dieser Stelle hervorzuheben, dass der von Holst so vielzitierte Einfluss von Frauen auf die menschliche Gesellschaft strukturell ein eher indirekter Einfluss bleibt. Holst meint nicht, dass die Richterin, Anwältin oder Ärztin als Personen den Fortschritt der Menschheit befördern, sondern dass die Mutter als umsichtige Erzieherin der nächsten Generation, die gebildete Gattin als weise Gefährtin des Mannes und die kluge, ökonomisch wirtschaftende Hausfrau diesen positiven Einfluss ausüben. Der Einfluss von Frauen auf die Menschheit wird in Holsts Entwurf also wirksam durch die wohlerzogenen Kinder, den gut beratenen und wohl unterstützten Gatten und den wohlgeordneten Haushalt, der als stabile Basis der beiden erstgenannten Aufgabenbereiche gesehen werden muss. Davon wird weiter unten noch zu sprechen sein.

Die höhere Bildung der Frau ist weiterhin wichtig, weil sie im weitesten Sinne Volksaufklärung ist, denn

„Von den Weibern allein kann wahre, echte Aufklärung, die noch immer zu sehr in den Köpfen einiger großer Männer konzentriert

---

[196] Holst, S.39
[197] „Das Reich des Sittlich-Schönen ist unser Gebiet", Holst, S.39.

ist, im praktischen Leben verbreitet und gemeinnützig gemacht werden".[198]

An dieser Stelle wird deutlich, dass bei Holst der Akt der Umsetzung abstrakter theoretischer Ideen den Frauen zukommt – sie sind diejenigen, die wahre echte Aufklärung im praktischen Leben verbreiten können. Den Frauen kommt also die Aufgabe zu, die Ideale der Aufklärung im Wortsinn ‚gemein-nützig' zu machen. Dies können sie aber nur, wenn sie selbst wahrhaft gebildet sind, d.h., wenn sie verstehen, was wahre Aufklärung und humane Bildung bedeuten, denn: *„wer jemand, im edelsten Sinne des Wortes, zum Menschen bilden will, muss selbst diese Würde fühlen und besitzen".*[199]

Zum einen erfolgt diese praktische Umsetzung wahrer Aufklärung in Holsts Entwurf über die erste Erziehung des Menschen, denn diese ist nach Holsts Ansicht die wichtigste, und einmal gemachte Fehler können auch von späteren Erziehern nur schwerlich (wenn überhaupt) wieder gut gemacht werden. Deshalb sind die Pflichten und Aufgaben der Mutter bei Holst zentral. Die ersten Eindrücke des Menschen bestimmen, nach Holst, seinen späteren Charakter. Da diese ersten Eindrücke des Menschen unbestreitbar von der Mutter kämen, obliege ihr auch die größte Verantwortung bei der Erziehung der Kinder. Die Mutter sei physikalisch und moralisch wichtiger für das Kind als der Vater.[200] Für eine gute Erziehung sei deshalb die genaue Kenntnis des Zöglings wichtig.[201] Diese genaue Kenntnis bringe, so Holst, aber nur die Mutter als erste Lehrerin mit. Um für die weitere Ausbildung des Kindes zum Menschen sorgen zu können, muss die Mutter deshalb selbst gebildet sein, denn *„die bloße*

---

[198] Holst, S.102
[199] Holst, S.87
[200] Die Mutter gäbe, so Holst, „mehr Stoff", vgl. Holst, S.88
[201] Zur Illustration wird von Holst die Gärtner-Metapher verwendet, vgl. S.87

oft blinde Zärtlichkeit, welche von der Natur allen Müttern ins Herz gepflanzt ward, ist hierzu bei weitem nicht hinreichend".[202]

Die Begründung für diese These erfolgt in einer Gegenüberstellung: die gebildete Mutter ist ein gutes Vorbild für die richtige Sprache und die richtige Bewertung der Dinge; sie sät nur das Gute und das Richtige in die Seele des Kindes.[203] Die ungebildete Mutter kann schon in der frühesten Erziehung so viel falsch machen, dass es später nicht mehr gut zu machen ist. Eine ungebildete Mutter ist so die größte Gefahr für den menschlichen Fortschritt, da auch die besten späteren Erzieher des jungen Menschen den früh angerichteten Schaden in der Seele des Kindes nicht mehr zur Gänze beheben können.

Der größere Einfluss der Mutter auf die Kinder, welcher sich in ihrer Anhänglichkeit äußert, ist, so Holst, eine *„Schuldigkeit der Natur"* für die erlittenen Geburtsschmerzen – das bedeutet: die Natur selbst *„sichert uns aber schon den größeren Einfluss auf das Herz"* der Kinder. Die Mutterpflicht wird bei Holst mit dieser Setzung in den Rang eines Naturgesetz erhoben.

Der Grund, warum nicht alle guten Frauen auch gute Kinder haben, liegt, so Holst, in der mangelnden Bildung der Mütter, denn *„nur wo Güte des Herzens mit hellem, gebildetem Geiste in schönen Einverstande sind, finden wir das hohe Ideal der Menschheit, würdig zum Vorbild und zum Bildner".*[204] Da die Kinder also von der Natur an die Mutter gebunden sind, wird deutlich, welche wichtige Rolle die Mutter als erste Erzieherin der Kinder übernimmt – und nur die wahrhaft gebildete Mutter kann ihre hohe Pflicht auch wirklich erfüllen.

Als die *„heilige Pflicht der Eltern"* bezeichnet Holst es, *„der Menschheit, am Geist und Körper gesunde Mitglieder zu liefern"*.[205]

---

[202] Holst, S.89
[203] „da ist [später] kein Unkraut auszujäten", Holst S.89
[204] Holst, S.91
[205] Holst, S.106

Damit macht Holst auch noch einmal deutlich, dass in ihrem Entwurf Männer und Frauen zu gleichen Teilen am Fortschritt der Menschheit beteiligt sein sollen. Ihre Aufgaben innerhalb der Gesellschaft mögen unterschiedlich sein, in der Grundvoraussetzung wahrhaft gebildete Menschen zu sein, dürfen sich die Geschlechter hingegen nicht unterscheiden. Der Einfluss der Mütter, als erste Lehrerin der Kinder ist zu bedeutend, um hintan gestellt zu werden. So verdeutlicht Holst noch einmal den wahren Verdienst der guten Mütter um die Kinder: *„Wir begnügen uns nämlich nicht, ihnen das physische Dasein gegeben zu haben, sondern wir sind bemüht, ihnen das Moralische durch eine höhere Ausbildung zur Humanität zu geben".*[206]

Holst zählt die Gründe für eine gründliche Kenntnis der Mütter in den verschiedenen Wissensgebieten dezidiert auf. Fremdsprachenkenntnisse sind für Mütter wichtig, damit sie ihre Töchter selbst unterrichten können, damit sie die Lehrer ihrer Söhne kontrollieren und den Söhnen bei dem, was wir heute Hausaufgaben nennen würden, helfen können.[207] Eine gründliche Kenntnis der Geschichte sei für die Mutter nötig, weil die Geschichte den Kindern den Fortschritt der Menschheit vor Augen führt. Das Kind lerne, am Beispiel der Geschichte, auch Toleranz anderen Menschen gegenüber. Die genaue Kenntnis der Natur sei für die Mutter ebenso bedeutend, weil sie so dem Aberglauben entgegenwirken könne.[208] Dass der *„Aberglaube und Wahn"* verschwinde, sei ein *„sehr wichtiger Vorteil für die Menschheit,"*[209] schreibt Holst, und weil die gründliche Kenntnis der Natur das eigene Handeln mit dem Willen der Natur in Einklang bringen kann, ist eine genaue Kenntnis wichtig, damit der Mensch sich

---

[206] Holst, S.93
[207] vgl. Holst, S.95
[208] vgl. S.98; S.100: „Der Donner, das Erdbeben und der Sturmwind sind uns keine Strafgerichte."
[209] Holst, S.105

nicht entgegen den Gesetzen der Natur verhalte.[210] Zudem befördert eine gründliche Naturkenntnis ebenfalls eine tolerante Haltung, denn sie macht „*milde und freundlich gegen alle Wesen*".[211] Die gebildete Mutter kann die frühen, neugierigen Fragen der Kleinen mit großem Sachverstand beantworten und damit für sinnvolle und anregende „*Unterhaltung und Beschäftigung*" sorgen. Gebildete Mütter lehren die Kinder „*die giftigen Kräuter und Blumen kennen, und beugen dadurch manchen Unglücksfällen vor*".[212] Die gründlichen Kenntnisse in der Geographie[213] klärt vor allem über den Einfluss von Klima, Nahrungsmitteln, Staatsverfassung und Religion auf das Denken und Handeln der Menschen auf[214] und die so gewonnenen Erkenntnisse helfen ebenso im Kampf gegen „*Aberglaube und Wahn*".[215] An dieser Stelle ist es wichtig, im Blick zu behalten, dass alle Forderungen Holsts nach einer umfangreichen Bildung letztlich doch einer Antwort auf die Frage der Nützlichkeit der praktischen Aufgaben der Frau als Gattin, Hausfrau und Mutter zugeordnet werden können. Alle Kenntnisse, die Holst für Frauen fordert, werden von ihnen nicht zum Selbstzweck erworben, sondern um die Pflicht der aufgeklärten und entwickelten Menschheit optimal erfüllen zu können. Männer benötigen wissenschaftliche Kenntnisse zum Broterwerb, den Frauen indes „*sind solche Antriebe*" fremd und versagt. Dadurch aber haben die Frauen die Chance, „*Menschen im edleren Sinne des Wortes sein*", da die höhere Bildung der Frau nicht vom Eigennutz geprägt sei.[216]

Holst fordert Bildungsfreiheit und Bildungsgleichheit für Frauen, inklusive der Öffnung der Wissensgebiete der Philosophie, der

---

[210] „Aber eben darum müssen wir die Natur studieren, damit wir in ihrem Gleise bleiben," Holst, S.105
[211] Holst, S.99
[212] Holst, S.101
[213] „wir nehmen also auch diese Kenntnis mit, weil wir sie auf unserem einmal betretenen Weg vorfinden", Holst, S.104
[214] vgl. Holst, S.104
[215] Holst, S.105
[216] Holst, S.44

Geographie, der Biologie und der Geschichte und zudem fordert sie, dass den Frauen ein Studium der jeweiligen Bildungsinhalte aus den Originalquellen ohne eine *„didaktische Aufarbeitung"* speziell für Frauen, ermöglicht werden muss. Doch ihre Forderungen richten sich ausschließlich an die höheren und mittleren Stände der Gesellschaft.[217] Für die Angehörigen dieser höheren und mittleren gesellschaftlichen Stände gilt dann das Leistungsprinzip: Jeder und Jede soll mit *„redlichem Eifer"* bemüht sein, das höchst Mögliche zu leisten,[218] alle Menschen müssen *„frei und unbedingt ihrem Genius folgen können"*. Zudem muss es sich um eine wahre Bildung handeln, die nicht nur darin besteht, gelehrtes Wissen anzuhäufen, sondern an den Idealen der echten Humanität orientiert ist.

Die postulierte Gleichheit der Geschlechter ergibt sich also bei Holst aus den Ansprüchen, der Pflicht und der Wichtigkeit einer vielseitigen, wahren humanen Bildung des Menschen. Der gebildete Mensch kenne, so Holst, keinen Müßiggang.

„Zweckmäßige Beschäftigung ist ihm Bedürfnis; seine Erholung ist nur Abwechslung der Beschäftigung. Alles betreibt er mit Zweck und Einsicht, ohne Ziererei und Anspruch; Tätig zu sein, ist seine andere Natur geworden".[219]

Aus diesem Grund gibt es für Holst auch keinen Widerspruch zwischen den Berufspflichten der Frau und ihrer Verpflichtung als Mensch, die darin besteht, ihre geistigen Fähigkeiten möglichst hoch auszubilden. Frauen wollen ihre Bürgerpflicht, die Ausbildung aller ihrer Kräfte erfüllen, konstatiert Holst, und die Männer sollten dafür dankbar sein, dass Frauen sich dieser Pflicht stellen, nicht aber sie für diesen hohen Vorsatz tadeln.[220]

---

[217] vgl. Holst, S.44: „Es wäre ebenso töricht, diese hohe Bildung von den niedern Ständen zu verlangen, diese müssen sich immer mit untergeordneten Zwecken befriedigen."
[218] vgl. Holst, S.45
[219] Holst, S.107
[220] vgl. Holst, S.40/41

In Holsts Entwurf spiegeln sich bereits die zentralen Ideale der bürgerlichen Gesellschaft und sie argumentiert mit den typischen Begriffen der Aufklärung. Der Fortschrittsglaube, mit der Idee des stufenweise Anstiegs der Menschheit zur Vollkommenheit, ist dabei der zentrale Gedanke, auf den Holst immer wieder zurückgreift. Aber auch der Glaube an individuelle Leistungen des Menschen spielt eine Rolle, d.h. der Mensch muss sich seine Vollkommenheit durch Ordnung, Fleiß und Sittsamkeit erarbeiten.[221] Schließlich ist der Glaube an die Vernunftbegabtheit des Menschen allen anderen unterlegt. Der Mensch und die Kultur als Ganzes vervollkommnen sich, indem sie sich an den Maßstäben der Vernunft orientieren – dieses hohe Ziel sei, so Holst, eben nur zu erreichen, wenn eine möglichst hohe und umfassende Bildung aller Menschen gewährleistet ist. Der gebildete Mensch kennt *„den Zweck seines Daseins, sein Geist beherrscht die Sinne, sein Ziel ist, das Ideal der Menschheit zu erreichen".*[222]

3.3 Bestehende Ungleichheiten. Das Faustrecht des Stärkeren

Für Holst ist es ist eine Anmaßung der Männer, Frauen ihren Ort innerhalb der Gesellschaft anweisen zu wollen, und ihre Ausbildung begrenzen zu wollen. Diese Anmaßung wird laut Holst mit zwei Behauptungen gestützt. Zunächst würde, so Holst, zu unrecht von physischer Schwäche auf psychische Schwäche geschlossen und zweitens würde – ebenfalls zu unrecht – von den Männern behauptet, eine geistige Tätigkeit der Frau stünde der Erfüllung ihrer Berufspflichten im Wege. Dass diese beiden Behauptungen tatsächlich zu unrecht erhoben werden, begründet Amalia Holst mit einem Augenzwinkern, denn wären diese Behauptungen begründet, so wäre sie schließlich nicht so *„töricht"* dagegen zu schreiben.

---

[221] „Müßiggang ist aller Laster Anfang!"
[222] Holst, S.108

Holst gibt zu, dass Frauen Männern physisch unterlegen sind. Aus der körperlichen folge aber nicht die geistige Unterlegenheit, da die unterschiedliche Organisation des Gehirns noch nicht bewiesen sei.[223] In diesem Punkt irrt sich Holst, denn der theoretische Grundbaustein der Idee, von der physischen auf die psychisch-moralische Konstitution des Menschen zu schließen, wurde in Deutschland von Ernst Brandes[224] und Christoph Meiners[225] bereits gelegt.[226] Beide Autoren waren Holst bekannt; sie werden sogar namentlich von ihr erwähnt. Daher ist es wenig nachvollziehbar, dass Holst diese Positionen übergeht und in ihrer Argumentation nicht berücksichtigt. Dass Frauen *„feinere Nerven"* und weniger *„straff gespannte Sehnen"* besitzen, gilt auch für Holst als ausgemacht, doch sie bezweifelt einen Einfluss dieser physischen Gegebenheiten auf die *„Denkkraft"*. Eine eher schwache körperliche Konstitution könne der Entwicklung einer großen Geisteskraft nicht im Wege stehen, da ja auch viele männliche Gelehrte oft von Kindheit an, eine schwächliche körperliche Konstitution besitzen würden. Holst handelt mit diesem, übrigens nicht neuen, Argument eine um 1800 intensiv geführte Debatte recht zügig und am Rande ab.[227]

Aus der körperlichen Überlegenheit des Mannes kann, so Holst, in der fortschreitenden menschlichen Kultur kein legitimer Grund für die geistige Überlegenheit mehr abgeleitet werden, da sich die Gesellschaft nicht mehr auf das *„Faustrecht des Stärkeren"* gründe, sondern auf einem Vertrag, den freie, denkende Individuen aus Gründen der Vernunft miteinander geschlossen hätten.

---

[223] „bis jetzt hat dies noch kein Anatomiker zu behaupten gewagt," Holst, S.19
[224] Brandes: „Über die Weiber", 1787
[225] Meiners: „Geschichte des weiblichen Geschlechts", Bd.1, 1788
[226] vgl. Honegger 1991
[227] Dies gilt auch für die Auseinandersetzung Holsts mit anderen Opponenten ihrer Meinung, auf die ich in Abschnitt 3.5 gesondert eingehen werde. Hier zeigt sich aber, dass Holst häufig eine Gelegenheit auf eine tiefer gehende Auseinandersetzung mit aktuellen Themen ungenutzt lässt.

Sobald der Mensch vom Stand der Natur in den Stand der Kultur übergeht, verliert die körperliche Überlegenheit an Bedeutung. Der entscheidende Moment in der Entwicklung der Menschheit besteht für Holst gerade darin, dass die Menschen aus dem Naturzustand heraustreten und sie ihre Fähigkeiten im und durch den *„Kulturzustand"* vervollkommnen. Das Faustrecht des Stärkeren hatte, so Holst, nur dort Bedeutung, wo die geistigen Fähigkeiten des Menschen noch nicht sehr weit entwickelt waren:

> „Saul ward König, weil er einen Kopf hoch über seine Mitbewerber hervorragte, Nimrod war es, weil er der beste Jäger war. Homers Helden und Götter zeichnen sich alle durch Körperkräfte aus".[228]

Diese Überlegenheit, die sich lediglich auf die Körperkraft gründe, könne auf einer kulturell höheren Stufe keine Bedeutung mehr für die Menschen haben, weil es andernfalls bedeuten würde, dass *„der erste beste Lastträger den großen Friedrich vom Throne jagen"*[229] könnte. Holst bemerkt, dass sämtliche *„Herren Philosophen und Gelehrte,"* die durch ihre Geisteskraft Herrschaft beanspruchen und ausüben, diesen Umstand, dass der *„Tagelöhner manchem Philosophen vorgezogen"* werden müsste, wohl schwerlich als gültig akzeptieren könnten *„und doch schämen diese Herren sich nicht, dieses verjährte Recht der Barbaren noch geltend gegen uns zu machen"*.[230] Holst argumentiert in diesem Punkt gegen das Messen mit zweierlei Maß; wenn das Faustrecht des Stärkeren innerhalb der *„Männergesellschaft"* überwunden ist und dies als Fortschritt gesehen wird, dann ist der nächste Schritt, dieses Faustrecht auch in Bezug auf das Geschlechterverhältnis abzuschaffen, beziehungsweise es nicht mehr als legitimierende Basis zu verwenden. Damit beruft sich die Autorin im Kern auf eine gesamtgesellschaftliche und damit auch die Frauen einschließende Solidarität. Das Berufen auf die körperliche Überlegenheit als Grundlage für die Unterlegenheit der Frau gegenüber

---

[228] Holst, S.21
[229] Holst, S.26
[230] Holst, S.26

dem Mann wird von Holst als rückwärtsgewandt und überholt entlarvt. Zentral bei diesem Gedanken ist ihre These, dass es der *„Wille der Natur"* sei, den Menschen zum zivilisierten Leben im Kulturzustand zu befähigen – der Mensch folgt also dem Willen der Natur, indem er alle seine Kräfte gleichmäßig ausbildet und sich damit aus den Abhängigkeiten und Zwängen der primitiven, ursprünglichen *„Naturtriebe"* befreit.

3.3.1 Die Bestimmung der Geschlechter

Die *„gesunde Vernunft"* lehrt, schreibt Holst, dass die Frauen nicht um der Männer willen da sind. Männer behaupten diesen Anspruch dennoch, und weil sie keine vernünftigen Gründe dafür vorbringen können, *„nehmen sie Zuflucht zur Bibel, die schon so manchen Unsinn zum Gewährleisten dienen musste"*.[231] Das biblische Konzept, die Frau sei dem Manne Untertan, resultiert bei Holst aus den *„beschränkten Einsichten"* welche die damaligen Verfasser der Bibel besaßen und aus der noch herrschenden Rohheit ihrer Sitten.[232] Die Bibel, genauer gesagt das Alte Testament, tauge, so Holst, als legitimierende Basis für Aussagen über das Geschlechterverhältnis daher nicht. Die Bibel sei nichts weiter, als eine *„morgenländische Fabel"*. Der gebildete, zivilisierte Mensch stehe auch in diesem Punkt über (oder außerhalb) der tierischen Natur, die nur ihren Reizen folgen muss, um ihre Bestimmung zu erfüllen.[233] Holst verwirft das Alte Testament mit der Schöpfungsgeschichte als archaische, vorchristliche Tradition, die nicht mit den Lehren Christi in Einklang stehe und bemerkt: *„Lasst uns immer nur auf Christus selbst hören; alles was er sagt, ist so göttlich, so menschenfreundlich, so tolerant"*.[234] So kommt Holst zu dem Schluss, dass die Frau nicht für den Mann geschaf-

---

[231] Holst, S.57
[232] vgl. S.57 u. S.59: „Die ganze Schöpfungsgeschichte bei Moses trägt das ganze Gepräge der Rohheit seines Volkes und seines Zeitalters."
[233] vgl. Holst, S.58
[234] Holst, S.61

fen wurde, sondern Männer wie Frauen „*um des anderen Willen erschaffen im völlig gleichen Verhältnis*".[235]

Dabei hängt das eine Geschlecht vom anderen ab, weil ihre Interessen ineinander greifen[236] und ein Geschlecht ziehe das andere mit hinab.[237] Die Geschlechter sind dazu bestimmt, in Eintracht „*den Weg zur Vollkommenheit zu wandeln*".[238] Holst bezeichnet dies allerdings noch als „*schönen Traum*", den die „*Nachkommenschaft*" realisieren möge. Damit schwächt sie ihre Position erheblich, da so klar wird, dass es sich bei der Eintracht zwischen den Geschlechtern um einen bloßen Wunsch von ihr handelt. Dennoch zieht sie mit Überzeugung das Fazit, dass der Mann sich schließlich nur Vervollkommnen könne, wenn auch die Frau „*die höchste sittliche Vollkommenheit*" erreiche.[239] Damit die Frau aber zur Vollkommenheit kommen kann, bedarf es bei ihr der Einsicht und des „*freien Wirkens*" – dies müssen die Männer ihr zugestehen; hier müssen sie ihr Gerechtigkeit widerfahren lassen.

3.3.2 Die Ehe als „Vertrag zwischen Gleichen"

In der Ehe müssen sich die Partner einig sein, sich aufeinander verlassen können, sich gegenseitig schätzen, sich unterstützen „*einseitig kann hier keine Glückseligkeit für den einen oder den anderen existieren*".[240] Der Respekt der Geschlechter füreinander müsse sich auf „*erhabene und aufgeklärte Gesinnungen, und edle und humane Handlungen*"[241] gründen und könne nicht durch das Zitieren „*morgenländischer Fabeln*" eingefordert werden.

Die Ehe ist bei Holst ein „*Kontrakt, den zwei gleich freie Wesen miteinander schließen*". Ihre Grundlage ist die Liebe und Liebe gibt

---

[235] Holst, S.58, S.62
[236] vgl. Holst, S.42
[237] vgl. Holst, S.33
[238] Holst, S.42
[239] Holst, S.42
[240] Holst, S.76
[241] Holst, S.59

es nur unter Gleichen, da sie „*bei Autorität und Herrschaft nicht gedeiht*". Die Ehe ist, nach Holst, ein „*schönes Verhältnis*" – aber auch ein „*äußerst zarter Bund,*" der unter jeglicher Form von Herrschaft leidet.[242] Deshalb richtet Holst sich auch warnend an die Frauen: „*Aber das Weib muss auch nicht herrschen wollen*". In Konfliktfällen gibt der (oder die) Klügere nach, man „*zankt sich nicht um Kleinigkeiten*".[243] Alle Menschen haben „*Schwächen und Mängel,*" doch Eheleute arbeiten gemeinsam und gegenseitig daran „*sie immer mehr abzulegen*".[244]

Das eheliche Verhältnis ist bei Holst also ein äußerst fragiles Gebilde; einzig auf Liebe, Zuneigung und gegenseitigen Respekt gegründet. Holst sieht, dass sich ihre Idealvorstellung schwerlich auf lebende, atmende Menschen übertragen lässt. Eine gewisse Gleichheit muss deshalb auch in den kleinen Unvollkommenheiten der Eheleute herrschen. Die Frau kann und soll nicht

> „allein der nachgebende Teil sein, sie müsste denn ein Engel, oder eine Sklavin sein; in beiden Fällen wäre keine Glückseligkeit für sie. Ein Engel kann mit einem gebrechlichen Menschen nicht harmonieren, und eine Sklavin, die über ihren Zustand nachdenkt, nicht glücklich sein, und wer in dem innigsten Bunde der Gesellschaft sich nicht selbst glücklich fühlt, kann dem anderen keine wahre Glückseligkeit gewähren".[245]

An dieser Stelle argumentiert Holst treffend gegen ein perfektes weibliches Wesen. Die Frau kann nicht als „*Engel*" mit einem „*gebrechlichen Menschen*" harmonieren. Eine völlige Untergebenheit der Frau gegenüber dem Mann kann aber auch nicht die Lösung sein, da auch die Frau ein Recht auf „*Glückseligkeit*" hat. Im letzten Satz des Zitats kommt die Grundüberzeugung von Holst zum Ausdruck, von der aus sie das eheliche Verhältnis denkt: Nur wer selbst glücklich ist, kann auch „*beglücken*". Ehe-

---

[242] Holst, S.62
[243] Holst, S.63
[244] Holst, S.63
[245] Holst, S.63

leute sind jeweils nicht nur für ihr eigenes, sondern auch für das Glück des anderen verantwortlich.

Auch bei der Erziehung seiner Kinder muss sich der Mann auf die Frau verlassen können. Er könne, so Holst, nicht alles selbst machen; auch wenn der Gatte seiner Frau einen detaillierten Erziehungsplan für die Kinder vorlegte, komme es immer noch auf das größtmögliche Verständnis der Frau zur Umsetzung dieses Plans an. Einmal gemachte Fehler in der Erziehung können nicht rückgängig gemacht werden, *„denn hier ist es nicht, wie bei jeder anderen Kunst, wo man das misslungene Unbild vernichten und ein besseres schaffen kann".* [246]

Da die Frau ein *„freies, sich selbst bestimmendes Wesen"*[247] ist, hat sie, so Holst, auch einen Willen – der Mann habe es selbst in der Hand, ob sie diesen Willen mit Hilfe von *„List und Ränken"* durchsetzt oder ihn freundschaftlich mit ihm verhandelt. Unwürdiges Verhalten auf beiden Seiten zerstört das eheliche Vertrauensverhältnis. Seiner unwürdig ist der Einsatz von Autorität, die er einsetzen kann, weil *„Körperkräfte, Gesetze und alte Sitte auf des Mannes Seite sind".*[248] Ihrer unwürdig ist der Einsatz von hinterhältiger, verschlagener List, die sie einsetzen kann, weil sie einen Willen hat und diesen auch durchsetzen möchte.

Gelehrsamkeit und höhere Bildung der Frau werde, so Holst, dazu führen, dass die Frau *„mit Überzeugung einsehen"* wird, dass sie sich selbst glücklich macht, wenn sie alle Pflichten, die ihr auferlegt sind, erfüllt.[249] Die schöne Harmonie der Ehe funktioniert nur, wenn beide Gatten kooperationsbereit sind. Die Fragilität von Holsts Idealvorstellungen über das eheliche Verhältnis

---

[246] Holst, S.92
[247] Holst, S.85
[248] Holst, S.84
[249] „Das gebildete Weib [wird] es nicht bloß fühlen, sie wird es mit Überzeugung einsehen, indem sie alle ihre Pflichten erfüllt, indem sie den Gatten, mit dem sie so innig verbunden ist, glücklich macht, sie selbst auf Glückseligkeit Anspruch machen kann" Holst, S.76

tritt hier noch einmal deutlich zu Tage. In dieser Vorstellung von der idealen Ehe äußert sich für die Frau allerdings lediglich eine unsichere Option auf Glückseligkeit. Die Frau, die nach Holst wahrhaft gebildet ist, weiß, worin ihre Pflichten bestehen, sie zankt nicht um Kleinigkeiten, sie weiß, dass das *„Trotzen auf Rechte nicht das Mittel sei, sie zu erlangen,"*[250] sie weiß, dass *„sie ohne einige Aufopferung ihrer persönlichen Freiheit"* die Vorzüge des Ehebundes nicht genießen kann. Bei Verfehlungen des Ehemanns gegen die Frau, übt sie sich in Geduld und Langmut; die Frau ist in einer guten Ehe diejenige, die nachgibt.[251] Das Fazit lautet hier, ebenso wie in Bezug auf die Pflichten der Hausfrau: *„Das gebildete Weib wird [...] sich den Umständen anzuschmiegen wissen".*[252] Der Ehemann wird ihr, so Holsts Hoffnung, die ein oder andere menschliche Schwäche ebenso großzügig nachsehen.

An welcher Stelle von Amalia Holst die Praxis der patriarchalen Ehe *„scharf kritisiert"* wird, wie Hannelore Schröder festgestellt haben will,[253] kann ich bei entsprechender Lektüre nicht nachvollziehen. Eine Kritik der etablierten Ehe kann durch entsprechende Textstellen nicht belegt werden. Holsts Idealvorstellungen über die praktische Ausgestaltung der Ehegemeinschaft, die sich ausschließlich auf gegenseitige Liebe, Freundschaft und Respekt gründen soll, beinhalten im Gegenteil eine implizite Zustimmung der etablierten Teilung zwischen Privatheit und Öffentlichkeit. So bleibt im Kern alles beim Alten. Schließlich habe die gebildete Frau, so Holst, genug mit ihrem eigenen Haushalt zu tun, *„die Leere ihres Kopfes jagt sie nicht aus ihrem angenehmen häuslichen Zirkel".*[254] Wenn nicht ein *„besonderes Inter-*

---

[250] Holst, S.78
[251] „so erträgt, so duldet sie dies, sie gibt bei dem größten Rechte nach, ihr heller Blick sagt es ihr, sie kann bei diesem Nachgeben nur gewinnen" Holst, S.78
[252] Holst, S.124
[253] vgl. Schröder, S.173
[254] Holst, S.129

esse" die gebildete Frau mit ihren Nachbarn näher bringe, *"so kennt sie dieselben nicht einmal dem Namen nach"*. So kann Holst es kaum überzeugend verdeutlichen, wie die gebildete Frau *"den lebhaftesten Anteil an den Fortschritten der Kultur"* nehmen will, beobachtet sie doch lediglich mit *"bangem Herzen,"* was in der Öffentlichkeit kontrovers diskutiert wird.[255] Der Platz im Haus ist auch der gebildeten Frau, die sich Amalia Holst vorstellt, vorbestimmt und sie hat sich – im Vollbesitz ihrer geistigen Kräfte, wohlgemerkt – mit dieser Stellung zu bescheiden. Wenn die Frau einen gesellschaftlichen Einfluss ausüben möchte, dann kann sie dies lediglich indirekt – über ihren Mann.

Die gebildete Frau ist bei Holst ein Gewinn für den Mann. Als weiteren Vorteil, eine gebildete Ehefrau zu haben, wird von Holst angeführt: *"Das gebildete Weib tritt mit weniger Ansprüchen in die Ehe als das ungebildete"*,[256] da sie weder von der Wandlung des Liebhabers zum *"warmen, zärtlichen, achtungsvollen Freund"* überrascht werden kann, noch ihre Erwartungen enttäuscht werden können. Die gebildete Frau weiß bereits um die *"Beschränktheit der Menschheit"* und hat eingesehen, *"dass alles in der Welt zwei Seiten habe"*.[257]

3.3.3 Holsts ständische Argumentation – Über den Umgang mit „niederen Ständen"

Die höhere Geistesbildung für Frauen, die Amalia Holst als gleichberechtigt und gleichwertig neben der Bildung der Männer entwirft, fordert sie, wie oben bereits erwähnt, ausschließlich für die höheren und mittleren gesellschaftlichen Stände. Es wäre töricht von den niederen Ständen eine höhere Geistesbildung zu verlangen, schreibt Holst, die niederen Stände müssten sich stets

---

[255] „Sie bedauert diejenigen, welche auf Irrwegen sind, bemitleidet die Toren, tut, was sie kann, bessere Begriffe in Umlauf zu bringen, und lässt dann die Welt gehen, wie sie will und wie sie kann, zufrieden, wenn sie selbst das ist, was sie sein soll." Holst, S.130
[256] Holst, S.79
[257] ebd.

mit niederen Aufgaben bescheiden. Insbesondere die Frauen der niederen Stände sind weit von Holsts Idealen entfernt: *„Vom Weibe eines Tagelöhners oder Handwerkers jene Bildung verlangen zu wollen, wäre lächerlich".*[258]

Auch im Abschnitt über das Faustrecht des Stärkeren, in dem Holst verkündet, dass die Vernunft schließlich die Körperkraft *„zu dem untergeordneten Range"* verweist, wohin sie gehöre, stellt sie fest: Die Körperkraft *„mag immer noch einen Rang beim niedrigen Volke, bei den Ungebildeten behaupten, der Mensch, welcher sich zu einer hohen Stufe der Kultur hinaufschwang, kennt einen besseren Wert".*[259]

Holst bezeichnet den herrschenden Luxus zwar als ein *„notwendiges Übel"* der Zeit, verteidigt ihn aber sogleich als *„verfeinerten Lebensgenuss"* und als Folge der Kultur. Luxus und Lebensgenuss könne nur dann schädlich sein, *„wenn er unsern geistigen, physischen oder ökonomischen Kräften nicht mehr das Gleichgewicht hält".*[260] Man muss dem Luxus und Genuss also gewachsen sein; damit umzugehen wissen. Dann wechselt Holst in ihrer Argumentation auf die volkswirtschaftliche Ebene und sie merkt an, dass es weder möglich, noch ratsam sei, den Luxus abschaffen zu wollen, da er dafür sorge, dass das Geld im Umlauf bleibe und durch ihn schließlich *„tausend Hände und Köpfe"* beschäftigt werden. Ein feiner, gebildeter Geist wird sich vom Luxus nicht verderben lassen. Folgerichtig wird von Holst als Erziehungsziel der richtige Umgang mit dem Luxus formuliert. Es gilt, den richtigen Umgang zu erlernen.

Holsts Ausführungen zur *„unterprivilegierten Volksklasse"*, zur gesellschaftlichen Unterschicht, nehmen im Kapitel *„Das gebildete Weib als Hausfrau"*[261] deutlicher Konturen an. Die Hausfrau *„re-*

---

[258] Holst, S.44
[259] Holst, S.25
[260] Holst, S.107
[261] Holst ab S.117

giert" das Gesinde und hält es zu Ordnung, Fleiß und Sittlichkeit an. Einzig in der Religiosität kann *„diese Klasse von Menschen"* für sie geeignete Bilder finden. Wenn die Religiosität den *„Domestiken"* abhanden komme, dann werden sie Bediensteten sorglos lügen und betrügen. Immerhin schreibt Holst die Schuld für die mangelnde Moral der Bediensteten dann doch deren Herrschaft zu, die sich nur noch dem Luxus hingibt und nicht auf das Gesinde achte. Der Grundsatz: *„Müßiggang ist aller Laster Anfang"* gilt auch hier, wenn Holst ausführt:

„Nächst Religiosität ist die Arbeit, viele und angestrengte Arbeit, gewiss ein mächtiger Zaum, der diese untergeordnete Klasse von Menschen auf dem Wege der Sittlichkeit erhält".[262]

Bei dieser Art von Äußerungen, und nicht zuletzt durch den von Holst immer wieder verwendeten Begriff *„Domestiken",* kann man sich des Eindrucks nicht erwehren, dass die Angehörigen dieser *„untergeordneten Klasse von Menschen"* für Holst nicht im engeren Sinne zu den Menschen gehören; sie scheinen lediglich bessere Haustiere zu sein, für die alles das gilt, was Holst für die Frauen der mittleren und höheren Stände abgeschafft wissen will: sie sind *„Kinder im Verstande",* sie müssen *zweckmäßig* erzogen werden *„mit beständiger Rücksicht auf die künftige Bestimmung des Subjekts. Der Unterricht muss sich diesem ganz anschmiegen".*[263] Die Unmündigkeit scheint den Angehörigen der niederen Stände angeboren zu sein, denn *„man tut wohl, wenn man ihr Vormund wird".* Mit menschenfreundlichem (väterlichen!) Wohlwollen müsse man *„für die Beförderung ihrer Moralität sorgen".*[264]

Holst klagt über die *„Sittenverderbnis"* des Gesindes und sieht die Ursachen dafür in einer mangelnden zweckmäßigen Ausbildung und in fehlenden Industrieschulen. Unverkennbar tritt hier die noch anfängliche Andeutung einer Mitschuld der Dienstherren

---

[262] Holst, S.118
[263] Holst, S.121
[264] Holst, S.123

in den Hintergrund. Auch die bestehenden „Kirchen- und Armenschulen" können die nötige Ausbildung der niederen Stände nicht leisten – Holst beklagt, dass diese in ihrer Organisation unzweckmäßig sind, und dass die Kinder zu viel ihren Eltern überlassen seien, die ihnen „im allgemeinen nicht das rühmlichste Beispiel" sind. Oft, so Holst, schickten die Eltern ihre Kinder überhaupt nicht in die Schulen, sondern „auf die Gassen", damit sie mit dem Verkauf von Schwefelhölzern, Band, Zwirn oder „allerhand Spielwerk" der Familie ein Zubrot verdienen können. Bei Amalia Holst lässt sich kein Verständnis für die oft erbärmliche Situation der „untergeordneten Volksklasse" erkennen – im Gegenteil stellt sie fest: „Dieser frühe Handelsgeist gibt ihnen aber auch schon von Jugend auf einen Hang zum Betrügen".[265] Eltern und Kinder, schreibt Holst, gewöhnten sich durch die Krämerei und das Herumlaufen auf den Gassen an eine „unordentliche Lebensweise". Holst beklagt, dass die ärmeren Leute sich nie „ordentliche Speisen" kochen und sogar die nahrhafte „Rumfortsche Armensuppe" verschmähten, die ihnen aus lauter Wohltätigkeit von der Regierung „um einen äußerst billigen Preis" angeboten wird. Damit unterstellt sie den Armen also auch noch Hochmut und Stolz. Schließlich kommt Holst zu dem Schluss:

„Der Staat würde unendlich viel zur sittlichen Verbesserung der niedern Volksklasse tun, wenn es möglich wäre, anstatt der Schulen, Institute für die Armen im Volke anzulegen, wo sie Erziehung, Nahrung und Unterricht in besonderer Rücksicht zu künftigen Domestiken erhielten".[266]

Bei Holst sind es „denkende Mitbürger", die sich wohlwollend und fürsorglich der zweckmäßigen Ausbildung der untergeordneten Volksklassen annehmen. Insbesondere die Frauen der mittleren und gehobenen Stände müssen ein Auge auf die Bediensteten haben, da die „Hausmutter" durch ihre Anwesenheit im Haus schließlich in der Lage sei, einen größeren Einfluss auf das Ge-

---

[265] Holst, S.120
[266] Holst, S.122

sinde auszuüben, als der Mann, der außerhäuslich tätig ist. Daher sei es wichtig, so Holst, dass ihre „*Domestiken*" bald merkten, dass die Hausfrau sich nicht übervorteilen oder betrügen lässt. Die gebildete Hausfrau kann sich ihr Personal nicht nur besser und gründlicher aussuchen, sondern die Menschen auch mit der Zeit ein wenig erziehen und so zu brauchbaren Mitmenschen machen.

> „Wir werden sie immer wie Kinder am Verstande behandeln. Indem wir ihnen unsere Befehle erteilen, können wir nebenbei, und als geschähe es ganz ohne Absicht, gewisse Motive, die in ihrem Fassungskreis liegen, ausstreuen, und so oft wiederholen, dass sie ihnen endlich geläufig werden [...] Wir werden sehr oft Gelegenheit haben, ganz ohne Pedanterie, ihnen richtige Begriffe über ihre Verhältnisse zur Gottheit, ihrem Nebenmenschen im Allgemeinen und zu ihrer Herrschaft insbesondere, ihre Hoffnungen und Aussichten in diesem und jenem Leben unter zu schieben, dass die falschen allmählich davon verdrängt werden".[267]

Befehle und die ständige Wiederholung der richtigen Motive, welche im „*Fassungskreis*" der Bediensteten liegen, sind also bei Holst die Mittel, um das Erziehungsziel, nämlich dem Hauspersonal die „*richtigen Begriffe über ihre Verhältnisse unterzuschieben,*" zu erreichen.

Diese äußerst standesbewusste Position Holsts,[268] ihr Insistieren auf der geistigen Minderbemitteltheit der unteren sozialen Volksklassen, relativiert zu einem erheblichen Maße ihr eingangs abgegebenes Statement vom Menschen als vernunftbegabten Wesen. An keiner Stelle des Textes ist nachzuweisen, dass Holst es auch nur für möglich hält, dass die Angehörigen der „*untergeordneten Volksklasse*" bei anderer Erziehung und Bildung zu ähnlichem Recht kommen könnten, ihrem „*Genius*" frei zu folgen, wie dies für die Frauen der mittleren und höheren Stände von Holst beansprucht wird. Es steht bei Holst außer Frage, dass die

---

[267] Holst, S.123/124
[268] vgl. dazu auch Spitzer

„*Domestiken*" zu der Menschenklasse gehören, die versorgt werden muss, der man sich – als Angehöriger höherer Stände – fürsorglich annehmen muss. Wenn die „*niedere Volksklasse*" zweckmäßig ausgebildet ist und ihnen die richtigen Begriffe beigebracht wurden, dann ist ihre viele und angestrengte Arbeit zweifelsohne von Nutzen; mehr als eine „*helfende Hand*" sollen und können sie nach Holst aber nie werden.

3.4 Der Einfluss von Frauen auf die Menschheit. Das zentrale Belegmuster des Textes

Der Einfluss von Frauen auf in allen Bereichen der Kunst und Kultur und damit ihr Einfluss „*in den verschiedenen Einrichtungen und Verhältnissen der bürgerlichen Verfassung*"[269] sei, so Holst, unleugbar. In allen Bereichen haben sich Frauen bereits hervorgetan, weshalb sich Männer dem Einfluss von Frauen nie entziehen können werden.[270] Dies ist das zentrale Argument Holsts für die Forderung nach einer höheren Geistesbildung der Frau. Als Belege für diese zentrale These des Textes dienen Holst zahlreiche Beispiele berühmter Frauen aus der Geschichte. Ich widme mich in dieser Untersuchung dieser Belegstrategie von Holst ausführlich, aus zwei Gründen. Erstens ist diese zentrale Strategie des Textes in den bisherigen Kommentaren zu Holsts Schrift weder beachtet, noch als wichtig erachtet worden.[271] Der Text von Amalia Holst wurde stets auf die vermeintlichen Kernaussagen reduziert und damit m.E. in der Gesamtaussage verzerrt dargestellt. Zweitens steht in der vorliegenden Arbeit auch die innere Wirkung des Textes auf die Leserinnen und Leser im Zentrum der Aufmerksamkeit. Diese lässt sich kaum adäquat einschätzen, wenn man die Themen, denen Holst selbst sehr viel Raum gibt, aus der Betrachtung ausschließt. Aus diesem genann-

---

[269] Holst, S.26
[270] Holst, S.31
[271] vgl. Abschnitt 3.1: Hannelore Schröder, Pia Schmid

ten Gründen werde ich nun meinen *„geneigten Lesern"* ebenso viel Geduld abverlangen, wie Holst den ihren, um meine abschließenden Einschätzungen plausibel zu machen.

Der erste *„geschichtliche Durchflug,"*[272] den Holst unternimmt, um den positiven wie negativen Einfluss von Frauen auf die Entwicklung der *„geistigen Welt"* zu belegen, erstreckt sich über volle 14 Seiten der mir vorliegenden Ausgabe des Textes, der inklusive Vorrede lediglich 122 Seiten umfasst. Es handelt sich also um einen Textanteil, der allein quantitativ sogar noch von dem, den Hannelore Schröder für ihre Kurzfassung gewählt hat, übertroffen wird. Dies trifft insbesondere dann, wenn man Holsts zweite Auflistung hinzurechnet, die sich über weitere sieben Textseiten erstreckt.

Dieser *„Durchflug"* beginnt mit der babylonischen Semiramis, weitet sich über die Gründerinnen von Karthago (Dido oder Elissa), erwähnt die alttestamentarischen Jüdinnen Debora, Judith und Esther und zählt die *„große Reihe der Regentinnen auf"*: neben der bereits erwähnten Semiramis sind dies die *„beiden Artemisien, die Zenobia, die Cleopatra,"*[273] bevor Holst zu den Römern und Griechen übergeht – bei den Griechen übernahmen die Sybillen und bei den Römern die Vestalinnen die hoch geachteten Rollen der *„weisen Frauen"* und Holst führt *„sie bloß als Beweis an, dass selbst bei den Alten der Einfluss der Weiber groß und bedeutend war"*.[274]

Weiter geht es mit Lukretia, die durch ihren Freitod die Tyrannei beendete, mit der Mutter des *„Coriolan"*, mit Cornelia (Mutter der *„Gracchen"*), mit Livia, der Gattin des Augustus, mit der griechischen Hetäre Leane – bis Holst schließlich die *„Göttinnen, Priesterinnen und Prophetinnen"* zusammenfasst und auf Juno, Minerva, Cybele, Laberia Felicia, Pelias und Pythia gesondert

---

[272] vgl. Holst, S.26
[273] Holst, S.27
[274] Holst, S.29

abhebt. Anschließend wird der ägyptische, der syrische, der dänische der deutsche und der gallische Götterhimmel näher in Augenschein genommen. Von den Sitten der Germanen ist ebenso die Rede, wie von der Minne der Ritterzeit. In Bezug auf die christliche Religion führt Holst an, dass Hanna Priesterin war und Maria vergöttert wird. Bis hierher ist bereits klar geworden, dass Amalia Holst mit diesem historischen Abriss nicht nur ein bereits gebildetes Publikum anspricht, sondern vor allem ihre eigene Bildung präsentiert.

„Maria und Katharina von Medici, so wie Anna von Österreich waren Regentinnen,"[275] erfahren die Leserinnen und Leser weiter und dass Agnes von Sorel über das Herz Karls VI herrschte. Jeanne d'Arc fehlt in der Aufzählung ebenso wenig, wie die zahlreichen Maitressen französischer Könige: eine Maintenon, eine Dubarry, eine Pompadour trugen *„zum Verderben des Staates"* bei.[276] Auch während der Epoche Eduards III von England war *„der Einfluss der Weiber mächtig"* und Eduards Gemahlin Philippa war *„größer als er".*[277] Margarethe von Anjou, Gemahlin Heinrichs VI, wird ebenso hervorgehoben, wenngleich unklar bleibt, mit welcher Leistung sie tatsächlich hervortrat.[278] Solche kuriosen weiblichen Großtaten dienen Holst ebenso als *„Beweis"* weiblichen Einflusses, wie so vielsagende Bemerkungen, die Königin Elisabeth habe *„unendlich viel für England getan".* Schließlich meint Holst: *„die Russen haben sich schon so sehr an die Regierung der Weiber gewöhnt, dass es einem Kaiser schwer wird, das Steuerruder der Regierung zu behalten"* – die beiden Katharinen, eine Anna und Elisabeth haben zum *„Heil und Unheil"* des Staates *„mächtig"* mitgewirkt.[279]

---

[275] Holst, S.34
[276] vgl. Holst, S.35
[277] Holst, S.38
[278] Holst spricht davon, dass sie ihrem Sohn das Leben rettete, indem sie ihm „einem Räuber überließ"; als Gründerin des Queens College in Cambridge wird Margarethe aber nicht benannt.
[279] Holst, S.39

Holst beendet hier ihren umfänglichen „*Durchflug*".[280] Hier wird bereits deutlich, dass Holst dennoch um eine gewisse Vollständigkeit ihrer Aufzählung bemüht ist. Sie demonstriert ihre Belesenheit ebenso, wie die offensichtliche Zusammenhanglosigkeit der angeführten Beispiele; die einzige Verbindung ist eine – wie auch immer begründete oder geartete – Berühmtheit oder Bekanntheit der von Holst angesprochenen Frauen. Hier wird der geneigten Leserschaft auch wieder mitgeteilt, warum Holst diesen umfänglichen Exkurs eigentlich unternahm:

> „Aus allem diesem folgt nun unleugbar, dass, da der Weiber Einfluss so gewaltig in alle Triebräder der menschlichen Glückseligkeit eingreift, viel unendlich viel auf die Bildung des Weibes ankommt".[281]

Dieser Schluss aber ist alles andere als zwingend, da Holst nicht sonderlich zwischen guten, im Sinne von für die Gesellschaft förderlichen und schlechten Einflüssen unterscheidet. Ebenso könnte man zu dem Schluss gelangen, dass Frauen in der Vergangenheit eben nicht wussten, wo ihr eigentlicher gesellschaftlicher Standort ist und es daher höchste Zeit sei, ihnen den richtigen Weg dahin zu weisen. Der von Holst zusammengestellte Kanon von Beispielfrauen dient, so wie er aufgeführt wird, jedem beliebigen Zweck.

Nach einem Exkurs über den von Holst verwendeten Bildungsbegriff einer „*echten und wahren*" Bildung, in dessen Ausführung sie auch ihre Forderungen nach Bildungsfreiheit und einem Studium aus Originalquellen formuliert[282] und darlegt, dass die von ihr gemeinte Bildung lediglich „*an höhere Stände und den Mittelstand*"[283] gerichtet ist, stellt die Autorin fest, dass nun ausreichend belegt sei, dass „*Geistesschwäche keine Folge von Körperschwäche*" sei. Der Geist der Frauen sei in einer, der dem der

---

[280] „mehr als eine Skizze sollte es nicht sein", schreibt sie auf S.39
[281] Holst, S.40
[282] vgl. Abschnitt 3.2
[283] Holst, S.44

Männer gleichen Weise organisiert. Die Frage sei jetzt nur, ob Frauen diese Tatsache auch schon unter Beweis gestellt hätten und Holst unternimmt einen weiteren Ausflug in die Geschichte.[284] Bevor wir uns ein weiteres Mal von der Geschichte belehren lassen, muss ich anmerken, dass während des ersten *„Durchflugs"* von Holst keinerlei Vergleiche zwischen dem männlichen und dem weiblichen *„Geist"* angestellt worden sind. Wie sie selbst betont, kam es ihr zunächst auf den *„Einfluss"* von Frauen an und daher ist ihr Schlusssatz, sie hätte nun belegt, dass es keinen geschlechtlichen Unterschied in der *„Organisation des Gehirns"* gäbe, etwas überraschend, um nicht zu sagen, argumentativ völlig unbegründet.

Somit folgt nun der zweite *„Durchflug"* mit einer erneuten Auflistung von Beispielfrauen. Unter den Philologen gäbe es, so Holst, neben vielen anderen *„die berühmte Dacier"*, eine Reiske, eine Schurmann, eine Gräfin Stolberg und Johanna Gray. Unter den Dichterinnen findet Holst besonders erwähnenswert Sappho und Korinna, eine Rudolphi, eine Emilie von Berlepsch und Brun Göcking. Eine Deshoulières und eine Scudery *„glänzten in Frankreich"*, eine Chenon, die zugleich auch noch Malerin und Tonkünstlerin war und schließlich eine Gräfin Coligny als Elegiendichterin.

Anschließend folgen die Romandichterinnen mit der Gräfin La Fayette und Agnes von Lilien. *„Auch unserer Sophie de la Roche gehört ein Vergissmeinnicht im Kranze"*,[285] fährt Holst fort und merkt an, dass sich Frauen gerade als Romanschreiberinnen besonders ausgezeichnet haben, da ihre Phantasie ebenso stark sei, wie die der Männer, aber viel reiner, denn *„die Sittlichkeit ist ihr Gebiet, Menschenkenntnis ihre Wissenschaft, die Gabe der schönen Darstellung ihr Talent"*.[286] Holst widmet sich in einem größeren

---

[284] „hier mag uns wieder die Geschichte belehren" Holst, S.45
[285] Holst, S.49
[286] Holst, S.49

Textabschnitt Dorothea Erxleben,[287] bevor sie auf das *„diplomatische Fach"* übergeht und die *„bekannte Ritterin d'Eon"* hervorhebt. Dann kommen die französischen Briefschriftstellerinnen zur Erwähnung.[288] Auch Madame de Staël Holstein reiht sich hier ein. Im Bereich der bildenden Künste habe sich, so Holst, eine Madame Debor ausgezeichnet, *„vor allem aber glänzt Angelika Kauffmann als großes Genie in dieser Kunst"*.[289] Unter den Tonkünstlerinnen stechen eine Strinasacey, eine Westenholz und *„die verstorbene Brandes"* besonders hervor.

Holst schließt mit der Bemerkung:

> „Die bisher angeführten Beispiele geben mithin einen redenden Beweis, dass die Weiber in allen Fächern des Wissens, ungeachtet ihrer vernachlässigten Erziehung, etwas geleistet haben".[290]

Eine Frage, die Holst auch selbst formuliert, bleibt allerdings weiter offen: Wo sind die Beispielfrauen aus den *„Regionen des höheren Wissens,"* der Mathematik und Philosophie? Es ist und bleibt eine Schwäche des Belegens eines Arguments durch Beispiele, dass ein einziges Gegenbeispiel ausreicht, um den so mühsam zusammengetragenen Beweis zu kippen.

3.4.1 Brüche im Belegmuster

Als Belege, dass Frauen zu dieser höheren Geistesbildung fähig sind, dienen Holst also wieder in einem geschichtlichen Abriss zahlreiche Beispiele von Ausnahmefrauen. Diese Beispiele finden sich allerdings nicht auf den Gebieten der kritischen Philosophie und der höheren Mathematik, weshalb sie hier ihre Beweisstrategie ändern muss.[291]

---

[287] Hier sind ihre Kenntnisse so detailliert, dass sie mit einer Kurzbiographie beginnt (vgl. Holst, S.50)
[288] darunter eine Sevingé, Frau von Maintenon, Ninon l'Enclos und Babet
[289] Holst, S.52
[290] Holst, S.53
[291] vgl. Holst, S.53

Holst führt nun aus, dass die Anzahl der wahrhaft großen Geister unter der sehr großen Menge von Männern, die sich von Kindheit an dieser Wissenschaft widmeten, ebenfalls zählbar gering ist. Die Gründe, warum es bisher keine Frauen auf diesen Gebieten des Wissens gibt, liegen unerwarteter Weise nun doch in der Zurücksetzung der Frauen, in ihrer vernachlässigten Erziehung und in der Lebensweise von Frauen.[292] Für die hohen Bereiche der Wissenschaft gelten für Holst also andere Maßstäbe als für die Bereiche der Politik,[293] der Dichtung, der Kunst und Musik. Die Bereiche der höheren Wissenschaften erforderten, so Holst, neben der natürlichen Anlage dafür, viele Vorkenntnisse, eine gelehrte Erziehung und ein *„fortgesetztes ununterbrochenes Studium"*. Holst begründet dieses zweierlei Maß, mit dem sie die Leistungen in den unterschiedlichen wissenschaftlichen Gebieten bemisst, lapidar, indem sie feststellt: *„Man wende mir nicht ein, das Genie überwinde alle Hindernisse"*.[294] Es folgen – in Holsts altem Belegmuster – wieder Beispiele, die aber eher vage sind und indirekt bleiben. Ausgezeichnet hätten sich Prinzessin Amalia im Kontakt mit Euler, Christine von Schweden hätte Unterricht bei Descartes genommen, Herschel arbeitete mit seiner Schwester zusammen und die Marquise du Châtelet verfasste Übersetzungen und Kommentare zu Arbeiten von Leibniz und Newton. Abschließend steht auch für Holst fest, dass die Beispiele für die Leistungsfähigkeit von Frauen auf dem Gebiet der *„spekultativen Philosophie"* solange ausgesetzt werden müssten, wie Knaben und Mädchen noch nicht *„auf völlig gleiche Weise erzogen sind"*.[295]

Hier zeigt sich noch einmal deutlich die Schwäche des Beispiels als Beleg für eine Behauptung. Bei dieser Art des Beleges bleibt

---

[292] „Von Jugend auf mit Kleinigkeiten umringt, von Tand gefesselt, durch Tand zurückgeschreckt, von Trägheit [...] zurückgehalten, wie kann, wie soll der Geist eines Weibes sich durch diesen vierfachen Nebel hindurchdringen und Licht schaffen?" Holst, S.53
[293] hier führte sie ja den Einfluss der Frauen auf den Staat an
[294] Holst, S.53
[295] Holst, S.55

Holst also nichts anderes übrig, als letztlich für bestimmte Bereiche der Wissenschaft die Beweise schuldig zu bleiben und auf eine Erfüllung ihrer Vorhersage in einer unbestimmten Zukunft zu verweisen. Mit der Berufung auf die besonderen Voraussetzungen,[296] die für diese „*höheren Bereiche des Wissens*" in der Bildung erfüllt sein müssen, muss Holst dann auch eingestehen, dass eine Frau, die sich ganz der großen Wissenschaft widme, keine Zeit mehr haben werde, ihre Pflichten als Hausfrau, Gattin und Mutter zu erfüllen. Das sei, so Holst, aber nicht weiter tragisch, denn „*da aber diese Köpfe unter den Männern so selten sind, [...] so würden diese Köpfe ebenfalls unter den Weibern selten sein*".[297] Holsts Lösung sieht daher einfach aus: Diese seltenen Frauen bleiben unverheiratet. Kant und Leibniz seien schließlich auch nicht verheiratet (gewesen), sie haben der Menschheit nicht mit ihren leiblichen, sondern mit ihren „*geistigen Kindern*" gedient. Dementsprechend würden die Frauen, die zu „*höherem berufen*" sind, der Menschheit eben auf die gleiche Art und Weise dienen.

Die grundlegende Voraussetzung für eine egalitäre Erziehung beider Geschlechter liegt für Holst in der vergleichbaren Geisteskraft von Männern und Frauen. Auf organischer Ebene gibt es, daran sei an dieser Stelle erinnert, für Holst keinen Grund, die Frauen von der Beschäftigung mit den Wissenschaften fern zu halten. Es scheint aber fast so, als erschrecke sich Holst im Laufe ihrer Ausführungen ein wenig vor der eigenen Courage. Sie führt den Ansatz einer egalitären Erziehung und Bildung beider Geschlechter nicht weiter aus. Es bleibt daher auch unklar, zu welchem Zeitpunkt sich die zukünftige Wissenschaftlerin für den einen oder den anderen Weg entscheiden muss – woher weiß sie, dass sie eine der „*großen,*" eine der „*seltenen*" ist? Ein fortgesetztes und ununterbrochenes Studium als Voraussetzung für die Entwicklung des „*philosophischen Genies*" schließt, wie

---

[296] viele Vorkenntnisse, eine gelehrte Erziehung, ein fortgesetztes ununterbrochenes Studium – siehe oben
[297] Holst, S.55

Holst selbst sagt, die Erfüllung der Hausfrau- und Mutterpflichten aus – diese sind aber doch die „*heiligsten Pflichten,*" die jede Frau mit Würde zu erfüllen bestrebt sein müsse! Hier offenbart sich deutlich die Inkonsequenz in Holsts Entwurf einer „*völlig gleichen Erziehung*" von Mädchen und Knaben. Sie lässt die Frage nach dem Zeitpunkt einer, nach ihren Ausführungen nötigen und wichtigen „*Spezialisierung*" der gesellschaftlichen Arbeit in geschlechtsspezifische Bereiche, völlig unbedacht. Auch in einem späteren Textabschnitt *Über die Bildung des Weibes im ehelosen Stand,*[298] der allein durch die Überschrift eine nähere Beschäftigung mit der höheren Bildung für Frauen zum Zwecke des Broterwerbs erwarten lässt, geht Holst nicht auf den Zeitpunkt ein, an dem sich die Frau entscheiden muss. Holst erörtert kurz die Gründe, die ihrer Meinung nach dazu führen können, dass Frauen „*diese ihnen von der Natur angewiesene Bestimmung,*" nämlich Hausfrau und Mutter zu sein, nicht erfüllen können. Diese Gründe sind exakt die gleichen, die wir schon aus der Campe-Lektüre kennen: Eine Frau darf nämlich nicht um den Mann werben, „*sie muss warten, bis man um sie wirbt*". Viele junge Herren im heiratsfähigen Alter schauen erst auf die Mitgift, dann auf die Frau „*man strebt ja nur nach ihrem Gelde*".[299] Auch das andere Extrem ist zu häufig vorzufinden, nämlich dass die jungen Herren sich von der körperlichen Schönheit der Mädchen blenden lassen. Wie Campe, so kommt auch Holst zu dem Schluss:

> „Ein liebenswürdiges Mädchen, welches keine glänzende Schönheit und kein Geld besitzt, das zu lebhaft ihre Würde, als Weib, fühlt, um sich zu buhlerischen Künsten zu erniedrigen, kann nur von dem Manne geschätzt werden, der im Stande ist, ihren stillen Wert zu würdigen und zu fühlen".[300]

Einen solchen Mann trifft frau allerdings nicht oft, das weiß auch Holst, und wenn man ihn träfe, so machten die äußeren Um-

---

[298] Holst, ab S.131
[299] Holst, S.132
[300] Holst, S.133

stände eine Verbindung oft unmöglich. Es ist also keinesfalls so, dass Amalia Holst die Augen vor der Realität herrschender gesellschaftlicher Verhältnisse verschlösse.

Vielleicht begibt sich Holst auch aus diesem Grund wieder und wieder auf das metaphorische dünne Eis und ist fortdauernd bemüht, zu betonen, dass auch unverheiratete Frauen einen Nutzen haben. So wäre das *„wahrhaft gebildete"* Weib durch ihren ehelosen Stand für die Gesellschaft nicht überflüssig, da sie sich *„jedem Wirkungskreise"* anschmiegen könne. Der *„nützlichste und ehrenvollste"* Wirkungskreis der unverheirateten Frau sei, so Holst, der Beruf der Erzieherin. Des weiteren kann frau sich als Haushälterin und Gesellschafterin betätigen und schließlich ihren Lebensunterhalt durch Handarbeit, *„besonders im Fache der Moden und des Luxus"*[301] verdienen. Darin erschöpfen sich für Holst dann aber auch schon die Möglichkeiten der Frauen, sich außerehelich zu Betätigen. Erzieherin, Haushälterin, Gesellschafterin und Handarbeiten – diese Tätigkeiten unterscheiden sich zugegebener Maßen nicht wirklich von den Tätigkeiten, die auch die Hausfrau und Mutter beherrschen muss. Von einem selbstbestimmten Leben oder sogar einer Karriere in der Wissenschaft, sind die unverheirateten Frauen also weit entfernt. Holst führt zwar an, dass jede Frau *„von diesen Nahrungszweigen denjenigen wählen"* wird, *„wozu ihre Bildung, ihre Talente und ihre Neigung sie bestimmen"*,[302] dabei bleibt aber unerwähnt, dass diese Erwerbsmöglichkeiten, die Holst den Frauen hier eröffnet, zu dieser Zeit bereits als gesellschaftlich geduldete Tätigkeiten für höhere Töchter und unverheiratete Bürgerinnen galten. Unverheiratete Frauen verdienten sich also bereits auf diese Art und Weise ihren Lebensunterhalt. Forderungen, die über diese Praxis hinausreichen, stellt Holst nicht; das Vordringen der Frauen in die *„höheren Regionen des Wissens"* spielt hier keine Rolle mehr; andere

---

[301] Holst, S.134
[302] Holst, S.134

„*Talente*" und „*Neigungen*" als solche, die mit haushälterischen oder erzieherischen Tätigkeiten zusammenhängen, sind für Holst offenbar auch nicht denkbar.

Besondere Brisanz für die gedankliche Konsequenz des Textes entfalten diese Brüche, wenn man sie mit vorangegangenen Äußerungen in Beziehung setzt. Für Holst gibt es, wie sie an anderer Stelle betont, nur eine Wissenschaft, so wie es nur eine Wahrheit und nur eine Tugend gibt; vor diesem Hintergrund gibt sie zu recht zu bedenken, dass jede Ausgrenzung von Frauen lediglich eine „*elende Klassifikation*" und eine „*ärmliche Absonderung*" ist, da jede willkürliche Grenzziehung ein despotischer Akt ist: Es gäbe, so Holst, keine legitime Grundlage für Männer, zu bestimmen „*wie weit Frauen gehen sollen*".[303] Holst weist darauf hin, dass diese Art der Einteilung oder Zuweisung schließlich auch für Männer zu gelten habe. Auch der Arzt, der Prediger, der Jurist, der Kaufmann, der Staatsbeamte, der Künstler und der Handwerker dürfe nach dieser Logik nur so viel lernen, „*als er gerade zur Erfüllung seiner Berufspflichten bedarf; das Übrige ist schädlich für ihn, und hindert ihn nur an der genauen und gewissenhaften Ausübung dieser Verbindlichkeiten*".[304] Es gelingt Holst aber nicht, ihre Kritik an der Ausgrenzung von Frauen in weiter führende Konsequenzen für nötige Reformen der gesellschaftlichen Organisation zu überführen – sie will ja auch keine „*Revolutionspredigerin*" sein. Dies allerdings scheint bei den von ihr angesprochenen Kritikpunkten mehr als geboten. In Holsts Entwurf klafft eine unüberbrückbare Spalte zwischen ihren Forderungen nach gleicher und damit höherer Bildung für Frauen und ihren impliziten Überzeugungen, dass Frauen nur in Ausübung ihres „*dreifachen Berufes*" ihre „*natürliche Bestimmung*" erfüllen können. Die Forderungen nach einer „*wahrhaften und humanen*" Bildung, welche das stufenweise Ansteigen der Menschheit zur Vollkom-

---

[303] Holst, S.63
[304] Holst, S.63/64

menheit garantiert, wird darüber hinaus stark kontrastiert durch ihre Position bezüglich der *„niederen Volksklassen"*. Auch hier stehen sich, wie ich bereits gezeigt habe, zwei gegensätzliche Gedankengänge unversöhnlich gegenüber.

3.5 Zwischen Rousseau-Kritik und einer Angleichung an Campe: Die Auseinandersetzung mit Opponenten

Hannelore Schröder würdigt Amalia Holst als *„wahrscheinlich erste deutsche Rousseau-Kritikerin,"*[305] der zahlreiche Pädagoginnen im Kampf um eine *„nichtpatriarchale Mädchenerziehung"* folgen werden. Schröder bedauert, dass zweihundert Jahre feministische Kritik die Wertschätzung Rousseaus unter Pädagogen und anderen *„Ideologie-Produzenten"* nicht zerstören konnte:

> „Rousseau, der mit seiner Ideologie versklavter Weiblichkeit der patriarchal-bürgerlichen Gesellschaft so nützlich und vielen Milliarden Frauen so schädlich war und ist, genießt noch in der Gegenwart Autorität, ungeachtet seines Antifeminismus".[306]

Schröder übersieht jedoch, dass die Kritik von Amalia Holst an Rousseau nicht sachbezogen ist. Holst kritisiert lediglich, dass dieser *„egoistische Schwärmer"* Rousseau vorschnell geurteilt habe bei der Frage der weiblichen Bildung:

> „Er mochte einige Weiber gefunden haben, deren Anmaßungen und Handlungen das schöne Verhältnis weiblicher Tugenden und Pflichten verrückten, und daher schloss er zu rasch auf alle Weiber, die sich über die gewöhnlichen erhoben".[307]

Holst geht sofort dazu über, die Handlungen des Autors mit den Inhalten seiner Schriften in Beziehung zu setzen. Rousseaus Schriften werden dabei nicht kritisiert, sondern seine Person: Es sei bekannt, dass Rousseau ein *„schlechter Gatte und ein unnatürlicher Vater"* gewesen sei, dass er seine unehelichen Kinder ins

---

[305] vgl. Schröder, S.173
[306] Schröder, S.173
[307] Holst, S.23

Waisenhaus steckte und sie darin „umkommen ließ". Schließlich heiratete er doch seine Haushälterin, die Mutter seiner Kinder, die so gewesen sei, wie er Weiber hätte haben wollen: „völlig ungebildet". Und trotz ihrer „Simplizität", so Holst, hätte sie Rousseau gängelt, wie sie wollte. Holst führt weiter aus, dass seine Haushälterin geschickt Rousseaus „hypochondrische Grille" ausnutzte, die darin bestand, dass er „überall Feinde sah, wo keine waren", um ihren Willen gegen ihn durchzusetzen. Durch das Zusammentreffen dieser „unglücklichen Umstände" im Lebenslauf des Rousseau, wäre er also zu seiner Fehleinschätzung bezüglich der Frage nach der höheren Bildung der Frau gekommen. Holst belegt diese Einschätzung durch ein Hippel-Zitat, in dem Hippel ausführt, dass nicht der Philosoph Rousseau, sondern der „Sonderling" Rousseau den Mann zum „natürlichen Despoten des Weibes"[308] erklärt. Den Umstand, dass Rousseau so viele Schriftsteller in „den selben Irrtum mit sich fortreißen" hätte können, erklärt Holst mit der Gabe Rousseaus, der „schwärmerischen Fülle seiner Beredsamkeit" den „Anstrich der Wahrheit" zu geben.[309]

Rousseau sei, so Holst, also durch schlechte Erfahrungen und durch seine persönlichen, charakterlichen Schwächen gedanklich in die Irre gegangen – er habe schlicht keine Frauen getroffen, bei denen Gelehrsamkeit „mit echter Bildung zur Humanität im schönsten Bunde standen"[310] und er habe auf Grund seines Egoismus und seiner überzogenen Vorstellungen in seinem Leben nicht das umsetzen können, was er in seinen Schriften propagierte. Diese Kritik an Rousseau wird von Holst schließlich mit der Feststellung gekrönt, dass dieser Irrtum Rousseaus und anderer Schriftsteller, in Wahrheit körperliche Schwäche sei, die mit geistiger Minderbemitteltheit gleichzusetzen wäre. Dies wäre auch schon bei der Revolution zur Sprache gekommen, „wären die französi-

---

[308] Hippel, in „Über die Ehe"; Holst, S.23
[309] Holst, S.24
[310] Holst, S.23

schen Weiber gebildeter gewesen".[311] Holst kritisiert zwar den durch Rousseau initiierten und verbreiteten Irrtum, dass Frauen zur höheren Bildung nicht fähig sind und sich nur auf die Erfüllung ihrer „Berufspflichten" zu beschränken haben, sieht die Ursachen für diesen Irrtum aber in dem Umstand, dass die „französischen Weiber" nicht gebildet genug waren und der einzigen, die „darauf angetragen" hat, die Unterstützung versagten.[312] Indem Holst die Ursache für den von ihr konstatierten „Irrtum" Rousseaus bezüglich seiner Einschätzung der weiblichen Geistesfähigkeiten, bei den „ungebildeten französischen Weibern" sieht, wird wieder deutlich, dass Männer nach Holsts Ansicht zwar im Irrtum sein können, dass es aber immer Aufgabe der Frau sein muss, diesen Irrtum zu berichtigen.

Holst fragt, warum man sich so über weibliche Gelehrsamkeit ereifert, warum viele Männer darüber spotten und ob Gelehrsamkeit ein männliches Monopol ist – sie beantwortet diese rhetorischen (?) Fragen allerdings nicht, sondern widmet sich noch einmal ausführlich ihrem „Lieblingsfeind" Karl Friedrich Pockels. Sie zitiert ihn in langen Passagen, um seine Ausführungen zu kommentieren. Er werfe „alles so sonderbar durcheinander",[313] er könne das, was er vorschlägt gar nicht einlösen. Holst fragt sarkastisch, ob Pockels tatsächlich der Meinung wäre, ob es eine Schande sei, eine Frau zu sein. Sie sieht die von Pockels konstatierte Unmöglichkeit, Mutterpflichten und gelehrte Studien zu

---

[311] Holst, S.25
[312] Holst bezieht sich hier offenbar auf Olympe de Gouges (Marie O. Aubry; 1748-1793), die 1791 ihre Schrift „Déclaration des Droits de la Femme et de la Citoyenne" der Nationalversammlung vorlegte und 1793 wegen der Veröffentlichung die Volkssouveränität gefährdender Schriften guillotiniert wurde. Olympe de Gouges war allerdings nicht, wie Holst sagt, „die einzige", die sich für die Rechte der Frauen einsetzte; warum der Marquis de Condorcet (1743-1794) von Holst gänzlich unerwähnt bleibt, ist nicht nachzuvollziehen. Condorcet setzte sich ebenfalls mit konsequent egalitären Forderungen für die Rechte der Frauen ein; und dies zudem sehr öffentlich, denn er war 1791 als Abgeordneter von Paris in der gesetzgebenden Nationalversammlung tätig und seit 1792 sogar deren Präsident.
[313] Holst, S.64

vereinbaren, nicht ein, weil sie aus ihrem Umfeld wieder Beispielfrauen benennen kann, „welche diese Unmöglichkeit möglich gemacht haben".[314] Holst lässt die Leserin und den Leser schließlich wissen, dass sie mit ihrem Gatten über Pockels Schrift gesprochen habe und selbst er, ihr Gatte, wäre der Ansicht, „der Verfasser [Pockels] habe nur scherzen wollen".[315] Holst bezeichnet Pockels als „derb" und sie bedauert, dass ein „Unstern" den Verfasser wohl nur mit „aftergelehrten Weibern" zusammengebracht haben könne.[316] Holst argwöhnt, dass Pockels zwei verschiedene, sonderbare Begriffe von Bildung und Gelehrsamkeit habe und sie schlussfolgert sarkastisch: „Lasst uns Eicheln und Wurzeln essen, und uns nie erinnern, dass wir einen denkenden Geist haben, der sich durch seine Ausbildung zur Gottheit emporschwingen kann".[317]

Im Anschluss an diese „Abrechnung" mit Pockels entwirft Holst eine „Parodie" auf den gelehrten Mann – als Gegenstück zu Pockels Ausführungen, die Holst in einer fragwürdigen Ausführlichkeit zitiert.[318] Holst versäumt nicht, darauf hinzuweisen, dass sie ihre „Parodie" nicht in einer so „derben und nervösen Schreibart" verfassen könne, da sich eine solche Ausdrucksweise für ihr Geschlecht „nicht ziemt".[319]

Zunächst entwirft Holst nun ein Szenario, in dem streitende, überhebliche Experten alle die Wahrheit für sich in Anspruch nehmen. Anschließend führt sie die negativen Folgen auf das Familienleben aus, wenn diese von einem gelehrten Mann geführt wird. Der gelehrte Mann sei, so Holst, unfähig auf die Dinge des Alltags zu achten und in seiner Verachtung für die leiblichen Kinder rette er schließlich im Falle eines Hausbrandes nur „die unsterblichen Kinder seines Geistes", seine Manuskripte also,

---

[314] Holst, S.66
[315] Holst, S.67
[316] Holst, S.69
[317] Holst, S.70
[318] Holst, Seiten 64-70
[319] Holst, S.71

während seine leiblichen Kinder verbrennen.[320] Holsts Fazit besteht in der Feststellung, dass die Gelehrsamkeit, die nicht mit der „*höchsten Bildung zur Humanität*" einhergeht, immer schädlich ist – ob sie nun von Mann oder Frau betrieben werde.[321]

Diese „*Abrechnung*" mit Pockels und der folgende Gegenentwurf ist ein wichtiger Abschnitt in Holsts Begründungsstrategie – sie geht sehr simpel vor, indem sie Pockels Schrift zitiert und mit kurzen Kommentaren in Fußnoten versieht. Obwohl diese Strategie in jedem Fall als konsequent dialogisch bezeichnet werden muss – Holst bezieht ihren Gegenspieler quasi körperlich mit ein – gibt sie dem Opponenten definitiv zu viel Raum, seine Position zu begründen und Holst legt zu wenig Wert auf entsprechende Entkräftungen ihrerseits. Holsts eigener Beitrag zu diesem Dialog verblasst neben den ausführlich zitierten Passagen viel zu sehr. Holst muss sich eventuell sogar von der geneigten Leserin und dem wohlwollenden Leser fragen lassen, warum sie nur auf die wenigen, von ihr mit „*" gekennzeichneten Passagen Bezug genommen hat und vieles andere unkommentiert stehen ließ. Auch die „*Parodie*" auf den gelehrten Mann kann die beabsichtigte Wirkung kaum entfalten, da es noch immer ein großer Unterschied ist, ob ein Mann oder eine Frau gelehrt aber weltfremd ist. Das Leben und die gesellschaftlichen Verpflichtungen von Männern und Frauen unterscheiden sich zu sehr – und auch Holst lässt die Gültigkeit dieser Unterscheidung, wie von mir schon mehrfach belegt, ja unangetastet – um einem solchen Vergleich ernsthaft und plausibel als Beleg für die These, dass bloße Gelehrsamkeit auch für Männer noch nicht wahre Bildung bedeutet, gelten lassen zu können.

Holst nimmt sich auch Campes Behauptung an, dass die Ausübung der „*feinen Künste*" die Frauen schließlich so „*verzärteln*", dass sie sich vor den nötigen, oft schmutzigen und lauten Ver-

---

[320] Holst, S.74
[321] Holst, S.75

richtungen des Alltags ekelt. Holst meint, in den Fällen, in denen das zutrifft, liegt lediglich eine "einseitige Verbildung" der Frauen vor.[322] Der wahrhaft gebildeten Frau kann nichts zu "klein, zu unwichtig, zu beschwerlich und [zu] unangenehm sein!"[323] Die Mütter, die sich ihrer "wichtigsten und heiligsten Verbindlichkeit" nicht bewusst sind und dadurch ihre Familie vernachlässigen, tun dies "aus EITELKEIT, aus PRACHTLIEBE, aus TRÄGHEIT, oder aus UNVERSTAND". Das Verderben, die Gefahr des Niedergangs der Familienharmonie, liegt nicht in einem Zuviel an Bildung, sondern in der Unwissenheit der Mütter, die zu einem "Mangel an gehöriger Übersicht aller ihrer heiligen Mutterpflichten"[324] führt.[325] Es muss schließlich dem "Menschenbeobachter so auffallend einleuchten", dass die Vernachlässigung der Mutterpflichten zum großen Teil der Ungebildetheit oder Verbildung, d.h. dem Mangel an wahrer humaner Bildung der Mutter entspringt – Dies sind die Fälle, über die hier zu sprechen wäre, so Holst, und nicht die Ausnahmen der "aftergelehrten Weiber" auf denen die Herren, die "es gewagt haben, über die weibliche Bildung zu schreiben"[326] so gern herumreiten.

Holst fragt sich daher, woher das wohl kommt, dass die Herren Verfasser der Schriften über weibliche Bildung immer nur die "falsch" gebildeten Damen als abschreckende Beispiele zitieren, aber niemals die wahrhaft gebildeten. Sie ist mit dieser Frage auf eine echte Verbindung ihres Ansatzes zur wahren Bildung von Mädchen und Frauen und des Ansatzes von Campe, welcher ein Zuviel an Bildung und die schädlichen Folgen der Bildung für

---

[322] vgl. Holst, S.108/109
[323] Holst, S.109
[324] Holst, S.110
[325] vgl. dazu auch: "Nur in der Nichtbildung oder Verbildung der Weiber können wir die unlautere Quelle ihrer mehrsten Gebrechen finden. Schmähsucht, Klatschereien, Neid über unbedeutende Vorzüge, unmäßige Putzliebe, Koketterien, Hang nach rauschenden Ergötzlichkeiten, Zank und Spielsucht, fließen alle aus einer leeren oder verbildeten Seele," Holst, S.137
[326] Holst, S.126

Frauen und die ganze Gesellschaft konstatiert, gestoßen. Doch anstatt sich mit diesem Punkt auseinander zu setzen, folgt bei Holst aus dieser Erkenntnis überraschend:

> „Diese Schriftsteller möchten wohl nicht gern in die innersten Falten ihres Herzens blicken, und sich die Ursachen hiervon mit Redlichkeit selbst gestehen, sie möchten zum Erröten gezwungen werden; und dieses will ich ihnen denn auch gern ersparen, und den Ursachen nicht weiter nachforschen".[327]

Sie scheut die Auseinandersetzung, zu der sie eigentlich angetreten ist. Die Herren Schriftsteller möchten *„zum Erröten gezwungen"* werden, doch Frau Holst möchte es ihnen gern ersparen. Diese Textstelle markiert den Bruch von Holsts eigenem Profil. Es ist ein Rückzug auf der ganzen Linie; diese Absage an eine vertiefte Auseinandersetzung mit *„diesen Schriftstellern"* hat sich bereits im Pockels-Zitat-Abschnitt angedeutet. Holst nähert sich nur noch ein Mal einer wirklichen Kritik an, indem sie sich wundert, dass sich die *„eben erwähnten Schriftsteller"* nicht so sehr über die verlorene, vertane Zeit ereifern, die Frauen damit zubringen, sich um Mode und Kleidung zu kümmern, sondern fast ausschließlich gegen die höhere Bildung wettern.[328] Fast vorsichtig bemerkt Holst zu dieser Beobachtung: *„Beinahe sollte man glauben, dass es einen Wissenschaftsneid gäbe, wie es einen Brotneid gibt".*[329] Es ist bemerkenswert, wie vorsichtig Holst hier formuliert – hat sie doch zuvor bemerkt,[330] dass gerade die höhere Wissenschaft eine gelehrte Erziehung, ein fortgesetztes, ununterbrochenes Studium und viele Vorkenntnisse erfordert. Es wird im Verlaufe des Textes immer undeutlicher, was Holst unter *„Wissenschaft"* und vor allem unter *„wahrer Bildung"* versteht.

---

[327] Holst, S.113
[328] „nur die höhere Bildung der Weiber erregt ihren ganzen Zorn" Holst, S.114
[329] Holst, S.114
[330] auf Seite 55

Holst verweigert an mehren Stellen ihres Textes eine sachliche Auseinandersetzung mit den Opponenten ihrer eigenen Position. Dies tut sie nicht immer so deutlich und explizit wie oben aufgezeigt. Auf die Schrift von Ernst Brandes[331] *Über die Weiber* (1787) nimmt Holst ebenfalls Bezug, kommentiert aber:

> „Des Herrn Brandes bittere und satirische Ausfälle gegen die Weiber, verdienen in der Tat eine so ernstliche Widerlegung nicht. Persifliert müsste sein Buch werden, dies hätte es verdient. [...] er schrieb es in der ersten Verstimmung seiner gekränkten Eigenliebe. Ist ihm nachher das Glück geworden, ein treues liebenswürdiges Weib zu besitzen; so hat er diese Sünde schon längst bereut".[332]

Ernst Brandes wird von Elisabeth Blochmann als einer der wichtigsten Autoren *„konservativer Prägung"* um 1800 benannt. Die Schrift *Über die Weiber* erregte *„ein gewisses Aufsehen"*[333] und Brandes erweiterte seine oppositionelle Haltung gegenüber den Schriften von Hippel und Wollstonecraft 1802 mit der Herausgabe des dreibändigen Werkes *Betrachtungen über das weibliche Geschlecht und dessen Ausbildung in dem geselligen Leben*. Sein zentrales Argument für den Ausschluss von Frauen in öffentlichen Ämtern und höheren Bildungseinrichtungen ist nicht ihre mindere geistige Fähigkeit, sondern die *„Gefahr für die Sittlichkeit"*. Da er manchen herausragenden Frauen besondere Fähigkeiten nicht abspricht, sondern im Gegenteil durchaus würdigt[334] beleuchtet diese Argumentation einen wichtigen Aspekt der gesamten Diskussion um weibliche Bildung. Dieser Umstand, zusammen mit der Tatsache, dass sich viele seiner Forderungen bezüglich weiblicher Bildung mit den Forderungen von Holst

---

[331] Ernst Brandes (1758-1810) war Jurist, Schriftsteller und Aufklärer
[332] Holst, Fußnote S.22
[333] vgl. Blochmann, S.58
[334] dies geschieht im eigentlichen Sinne von Amalia Holst

decken[335] machen es unverständlich, warum Holst diese Position lapidar verwirft, anstatt sachlich darauf Bezug zu nehmen.

3.5.1 Die Angleichung an Campe

In den letzten Abschnitten des Textes[336] verliert sich Holsts eigenes Profil der *"echt und wahrhaft"* gebildeten Frau fast völlig in den Ausführungen der praktischen Konsequenzen. Die von ihr angeführten Notwendigkeiten, die Pflichten der Hausfrau im Einzelnen gehen mit Campes Forderungen fast wörtlich Hand in Hand. Auch wenn Amalia Holst weiter vorn im Text in einer Fußnote kritisch anmerkt, dass sich auch Herr Campe in seinem *Väterlichen Rat* über die höhere Bildung der Weiber ereifert und sie fragt:

> "Sollte es diesem erfahrenen, kenntnisreichen Manne denn so ganz entgangen sein, dass er die sicherste und tätigste Beihilfe zu diesem großen Geschäft, nur durch die edlere Bildung der Weiber erwarten konnte?"[337]

führt sie ihre Kritik an Campes Entwurf nicht weiter aus. Im Gegenteil stellt sie fest:

> "Das echt gebildete Weib wird sich also um das Detail ihrer Wirtschaft mit regem Eifer bekümmern. Sie ist in der Kochkunst Meister, denn diese Wissenschaft liegt ja in ihrem Wirkungskreis".[338]

Die gebildete Hausfrau kennt auch in Holsts Entwurf die Preise aller Lebensmittel, weiß, wo sie *"am wohlfeilsten zu haben sind"* und lässt sich vom Gesinde nicht hintergehen. Die gute Hausfrau weiß, dass sie sparsam haushalten und bei knappen Mitteln selbst mit anfassen muss. Die zentralen Tugenden der Haus-

---

[335] Brandes befürwortet z.B. das Erlernen moderner Sprachen und die „Neigung zu geistiger Beschäftigung"; vgl. Blochmann, S.62
[336] gemeint sind die Abschnitte „Das gebildete Weib als Hausfrau" und „Über die Bildung des Weibes im ehelosen Stande", Holst Seiten 117-137
[337] Holst, S.90
[338] Holst, S.127

frau[339] sorgen dafür, dass ihr Leben und das ihres Gatten angenehm verläuft. Die gute Hausfrau vermeidet durch gemäßigte Wünsche ein Defizit in der Haushaltskasse, überschaut alles mit klugem und berechnendem Blick und hält so „Nahrungssorgen" von ihrer Familie fern. Auch wenn sie Festlichkeiten ausrichtet, wird „Geschmack, nicht Pracht, Ökonomie, nicht Überfluss herrschen".[340] Die gebildete Hausfrau wird ihre Gäste bei aller gebotenen Zurückhaltung zu unterhalten wissen. Sie kennt alle Lebensmittel und weiß, wie sie für den Winter zu konservieren sind, sie kann „anständige und zweckmäßige Kleidung" nicht nur günstig einkaufen, sondern auch selbst anfertigen. Das eigenhändige Sorgen um die Gesundheit ihrer Kinder ist ihr ein persönliches Anliegen, deshalb sorgt sie für frische Luft und Reinlichkeit und Ordnung in allen Zimmern des Hauses und „sie verrichtet die Geschäfte der Wirtschaft leicht, geschwind und zu rechter Zeit".[341] Immer ist die gebildete Hausfrau bei Holst ebenso wie die gute Hausfrau bei Campe emsig um das Wohlergehen ihrer Familie bemüht und kennt sich in allen Dingen des Alltags bestens aus, weiß alles gut und zur rechten Zeit zu verrichten, haushaltet klug und ökonomisch, so dass nie ein Mangel entsteht, steht dem Gatten ratgebend zur Seite und hat immer alles im Blick – der Unterschied zwischen der „gebildeten" und der „guten" Hausfrau besteht lediglich darin, dass sie auch „nebenbei" fühlt, dass dieser Wirkungskreis nicht alles für sie sein kann. Denn sie gebildete Frau fühlt,

> „dass sie nicht bestimmt sei, sich einzig und allein in dem engen Zirkel von Küche, Keller und Vorratskammer herumzudrehen [...] Das Weib von hohem Geist weiß, dass sie noch zu etwas besserem da sei; sie atmet und wirkt in der Fülle dieses großen Be-

---

[339] „Ordnung, Sparsamkeit und zweckmäßige Tätigkeit", Holst, S.125
[340] Holst, S.126
[341] Holst, S.128

wusstseins. Der richtige und feine Takt und die Energie ihres Geistes geben ihr Selbständigkeit und einen Charakter".[342]

und auch bei der strengsten Erfüllung aller ihrer Pflichten findet die gebildete Hausfrau immer noch Zeit, *„an ihrer eigenen Bildung fortzuwirken, ihre Kinder zu bilden, ihrem Gatten eine erheiternde und geistreiche Gesellschafterin"*[343] zu sein. Holst fordert von ihren *„hochgeschätzten Freundinnen"* also nicht nur perfekte Gattinnen, Hausfrauen und Mütter zu sein, sondern auch durch ständige Weiterbildung bessere Menschen zu werden.[344] Hinzu kommt noch, dass Holst zwar gründliche Geschichtskenntnisse fordert, jedoch einschränkt:

„Übrigens bin ich mit Herrn Campe darin völlig einverstanden, dass wir unser Gedächtnis mit der unnützen Nomenklatur der unbedeutenden Menschen und Tatsachen nicht zu beschweren haben. Nur diejenigen Personen und Handlungen, welche wahren, dauernden Einfluss auf die Fortschritte oder die Verspätung der menschlichen Anlagen zur Kultur hatten, gehören in die Philosophie der Geschichte; nur diese interessieren den Menschen als Mensch".[345]

Auch Holst wählt also zwischen nützlichen und unnützen Kenntnissen aus. Sie differenziert dann letztlich doch zwischen Kenntnissen, die weiterhelfen und Wissen, dass nur *„beschwert"*. Der lediglich strukturelle Unterschied liegt darin, dass Holst die Kenntnisse für das *menschliche* Interesse auswählt – und nicht dezidiert für das *„weibliche"*.

Es gelingt Holst jedoch nicht, deutlich zu machen, inwieweit sich ihre Vorstellung der gebildeten Hausfrau von Campes Idee der guten Hausfrau unterscheidet. Campes Einschätzung zur übrig bleibenden Zeit, die die Hausfrau neben all ihren Aufgaben und

---

[342] Holst, S.128
[343] Holst, S.129
[344] und dies ohne jegliche institutionelle Hilfe; denn von Schulen oder Akademien, in denen die Frauen diese höhere Bildung erwerben können, spricht Holst an keiner Stelle
[345] Holst, S.98

Arbeiten noch auf andere Gegenstände außerhalb des Haushaltes verwenden kann, fällt lediglich skeptischer aus, als die von Holst. Die Erwartungen an die Hausfrau hinsichtlich der treuen Pflichterfüllung aller Belange ihres Wirkungskreises decken sich in beiden Entwürfen.

Der Anspruch auf eine edlere oder höhere Bildung der Weiber besteht bei Holst offenbar in dem Umstand, dass Frauen über die gleichen geistigen Fähigkeiten verfügen wie Männer. Die *„echt und wahrhaft"* gebildete Frau bei Holst weiß allerdings auch, dass es ihre *„heiligste Pflicht"* ist, alle ihre Aufgaben mit dem größtmöglichen Engagement zu erfüllen. Sie wird weder *„auf ihre Rechte trotzen,"* noch außerhalb des Hauses tätig sein, noch *„einseitig verbildet"* sein – sie tut freiwillig und aus vollster Überzeugung, was sie soll.

Besondere Aufmerksamkeit bezüglich dieser letzten zwei Abschnitte des Textes von Amalia Holst verdient die plötzliche, weil unerwartete Berufung Holsts auf den *„Wirkungskreis"*[346] und die *„von der Natur angewiesene Bestimmung"*[347] der Frau. Holst benutzt diese Begriffe, ohne sie näher zu bestimmen oder auch nur zu kommentieren.[348] Unerwartet ist die Einführung dieser Begriffe, weil Holst den größeren Teil ihrer Ausführungen auf die Beweisführung der prinzipiellen Gleichheit und generellen Nützlichkeit der Geschlechter und ihren Aufgaben als Menschen verwendet hat. Die *„echt und wahrhaft"* gebildete Frau als Mensch kommt bei Holst allerdings dann nicht mehr vor.

---

[346] vgl. Holst, S.127
[347] vgl. Holst, S.131
[348] ganz anders als Campe, der, wie oben ausgeführt, sehr viel Mühe auf die Definition dieser Begrifflichkeiten legt

3.6. Einschätzung zur Wirksamkeit des Holst-Textes

Der Text von Amalia Holst vermittelt in seiner Gesamtheit den Eindruck einer in sich zerrissenen und widersprüchlichen Position – die Autorin schwankt zwischen engagierter Empörung, Idealismus und konservativen Einstellungen. Das zentrale Argument, dass Frauen auf dem Gebiet der höheren Bildung nicht zurückbleiben dürfen, damit nicht der gesamte menschliche Fortschritt gefährdet ist, kann mit dem langatmigen und zusammenhanglosen Auflisten von Beispielfrauen aus der Geschichte und ihrem von Holst konstatierten Einfluss nicht wirklich gestützt werden. Die Schwächen des argumentativen Belegens mittels Beispielen habe ich oben bereits aufgezeigt[349] und ebenso habe ich mit der von mir gewählten ausführlichen Darstellung illustriert, dass die von Holst angeführten Beispiele nicht nur zusammenhanglos und auf ihren Schlusssatz bezogen unplausibel sind, sondern auch die Geduld der Leserinnen und Leser äußerst strapazieren. Dies mag für viele ein Grund gewesen sein, die Holst-Lektüre vorzeitig zu beenden.

Der angebliche *„Vorteil"* der nach Holst wahrhaft gebildeten Frau für die Gesellschaft bleibt in der praktischen Konsequenzen schlicht unsichtbar – sie *„streitet"* nicht, *„trotzt"* nicht auf Rechte, erträgt ungerechte Behandlungen mit Geduld und Einsicht, kümmert sich um alle Belange des Hauses und die Erziehung ihrer Kinder, sie *„regiert"* über das Gesinde, mischt sich nicht in öffentliche Diskussionen, sie *„schmiegt sich ihrem Wirkungskreise"* voll und ganz an, auch wenn sie unverheiratet bleiben sollte, kurz: der Sinn und Zweck einer höheren Geistesbildung der Frau ist in Holsts Entwurf alles andere als einsichtig. Auch bei Campe soll und muss die Frau alles lernen und wissen, was zu ihrer Bestimmung und ihrem Wirkungskreis gehört; es gelingt Holst

---

[349] vgl. Abschnitt 3.4

nicht, das von ihr entworfene Profil einer *„wahren, humanen"* Bildung argumentativ zu schärfen. Gerade der Begriff humane Bildung wird durch ihre *„ständische"* Argumentation geradezu konterkariert.

Die Art und Weise, in der sich Amalia Holst über die niederen Stände äußert, findet auch zeitgenössische Kritiker. So schreibt ein Kritiker in *„Hamburg und Altona. Zeitschrift zur Geschichte der Zeit, der Sitten und des Geschmacks",*[350] in einer Buchbesprechung des Holst-Textes: *„So aristokratisch, so absprechend und diktatorisch ist doch nie ein hochadlicher Schriftsteller gegen die zahlreichste Menschenklasse gewesen, als sich hier die Verfasserin zeigt".* Von der Bildung zu Humanität dürfe kein Mensch ausgeschlossen sein, denn *„sie ist die Bestimmung unseres Lebens".* Wenn man für sich selbst das Attribut human in Anspruch nimmt, so will man Humanität auf der ganzen Erde, in allen Ständen verbreitet wissen und kann nicht *„despotisch gebieten",* wer sich um den Zweck seines Daseins nicht zu bekümmern habe. Die Kritik mündet in der Feststellung, dass jeder Mensch in der Ausbildung seiner Geistes- und Körperkräfte so weit geht, wie er kann und wie es seine Verhältnisse erlauben. Das *„Gesetz der Natur"* müsse und sollte das Vorbild sein für das *„Gesetz des gesellschaftlichen Lebens".* Sicher seien, so der Kritiker von Holsts Schrift, die Bildungsziele und -Ideale der höheren Stände nicht auf die *„sogenannten niedern Stände"* übertragbar aber Aufklärung und Ausbildung müssen dennoch überall *„verbreitet und befördert"* werden. Mit der Idee der Beförderung eines Bürgerstaates vertragen sich despotische und gebieterische Äußerungen über gesellschaftlich niedriger stehende Menschen so ganz und gar nicht:

> „Dass die V. [Verfasserin], welche in einem Freistaate lebt, von Weibern (wohl gemerkt in diesem Verstande) der Tagelöhner und Handwerker spricht, ist nicht sehr human. Wir kennen nur Bürge-

---

[350] Hamburg, herausgegeben von Franz Nestler, 1802. Nachschrift in Holst, S.147

rinnen in unserem Staate, in welchem auch die Klasse der Handwerker eine sehr respektable und ehrenvolle Klasse ausmacht".[351]

Auch Holsts Ausführungen zum „Recht des Stärkeren", welches ihrer Meinung nach im Zustand der Kultur an Geltung verliere, werden kritisiert. Dieses „Recht des Stärkeren" gelte, so der Kritiker, so lange die Menschen Menschen sind und solange sie bürgerliche Gesetze und eine Polizei benötigten. Es ist aber nicht festgelegt auf das männliche Geschlecht: der Kritiker zitiert die Sitten der „Aethiopier", bei denen die Frauen die geistige Überlegenheit besaßen und die „Lydier", die sich nach „der Mutter und nicht nach dem Vater [nannten]; ihre Güter hinterließen sie den Töchtern, nicht den Söhnen".[352] Die Stärkeren setzen sich also immer durch – es gibt immer ein Regiment über die Schwächeren, mögen sie männlichen oder weiblichen Geschlechts sein. Diese Argumentation ist mir – aus dieser Zeit – neu; nicht der Mann ist unbedingt und immer das starke Geschlecht, sondern die Umstände bestimmen mit darüber, wer oben und wer unten steht, wer das „Recht des Stärkeren" auf seiner Seite hat. Dass es aber ganz und gar verschwindet, bezweifelt der Kritiker bis zur Verneinung. Diese Ansicht des zeitgenössischen Holst-Kritikers deckt sich im Ansatz mit heutigen, zum Teil sehr ausdifferenzierten Machttheorien; auch Kommunikationswissenschaftler stellen fest: „Kein Gespräch findet in einem ganz und gar machtfreien Raum statt".[353] Diese Machtfrage wird von Holst allerdings weder behandelt, noch gesehen. Holsts argumentative Verweigerung, sich mit den Opponenten sachlich auseinander zu setzen, muss ebenfalls in diesem Zusammenhang gesehen werden. Es scheint fast so, als wolle Holst das Thema Macht in jeglicher Beziehung aus dem Geschlechterverhältnis heraushalten.

---

[351] Hamburg, herausgegeben von Franz Nestler, 1802. Nachschrift in Holst, S.148
[352] in Holst, S.149
[353] Bayer 1999, S.213

Vor diesem Hintergrund erscheint dann auch Holsts Entwurf der ehelichen Gemeinschaft als wechselseitig völlig gleiches Verhältnis ihrem zeitgenössischen Kritiker als *„glänzender Unsinn"*. Ich habe ja bereits ausgeführt,[354] dass es sich bei Holsts Vorstellungen über die eheliche Gemeinschaft um eine eher romantische Idealvorstellungen handelt, bei denen es vor allem auf die wechselseitige Kooperationsbereitschaft der Ehegatten ankommt. Holst beruft sich zwar auf die *„zarten Bande"* des nötigen wechselseitigen Respekts und auf die Bereitschaft des jeweils anderen über die Schwächen und Fehler des anderen hinwegzusehen, lässt allerdings keinen Zweifel daran, auf wessen Seite das Recht steht, falls es zu Konflikten kommt:

> „Will der Mann irgend eine Autorität, eine Herrschaft über sie behaupten, so wird freilich das Weib sich in ihr Schicksal zu schicken wissen, da Körperkräfte, Gesetze und alte Sitte auf des Mannes Seite sind".[355]

Dass es sich also um eine Machtbeziehung handelt, kann Holst nicht verneinen – sie ignoriert diese Tatsache allerdings durchgängig im gesamten Text.

Die argumentationsanalytische Frage, ob die Abwägung der Argumente durch Unsachlichkeit erschwert wird, muss in Bezug auf den Text von Amalia Holst eindeutig bejaht werden. Vor allem *„Irrelevante oder unhaltbare Argumente oder unzulängliche Präzisierungen"*[356] fallen in ihrem Text auf. Dazu zählen auch Unterstellungen und Angriffe auf die Person des Gegenspielers, wie sie bei Holst in ihrer Rousseau-Kritik deutlich werden. Solche persönlichen Angriffe sind *„zwar häufig durchaus wirksam [...] aber in den meisten Fällen kein Beitrag zu der Sachfrage".*[357]

In Bezug auf Holsts *„Auseinandersetzung"* mit Pockels gilt:

---

[354] vgl. Abschnitt 3.3.3
[355] Holst, S.84
[356] Bayer 1999, S.209
[357] Bayer 1999, S.210

„Die Beschäftigung mit möglichen Gegenargumenten zur eigenen Auffassung verunsichert und lähmt. Wer [...] die Argumente der Gegenseite vorträgt, erscheint als entscheidungsschwacher ‚unsicherer Kantonist' und läuft in den Augen seiner Freunde Gefahr, ‚Beifall von der falschen Seite' zu erhalten".[358]

Hinzu kommt, wie ich bereits ausgeführt habe, dass Holst nur wenig Mühe auf eine sachliche Entkräftung der ausführlich zitierten Passagen verwendet – sie verlässt sich darauf, dass der Leser / die Leserin ihres Textes sich ein Urteil in ihrem Sinn bildet, ohne zu berücksichtigen, dass sie damit Gefahr läuft, dass sich ihre Leserschaft der Meinung ihres Gegenspielers anschließt.

Auch falsche oder zumindest unvollständige Faktendarstellung kann man Holst argumentationsanalytisch durchaus anlasten. Ihre *„geschichtlichen Durchflüge"* sind nicht nur zusammenhanglos, sondern machen auch keinen Unterschied zwischen guten und schlechten Beispielen; mit den guten Beispielen möchte Holst belegen, dass gebildete, kluge Frauen für Staat und Gesellschaft ein Gewinn darstellen und mit den schlechten Beispielen, dass Frauen trotz mangelnder Bildung einen gewissen Einfluss auf die Gesellschaft hatten und haben. Daraus leitet Holst dann ihre Forderung nach der echten Bildung für Frauen ab. Die von ihr zitierten *„Ausnahmefrauen"* (resp. Königinnen und Regentinnen) haben allerdings kaum etwas mit den Gattinnen, Hausfrauen und Müttern gemein, auf die Holst zum Ende ihres Textes ausschließlich abhebt und die ihre *„Bestimmung"* aus der tieferen Erkenntnis, die sie ihrer wahren Bildung verdanken, pflichtbewusst erfüllen.

Argumentativ stellt Holst die sich ausbreitende Praxis ihrer Zeit, der Beschränkung weiblicher Bildung auf Inhalte der *„weiblichen Bestimmung"*, in Frage. Dies ist zweifelsohne ihre genuine Leistung und verdient Anerkennung. So wie Holst es ausführt, gibt es keinen triftigen Grund für Männer, Frauen *„ihren Platz anwei-*

---
[358] Bayer 1999, S.208

sen" zu wollen. Eine Beschränkung der Bildungsinhalte von Frauen kann nur der *„gesunde Menschenverstand"* selbst liefern – dies zeigt sich in ihrer Äußerung, in der sie mit Campe übereinstimmend feststellt, *„dass wir unser Gedächtnis mit der unnützen Nomenklatur der unbedeutenden Menschen und Tatsachen nicht zu beschweren haben".*[359] Frauen werden, so Holsts Schluss, wenn sie *„echt und wahrhaft"* gebildet sind, aus sich selbst heraus alles tun, um ihre Bestimmung zu erfüllen – gute Gattinnen, Hausfrauen und Mütter sein. Im Hinblick auf diese Zielsetzung kann Holst den von ihr erhobenen Geltungsanspruch einer freien unbeschränkten und höheren geistigen Bildung für Frauen argumentativ jedoch nicht einlösen. Das hat zur Folge, dass der Text kaum geeignet ist, im Sinne der erhobenen Forderungen meinungsbildend zu wirken – es fehlt ihm an inhaltlicher, gedanklicher Konsequenz, um zu überzeugen.

---

[359] Holst, S.98

4. Gottlieb von Hippel – Zur Person

Theodor Gottlieb von Hippel wurde 1741 in Gerdauen, einem kleinen Ort in Ostpreußen geboren. Sein Vater war dort Landpfarrer und stand einer Lateinschule vor. 1756 ging Hippel nach Königsberg, um dort Theologie und Philosophie zu studieren. 1761 lernte er dort den russischen Leutnant H. von Keyser kennen und begleitete ihn nach Petersburg an den Hof der russischen Zarin Elisabeth. Hippel arbeitete nach seiner Rückkehr nach Königsberg als Hauslehrer und schloss sich 1762 einer Freimaurerloge an. Die Anstellung als Hauslehrer beeinflusste sein weiteres Leben offenbar entscheidend, da er in dieser Zeit eine *„doppelte Kränkung"* hinnehmen musste.[360] Zum einen wurde Hippel als Hauslehrer dem Dienstpersonal zugeordnet und zum anderen wurde seine Liebe zur Tochter des Hauses von den Eltern aus Standesgründen abgelehnt.

Im Zweitstudium belegte Hippel Jura, hörte aber auch Philosophievorlesungen bei Immanuel Kant, der sein ganzes Leben (1724-1804) in Königsberg verbrachte und seit 1755 an der Universität lehrte. Nach dem Abschluss dieses Studiums wurde Hippel 1765 Advokat am Königsberger Stadtgericht und stieg bis zum Hofgerichtsadvokat auf. 1772 wurde Hippel städtischer Gerichtsverwalter und bevor er 1780 von Friedrich II zum Bürgermeister von Könighberg berufen wurde, übernahm er auch das Amt des Polizeidirektors. Er nutzte seine Stellung, um die neben der Polizei auch die Organisation des städtischen Waisen- und Armenwesens zu reformieren. Hippel blieb unverheiratet, hinterließ seinem gleichnamigen Neffen und Erben allerdings ein stattliches Vermögen.

Neben seiner Karriere widmete sich Hippel der Schriftstellerei, die seine große Leidenschaft war. Der Inhalt seiner Schriften vertrug sich nur schlecht mit seiner Lebensführung und seiner

---

[360] vgl. Spitzer, S.108

öffentlichen Stellung, weshalb er seine Autorschaft hinter Pseudonymen und der anonymen Veröffentlichung zu verbergen suchte. In dem Roman *Kreuz- und Querzüge des Ritters A bis Z* (1793) nahm er sich z.b. satirisch den Freimaurerlogen mit ihren Aufnahmeritualen an, obwohl er aktives Mitglied war und äußerte sich ratgebend *Über die Ehe* (1774). Hippel leistete aber auch Beiträge zur Reform des Allgemeinen Preußischen Landrechts und wurde 1786 von Friedrich Wilhelm II mit dem Ehrentitel Staatspräsident ausgezeichnet.

Die Schrift *Über die bürgerliche Verbesserung der Weiber* (1793) löste in Hippels Freundes- und Bekanntenkreis nach der Preisgabe seiner Anonymität 1794/95 offenbar großes Befremden aus und wurde schließlich als eine seiner schlechtesten Arbeiten kritisiert, da die darin aufgestellten Behauptungen über die Vorzüge der Frauen nicht beweisbar seien.[361] Aus Aufzeichnungen von J.F. Abegg[362] ist bekannt, dass sich Christian Friedrich Jensch als eigentlicher Autor der *Bürgerlichen Verbesserung* bekannte. Er verteidigte die Schrift gegen alle Widersprüche und beteuerte im Freundeskreis, dass Frauen seiner Meinung nach jedem Mann überlegen sind und dass aus ihrer anhaltenden Missachtung letztlich ein großer Schaden für die gesamte Gesellschaft entstehe. Jensch bezichtigte Hippel dennoch nie des Plagiats und weitere Belege für die angebliche Verfassung der *Bürgerlichen Verbesserung* von Jensch gibt es nach meiner Kenntnis nicht. Eine Auflösung dieser und anderer Diskrepanzen in Hippels Leben und Werk scheint im Nachhinein nicht mehr möglich zu sein. Hippel bleibt bis zu seinem frühen Tod 1796 öffentlich eine anerkannte Persönlichkeit privat hingegen ein umstrittener Sonderling. Claudia Honegger ist sogar der Ansicht, dass Hippels *"Geheimniskrämerei zu Lebzeiten bewirkte, dass die posthume Rezeption weit-*

---

[361] vgl. Wuthenow in Hippel 1793, S.262
[362] J.F. Abegg: Reisetagebuch von 1798

gehend von den Gerüchten um seine Person zehrte, während die Texte ungelesen liegen blieben".[363]

4.1 Theodor Gottlieb von Hippel: Über die bürgerliche Verbesserung der Weiber (1793) und Nachlass über weibliche Bildung (1801)

In die Beurteilung des Textes *Über die bürgerliche Verbesserung der Weiber* werde ich auch das 1801 erschienene Werk *Nachlass über weibliche Bildung* mit einbeziehen. Dieses enthält in kurzen Paragraphen zusammengefasst und thematisch geordnet alle zentralen Gedanken der *Bürgerlichen Verbesserung* und die Herausgabe des *Nachlass* mag ein Indiz dafür sein, dass nach der Jahrhundertwende ein Markt für das Buch vorhanden war. Denn der Text *Über die bürgerliche Verbesserung der Weiber* war offenbar ein Ladenhüter und wurde bei weitem nicht so häufig gelesen wie noch das 1774 erschienene Buch *Über die Ehe*, in dem allerdings von Hippels Ideen zur Gleichstellung der Geschlechter noch nicht die Rede war. 1794/95 wurde das Buch *Über die Ehe* von Hippel punktuell überarbeitet, einige Stellen gestrichen, andere zusammenhanglos eingefügt und neu herausgegeben. Auch Elke Spitzer schlussfolgert daraus:

> „Es könnte sein, dass der mangelnde Verkaufserfolg [der „bürgerlichen Verbesserung"] ihn veranlasst hat, sein Anliegen der Gleichstellung der Geschlechter über eine Neuauflage des bewährten Ehebuchs transportieren zu wollen".[364]

150 Jahre lang erlebte die *Bürgerliche Verbesserung* keine Neuauflage und auch die Frauenbewegung des 19. Jahrhunderts nahm auf diese Schrift kaum Bezug.

Laut eigenem Bekunden möchte Hippel mit seiner Schrift *Über die bürgerliche Verbesserung der Weiber* den Frauen, die ihre will-

---
[363] Honegger 1991, S.90
[364] Spitzer, S.112

kürliche Behandlung von Seiten der Männer beklagen, keine *"Heerführerdienste"* leisten, sondern sie *"aufmuntern, diese Erlösung zu verdienen".*[365] Mit ‚Erlösung' meint Hippel die Befreiung des weiblichen Geschlechts *"von seiner Sklaverei".* Er richtet sich in zahlreichen Appellen aber immer an die Männer – es scheint also, als verfehle Hippel seinen eigenen Anspruch. Diese Appelle werden erst vor dem Hintergrund seiner impliziten Machttheorie verständlich;[366] die Unterdrückten können kaum zu einem Bewusstsein ihres Sklavendaseins kommen, da ihnen die *"Gewohnheit zur anderen Natur"* geworden sei. Hippel richtet sich also in seinen Appellen an die Machthaber und ruft sie zu gerechtem Denken und vernünftigem Handeln auf.

Ein wesentlicher Aspekt dieser impliziten Machttheorie Hippels ist die von ihm konstatierte Furcht der Männer vor der Selbstständigkeit der (unterdrückten) Frauen. Zum Wohle des Staates, ja zum Wohle der ganzen Menschheit, gilt es für Hippel, diese Furcht, die lediglich aus falschen und ungerechten Vorurteilen besteht, zu überwinden. Die weibliche Natur wird zur Begründungsgrundlage, warum es für den Staat und die Gesellschaft von Vorteil ist, den Frauen ihre bürgerlichen Rechte in vollem Umfang zuzugestehen und ihnen den Zugang zu öffentlichen Ämtern zu ermöglichen: Frauen sind die besseren *"Psychologen"*, sie können besser zuhören,[367] sie sind die besseren Diplomaten, weil sie nicht so leicht zu kompromittieren sind, sie sind bessere Ärzte, weil sie besser, feiner fühlen können und sie werden sowohl auf Lehrstühlen als auch auf Kanzeln durch ihre Reden überzeugen, weil sie sich einen *"leichteren Weg"* zum Herzen der Zuhörerinnen und Zuhörer bahnen können. Zwei Dinge sind hier von Bedeutung: Erstens wird eine spezifisch *"weibliche Natur"* von Hippel herangezogen, um den Wert von Frauen zu bestimmen und zweitens führt diese Überhöhung des weiblichen

---

[365] Hippel 1793, S.18
[366] vgl. Abschnitt 4.2
[367] sie sind, so Hippel, „Original-Hörerinnen"

Geschlechts wohl eher zu einer Verstärkung der *„männlichen Furcht"* vor der von Hippel hervorgehobenen weiblichen Überlegenheit als zu einem Abbau *„hämischer Alltagszweifel"*. Die prinzipielle Argumentation Hippels macht im Wesentlichen die Radikalität seiner Forderungen aus. Wenn die Gesellschaft auf einer Vereinbarung zwischen freien und gleichen Individuen beruht (oder beruhen soll), dann kann man Frauen den Zugang zu dieser Vereinbarung nicht vorenthalten oder sie von den Möglichkeiten der Mitgestaltung dieser Vereinbarung ausschließen.[368] Geschieht dies doch, so können getroffene Vereinbarungen für die Ausgeschlossenen wohl kaum bindend sein.[369] Ist der Ausschluss zudem mutwillig, d.h. gewollt, so ist dies ein Akt der Unterdrückung, ja der Sklaverei – und ein solchermaßen organisierter Staat ist despotisch. In einem despotischen Staat, so Hippel, werden über kurz oder lang alle zu Sklaven, da die Grundlage jeglicher Freiheit fehlt. Explizit führt Hippel aus: *„Der Mensch ist zur Freiheit geboren; sie ist die Sonne, die alles hervorbringt. Da, wo Freiheit unterdrückt wird, kann nichts, was menschlich ist und heißt, zu Kräften kommen"*.[370] Von diesem Prinzip geht Hippel nicht ab – konsequent denkt er es zu Ende. Den Folgen dieses von Hippel postulierten Gleichheitsanspruches widme ich mich in Abschnitt 4.4. Denn trotz Hippels Komplexitätsbewusstseins hinsichtlich der sozialen Machtstrukturen, macht er keine Abstriche bei seinen Forderungen zur bürgerlichen Gleichstellung der Frau. Im Zentrum seiner Forderungen steht das Staatswohl und letztlich (wie schon bei Holst und wiederum klassisch aufklärerisch) der Fortschritt der Menschheit.

---

[368] „Sind die Menschen alle gleich, so kann das weibliche Geschlecht nicht ausgeschlossen werden", Hippel 1801, S.83
[369] „so tun ja Weiber auf ihre Vernunft und auf die heilige Ehre der Menschheit verzicht, wenn sie sich [...] durch Gesetze verpflichten lassen, zu denen man ihre Beistimmung nicht gefordert hat", Hippel 1801, S.82
[370] Hippel 1793, S.81

In Abschnitt 4.5 widme ich mich Hippels Entwurf zum Thema Bildung und Erziehung. Bezogen auf den gesamten Text nehmen die Ausführungen zu diesem Teil der „moralischen Achse, um die sich alles dreht",[371] recht wenig Raum ein. Auffällig bei Hippel ist seine Überzeugung, dass es der Mensch selbst ist, der bestimmt, ob aus dem „Rohmaterial," welches die Natur liefert, ein Mensch oder ein Tier geschaffen wird. Aus dem gleichen Material, aus dem ein „Merkur" ward, könne auch eine „Venus" entstehen; zunächst sei der Mensch, gleichgültig ob männlich oder weiblich, lediglich ein roher „Marmorwürfel," denn „Alles, außer sterben, muss der Mensch lernen".[372] Der Mensch ist sein eigener Bildner – und das ist er bei Hippel in einem gesellschaftlichen Sinn, denn von „Verdienst und Würdigkeit" hängt des Menschen Glückseligkeit ab. Entscheidender ist aber Hippels „hingeworfener Umriss" einer neuen Ordnung. Mit der verstärkten Teilhabe von Frauen am „Erziehungsgeschäft", zu dem sie von der Natur zweifelfrei bestimmt seien, verspricht Hippel sich eine natürlichere Erziehung – für beide Geschlechter. Bis seine „Verbesserungsvorschläge" umgesetzt werden können, fordert Hippel eine Öffnung der bestehenden (Knaben)Erziehungs- und Bildungseinrichtungen für das weibliche Geschlecht.

Vor meiner abschließenden Beurteilung und Einschätzung zur Wirksamkeit des Textes möchte ich gesondert ausführen, dass der Text alles andere als leicht zu lesen ist.[373] Die anspruchsvolle, abstrakte Sprache des Textes ist vor allem auf zum Teil komplizierte Formulierungen und vielfach ineinander verschachtelte Sätze zurückzuführen. Auf der sprachlichen Ebene unterscheidet sich Hippels Text am deutlichsten von den beiden anderen zuvor behandelten Texten. Im Gegensatz zu Campe ist Hippel ein Theoretiker und im Gegensatz zu Holst präsentiert sich der Autor der *Bürgerlichen Verbesserung* als gründlich vorgebildeter,

---

[371] vgl. Hippel 1801, S.16/17
[372] Hippel 1793, S.118
[373] vgl. Abschnitt 4.6

philosophisch denkender, in der Hochsprache seiner Zeit argumentierender (und polemisierender) Mann. Es sind viele Vorkenntnisse der Leserin / des Lesers zum Verständnis des Textes erforderlich, da Hippel oft Vergleiche anstellt, die bei einem weniger belesenen Publikum auf Unverständnis stoßen müssen. Hippel macht keinerlei didaktische Zugeständnisse an seine Leserschaft – der Text enthält eine Vielzahl an Namen berühmter (und weniger bekannter) Persönlichkeiten, fremdsprachlicher Zitate und Fremdwörter und oft macht Hippel im Text nur Andeutungen, die man ohne das nötige Vorwissen nur schwer entschlüsseln kann. Falls Hippel eine breitere Popularität seiner Schrift intendierte, dann wäre eine einfachere Ausdrucksweise sicher von Vorteil gewesen.

4.2 Ursprung und Mechanismen der Macht und der Überlegenheit. Hippels implizite Machttheorie

Das Thema der Macht und der Überlegenheit – sowohl in der Gesellschaft als auch im Geschlechterverhältnis – ist in Hippels Text ein zentraler Aspekt, auch wenn Hippel ihn selbst nicht explizit ausführt. Auf die *„Macht des Schwertes"* beruft er sich, wenn er die Anfänge der Unterlegenheit des weiblichen Geschlechts beleuchtet und die *„bürgerliche Macht"* von Frauen, in Form von Rechten bei der Mitbestimmung in der Gesetzgebung und der Partizipation von Frauen an öffentlichen Ämtern in Staat und Gesellschaft, ist sein zentrales Anliegen. Dort, wo es um Rechte geht, geht es immer auch um Macht. Für Hippel ist diese Thematik keine einfache Gleichung; es finden sich in seinem Text keine Äußerungen wie etwa bei Holst, die ein *„Recht des Stärkeren"* zwar für die zivile Gesellschaft negieren möchte, schließlich aber nicht umhin kann, es nach wie vor für gültig zu erklären. Auch die Ansicht Campes, dass nur eine Jede wissen müsse, wo ihr Platz, resp. ihr *Wirkungskreis* ist und diesen von der Gesellschaft und der „*Vorsehung*" angewiesenen Ort nicht verlassen darf, findet keine Entsprechung in Hippels Text.

Hippel sieht die, oft subtilen, Mechanismen, die im Staat und der Gesellschaft zu einer schiefen Machtverteilung führen. Aus diesem Grund versuche ich hier, eine Machttheorie Hippels zu skizzieren. Hippel führt das mangelnde Bewusstsein der Unterdrückten für ihre missliche Lage auf die Gewohnheit zurück, die letztlich dazu führt, dass die Unterlegenen mit der Stimme ihrer Herren und Meister sprechen. Er beleuchtet, dass die Kleinhaltung der Frauen oft gerade durch ihre Verehrung, ja Vergötterung geschieht und betont, dass dies beiden Seiten oft gar nicht bewusst ist:

> „Es gibt Männer, die nicht wissen, dass sie den Weibern unrecht tun, die nie daran dachten, dass sie ihnen Rechte entzogen. Es gibt Weiber, die ihren Druck nicht fühlen; es gibt Männer, die sonder Arglist und Gefährde die Welt nehmen, wie sie ist; es gibt Weiber, die aus Grundsätzen die Welt ertragen".[374]

Dies ist schon fast ein soziologischer Erklärungsansatz und eine solche Sichtweise unterscheidet Hippels Schrift ganz wesentlich von den beiden anderen, bisher behandelten Entwürfen von Campe und Holst. Es ist für Hippel ein prinzipielles Unrecht, Frauen ihre bürgerlichen Rechte vorzuenthalten – die Gründe für diese momentane „*Einrichtung*" sind aber vielfältig, kompliziert und ineinander verwoben. Die Furcht der Männer, selbst beherrscht zu werden, spielt eine große Rolle in seiner Argumentation – eine ebenso große allerdings die Tradition und „*Alte Sitte*". So führt Hippel aus:

> „Ein Mann lernte vom anderen Tyrann sein, und ein Weib vom anderen gehorchen [...] und so lässt sich die Unterwürfigkeit der Weiber um so mehr erklären, als sie bei anderen ihres Geschlechts keine Hülfe finden und nicht einmal den Trost einer zutrauensvollen Klage über ihr Schicksal ohne ihren Zustand noch

---

[374] Hippel 1801, S.70

zu verschlimmern, führen konnte. Gefangenen wird nicht erlaubt, mit ihren Mitgefangenen sich zu unterhalten".[375]

Ein weiterer, wichtiger Aspekt in Hippels Theorie taucht hier auf. Nicht nur, dass Frauen oft das Bewusstsein für ihre eigene Rechtlosigkeit fehlt, sie finden auch keine Hilfe und keinen Trost bei ihren Geschlechtsgenossinnen – sie sind (und werden) voneinander isoliert, wie Gefangene, denen nicht erlaubt wird, sich mit den Mitgefangenen auszutauschen. Im Gegenteil führt eine *„zutrauensvolle Klage"* über ihr Schicksal eher zu einer Verschlimmerung ihrer Situation.

Über die juristische Tradition und die angeblichen Vorteile, die das Römische Recht den Frauen eingebracht habe, äußert sich Hippel ausführlich und wiederholt. Er vergleicht es mit dem (nicht schriftlich überlieferten) Gesetz der *„Alten Deutschen"*, indem die Frauen *„Herz und Seele"*[376] waren. Hippel prangert das geltende, auf dem Römischen basierende, Recht an, wenn er feststellt, dass Frauen in allem für unmündig erachtet werden, wenn es um Rechte oder Vermögensfragen geht, allerdings mit gleichem Maß gemessen werden *„sobald von Verbrechen und Strafen die Rede ist"*.[377] Es ist also nicht so, dass frau zu gar nichts taugt – sie wird *„wenigstens einer Bestrafung – welch ein Vorzug! – würdig erachtet"*.[378]

Es ist ein anspruchsvoller theoretischer Ansatz aus einer Zeit, in der man gewöhnlich noch recht schnell die Frage von Schuld und Unschuld auf das Wirken höherer Mächte zu schieben bereit war. Wie wir bereits bei Campe gesehen haben, sind diese höheren Mächte neben dem immer wieder angeführten Willen Gottes, zunehmend auch das Schicksal und die Natur. Für Hippel ist aber die Gesellschaft *„die Quelle allen Glücks und allen Unglücks,*

---

[375] Hippel, 1801, S.42/43
[376] vgl. Hippel 1793, S.90
[377] Hippel 1793, S.45
[378] Hippel 1793, S.45

das je dem menschlichen Geschlechte zufiel; und noch ist nicht erschienen, was die Menschen durch sie werden können und durch sie - sein werden".[379] Bei Campe ist es noch die Vorsehung und die Gesetze, resp. die überkommende Tradition einer menschlichen Gesellschaft, die sich auf einer naturgesetzlichen Grundlage entwickelt hat, die dem Menschen seinen Wirkungskreis anweisen. So wie die Tradition, ist die Vorsehung in dieser Setzung ebenfalls ein Naturereignis, welches die natürliche Ordnung repräsentiert, nach dem sich der Mensch zu richten hat. Hippel gibt zu bedenken, dass niemand wissen kann, was die Vorsehung mit der Menschheit vorhat, denn *"Dunkel ist ihr Gang, bis das Ende ihr Werk krönen wird".*[380] Der Mensch kann einen, wie auch immer gearteten Willen der Vorsehung also im Vorfeld gar nicht ermitteln – er ist auf sich allein gestellt in der Frage der Ausgestaltung und der Form seiner Vergesellschaftung. Das einzige Hilfsmittel, das dem Menschen dabei zur Verfügung steht, ist seine Fähigkeit des rationalen Denkens und vernünftigen Urteilens. Nach den daraus entwickelten Prinzipien hat sich der Mensch unbedingt zu richten, um wirklich einen Fortschritt erzielen zu können. Tradition und *„Alte Sitte"* sind für Hippel zwar ebenfalls wichtige Gestaltungsfaktoren der menschlichen Gesellschaft, dürfen aber nicht der Umsetzung neuer Regelungen, die aus vernünftigem Nachdenken und gerechtem Urteilen heraus entstanden sind, verhindernd im Wege stehen. Aus diesem Grund wettert Hippel auch immer wieder gegen irrationale Befürchtungen und gegen das Festhalten an Traditionen – vor allem der Übernahme der römischen Gesetzgebung – Grundlagen, die sich zu Zeiten entwickelten, in denen die *„rationalen Hilfsmittel"* des Menschen noch nicht sehr weit entwickelt waren: *„Wie konnte man überhaupt von der damaligen Zeit, wo alle Gelehrsamkeit auf so schwachen Füßen stand oder ging, Helden- und Meisterzüge der Gesetzgebung erwar-*

---

[379] Hippel 1793, S.56
[380] Hippel 1801, S.17

ten."[381] Diesen Ansatz scheint Holst von Hippel übernommen zu haben, wenn sie ausführt, dass das Alte Testament lediglich eine „*morgenländische Fabel*" sei. So weit geht Hippel freilich nicht – für ihn ist es ein Ärgernis, dass alte Sitten und Gebräuche offenbar so mächtig sind, dass die Menschen ihre Entscheidungen und Urteile an diesen „*falschen Vorurteilen*" ausrichten, anstatt ihren Verstand zu gebrauchen.

Zu Hippels Machttheorie, die sich in der *Bürgerlichen Verbesserung* implizit äußert, gehört zuvorderst seine These, dass sich das „*schöne Geschlecht*" selbst wenig seines Sklavendaseins bewusst ist. Gleich zu Beginn des Textes führt Hippel aus, dass Frauen die „*gute Gabe*" besitzen, ihre „*Bitterkeit*" zu „*bezuckern*" und den Ernst ihrer Lage mit einem Lächeln zu ermäßigen. Den meisten Frauen scheint, so Hippel, ihre „*Last so sanft und ihr Joch so leicht*" zu sein, dass sie selbst nicht auf den Gedanken kommen, „*die beschwerliche Reise nach Kanaan*" antreten zu wollen. Er bezeichnet die Last des weiblichen Geschlechts als eine „*Leibes- und Lebensstrafe*", die ihnen im „*heimlichen Gericht*" zuerkannt wurde.[382] Hippel vergleicht die Unterdrückung des weiblichen Geschlechts mit der „*unter dem Joche der Willkür, der Despotie und der Dürftigkeit*" schmachtenden französischen Bevölkerung, die ihre Last kaum zu spüren schien und sich ihre Fröhlichkeit trotz aller bedrückenden Umstände erhalten hat.[383] In Frankreich wäre es, so Hippel, schließlich „*zu einem seligen End'*" durch das Licht der Gleichheit aller Menschen, welches „*Laternenpfähle*" überall verbreitet haben, gekommen.[384]

---

[381] Hippel 1793, S.97
[382] Hippel 1793, S.10
[383] Hippel 1793, S.11
[384] Dass Hippel den Frauen selbst ein „*Laternenpfahl*" sein möchte, der ihnen das Licht der Erkenntnis für ihre wahre Situation zu Bewusstsein bringen möchte, bestätigt er selbst: „Die Weiber wissen die wenigste Zeit, wie sie mit sich selbst daran sind, und sie sollten mir danken, dass ich ihnen hier eine nicht kleine Entdeckung mache." Hippel 1793, S.113

Der Grund, warum sich Menschen mit Unterdrückung und Despotie abfinden und schließlich jegliches Unrecht ertragen, ist für Hippel die Gewohnheit: „*Die Gewohnheit wird so leicht zur anderen Natur*". Diese Gewohnheit, die schnell zu einer zweiten Natur wird, führt nicht nur dazu, dass die Unterdrückten ihre Unterdrückung nicht mehr als solche wahrnehmen, sondern geht noch viel weiter: „*So übersteigt es auch den gewöhnlichen Grad des menschlichen Verderbens, wenn Sklaven auf alle Rechte Verzicht tun und ihre Verfassung auf das gute Glück der Denkungsart ihrer Gebieter gründen*".[385] Wenn also die Sklaven selbst auf alle Rechte verzichten und sich selbst ganz in die Hände ihrer Herren begeben, dann müssen nicht allein die Herrschenden überzeugt werden, dass sie unrecht tun, sondern auch in den Beherrschten muss ein Bewusstsein für ihre „*bedrückende Lage*" geweckt werden – Aufklärung (im Wortsinn) muss so also auf beiden Seiten geleistet werden.

4.2.1 Die Ursachen der Überlegenheit des Mannes

Das Wo, Wann und Wie der Entstehung der Unterlegenheit der Frauen gegenüber dem Mann lässt sich, so Hippel, nicht mehr rekonstruieren, da es sich in vorgeschichtlicher Zeit abgespielt haben muss. Deshalb kann man über die Anfänge dieser Unterlegenheit der Frau nur spekulieren. Gedanklich gelte es einen Anfang zu setzen, von dem aus man durch vernünftiges Nachdenken bis zu einer Erklärung kommen könne. Ein solches Vorgehen ist – auch im heutigen Sinne – nur als wissenschaftlich korrekt zu bezeichnen. Hippel weist darauf hin, dass die großen Entdecker wie Kolumbus und Cook bereits überall Kulturen vorgefunden haben: „*Bei den allerrohsten Völkern fanden sie schon Hütten, eine Art von Zubereitung der Nahrungsmittel und bei den meisten auch die ersten Anfänge zu einer Bekleidung des Körpers*".[386]

---

[385] Hippel 1793, S.10
[386] Hippel 1793, S.53

Hippel spekuliert, dass sich mit diesen ersten kulturellen Ansätzen auch die Aufgabenverteilung auf die Geschlechter begann. Damit könnten aber diese entdeckten „Naturvölker" nicht als Beginn des geschlechtsspezifischen Unterschiedes herangezogen werden, wie er sich heute darstellt. Da die Trennung der Geschlechter auch dort bereits stattgefunden habe, muss die Ursache für die Trennung der Geschlechter noch vorher zu suchen sein. Diese entdeckten Kulturen sind, eben weil sie bereits kulturelle Ansätze zeigen, auch kein Beweis dafür, dass die Trennung der Geschlechter eine „natürliche Einrichtung" der Dinge ist; wie das Geschlechterverhältnis vor jeglicher Kultur gestaltet war, könne, so Hippel, man nirgends auf der Welt mehr beobachten.

Hippel beginnt seinen Erklärungsversuch einer Ursache von vorgeschichtlicher Geschlechtertrennung mit der entstehenden Vorratshaltung und mit der „Mehrung des Hausrats" – also mit der beginnenden Sesshaftigkeit früher Menschen. Die Aufgaben für die gesamte Gemeinschaft wurden Hippel zufolge mit der sesshaften Lebensweise vielfältiger und die „Geschäfte" mussten geteilt werden „und da wählte der Mann die Jagd, das Weib den Haushalt. So ward das Weib allmählich Befehlshaberin der Haustiere und eh' es sich's versah, das erste Haustier selbst".[387] Der männliche Körper entwickelte sich aufgrund der täglichen Anforderungen – die körperlichen Kräfte des Weibes blieben „aus Mangel an Gelegenheit unentwickelt". Das weibliche Geschlecht, das betont Hippel wiederholt, verlor seine Rechte ohne eigene Schuld – es waren die Umstände, die für die erste Trennung der Geschlechter verantwortlich waren und infolge die sich daraus ergebenden Ideen. Bemerkenswert ist dabei die sehr frühe Kritik; die Frau ist „das erste Haustier" und dieser Umstand war der erste Schritt für ihre Versklavung.[388]

---

[387] Hippel 1793, S.60
[388] „Sklavin! Ohne Zweifel brachten zahm gemachte Tiere den Menschen auf diesen unmenschlichen Gedanken" Hippel 1793, S.61

Die Jagd, so Hippel weiter, sei eine Erfindung der Männer, und in ihr repräsentiert sich der *"Ursoldatenstand"*, der für eine frühzeitige Bewaffnung der Männer sorgte

"und da er sich im ausschließlichen Besitz der Schutz- und Trutzwaffen befand, so verteidigte er nicht bloß seine Person, sondern auch sein Eigentum, wozu er seine Familie und in derselben sein Weib rechnete, das er jetzt als durchaus von ihm abhängig ansah".[389]

Waffen also, die ursprünglich zur Jagd gemacht und gedacht waren, entwickelten sich schnell zu *"Schutz- und Trutzwaffen"*. Die Frauen, die nicht über diese Waffen verfügten und im Umgang mit ihnen im Laufe der Zeit immer ungeübter wurden, konnten daher nicht gleichrangig sein und wurden im weiteren Verlauf der Geschichte schließlich *"Schutzverwandte"*. Zur vollwertigen Bürgerin reichte es nicht, da die Männer nun alle Staatsgeschäfte auf sich zogen. Für Sicherheit und Schutz zu sorgen, kann durchaus als ein *"Staatsgeschäft"* bezeichnet werden, vor allem, wenn es explizit um die Verteidigung eines bestimmten Territoriums geht. Zu einer solchen Verteidigung gehört auch die Diplomatie, insbesondere das Aushandeln von (Friedens-)Verträgen und Vereinbarungen. Auch von diesem Geschäft wurden Frauen schließlich auch ausgeschlossen. Frauen erhielten – und begnügten sich – mit den Vergünstigungen, die ihnen von ihren Schutzherren gewährt wurden; das weibliche Geschlecht kam so in den Genuss herrschaftlicher Gnadenrechte – allerdings immer nur so lange *"als es der anderen Hälfte gefällt, ihr dieselben zu lassen"*[390] und geriet so vollends in die Abhängigkeit der Männer.

Der Nichtbesitz der Waffen(-gewalt) führte, so Hippel, beim weiblichen Geschlecht auch dazu, dass es furchtsamer und miss-

---

[389] Hippel 1793, S.65/66
[390] Hippel 1793, S.66

trauischer wurde.[391] Nicht die Natur, so Hippels Schluss, sondern die Männer haben die Frauen unterworfen „*Es ist das künstliche Spinnengewebe von Gründen, wodurch wir das weibliche Geschlecht zu einer ewigen Vormundschaft verurteilen"*.[392] Es war also ursprünglich nicht die körperliche oder geistige Überlegenheit des Mannes, der ihm das Schwert in die Hand gab, sondern die „*Lage der Sache*" und infolge die gedankenlose Übernahme und Fortführung dieser einmal getroffenen Richtungsentscheidung.[393] Dies gelte, so Hippel, vor allem für die „*ältere Zeit*" – der römische Staat, die formelle Grundlage der sich entwickelnden Bürgerlichen Gesellschaft, hätte sich durch Waffengewalt etabliert und gefestigt. Die „*freien Nachbarn*" wurden nicht Freunde und Mitbürger, sondern Sklaven und so festigten sich auch die Machtvorteile des männlichen über das weibliche Geschlecht; anstatt Frauen die ihnen zustehenden Rechte zurückzugeben, ließen Männer „*ihnen Gnade für Recht widerfahren, wenn sie ihnen einige Brosamen von ihrem Überflusse zuwarfen*".[394] Die „*sogenannten Weibervorteile,*"[395] die auf der Übernahme des römischen Rechts basierten, seien, so Hippel lediglich „*geheime Wunden und Meuchelstiche*". Frauen haben keinerlei Möglichkeit, ein öffentliches Amt zu bekleiden, werden nicht als Zeuginnen zugelassen, haben keinerlei Elternrechte, d.h. sie werden insbesondere „*zur wahren Adoption unfähig erklärt*". In Hippels Schrift wird unmissverständlich Klartext gesprochen. Frauen haben überhaupt keine wirklichen Rechte - „*kurz und gut, sie haben das Recht, alte Kinder zu bleiben bis an ihr seliges Ende*".[396]

Für Hippels Entwurf ist die Annahme, dass sich der Unterschied zwischen den Geschlechtern, wie er sich heute darstellt, in einer nicht mehr näher zu bestimmenden vorgeschichtlichen Zeit zu

---

[391] vgl. Hippel 1793, S.79
[392] Hippel 1793, S.69
[393] vgl. Hippel 1793, S.68
[394] Hippel 1793, S.81
[395] vgl. Hippel 1793, S.85
[396] Hippel 1793, S.86

entwickeln begann, zentral. Die „*Lage der Sache,*" die Umstände, begünstigten eine erste, frühe Aufgaben- und Arbeitsverteilung der Geschlechter. Infolgedessen entwickelten Männer wie Frauen in Anpassung an ihre unterschiedlichen Aufgabenbereiche. Der Körper des Mannes wurde im Laufe der Jahrhunderte und Jahrtausende stärker, Frauen wurden furchtsamer und schließlich zu Schutzbefohlenen – die ursprünglichen Rechte der Frauen waren einmal verloren und während sich die Menschheit fortentwickelte, blieb es dabei, *„dass man Weiber mit zum Hausgeräte des Oberhauptes der Familie rechnete".*[397] Charakter, Denkart und körperliche Eigenschaften von Männern und Frauen, sowie die einmal entstandene *„Schiefe"* des sozialen Machtverhältnisses, entwickelten sich in Folge der ganz frühen Umstände.[398] Vor diesem Hintergrund ist es nicht verwunderlich, dass die Männer ihre Macht nicht mehr hergeben wollten und sie im Gegenteil weiter ausbauten. Das bedeutet nichts anderes, als dass die Entwicklung nun ihren Lauf nahm und kaum noch umkehrbar war. Es hätte sogar eines ganzen *„Zusammenflusses"* von Wundern bedurft, um all diesen zufälligen äußeren *„Veranlassungen"* der menschlichen Entwicklung eine andere *„Folgerichtung"* zu geben. Hippel zeigt sich also keinesfalls erstaunt über die zu seiner Zeit zu beobachtende Unterlegenheit des weiblichen Geschlechts, sondern leitet sie im Gegenteil schlüssig aus angenommenen *„frühen Umständen"* und einer nachvollziehbaren Eigendynamik der historischen Entwicklung des Geschlechterverhältnisses ab. Er tut dies bemerkenswerter Weise ohne sich auf eine Naturgesetzlichkeit zu berufen. Es ist an dieser Stelle hervorzuheben, dass Hippel eben keinen natürlichen Unterschied für den Unterschied der Geschlechter verantwortlich macht, sondern allein die Fortentwicklung des Menschengeschlechtes selbst.

---

[397] Hippel 1793, S.80
[398] „Andere Verhältnisse und Resultate als diese Machtvorteile waren aus jenen Vorgängen ohne Wunder nicht zu erwarten" Hippel 1793, S.68

4.2.2 Die männliche Furcht vor dem weiblichen Geschlecht

Hippel führt immer wieder an, dass der Grund für die Unterdrückung der Frau in der männlichen Furcht begründet liege, Vorrechte zu verlieren und errungene Privilegien einschränken zu müssen. Die männliche Angst vor Macht- und Kontrollverlust ist vor dem zuvor skizzierten Hintergrund ein schlüssiges Motiv. Den gesamten Text durchziehen deshalb an die Männer gerichtete Appelle, sich die Erkenntnis des moralisch Richtigen nicht von dieser diffusen Furcht vernebeln zu lassen. Hippel degradiert dabei allerdings die bestehenden Ängste der Männer oft zu *„hämischen Alltagszweifeln"* und bemerkt: *„Man kann sich vor der Furcht und vor der Hülfe fürchten".*[399] Beim Lesen des Textes entsteht daher der Eindruck, dass Hippel die bestehenden Ängste der Männer vor einem Machtverlust zwar wahrnimmt, ihnen aber nicht wirklich die Grundlage entziehen kann. Es ist eine Sache, gegen ein prinzipielles Unrecht zu argumentieren – eine ganz andere hingegen einen Grund für die Aufrechterhaltung dieses Unrechts in Emotionen sehen und entkräften zu wollen.

Gegen Gefühle - und Furcht ist ein starkes Gefühl - kann man schwerlich argumentieren. Hippel versucht es dennoch und zwar auf zweierlei Weise. Zunächst, indem er nachweist, dass die Bürgerliche Gleichberechtigung des weiblichen Geschlechts ein den Frauen zustehendes Grundrecht ist. Hier kommt dann doch wieder das Naturrecht ins Spiel, da dem weiblichen Geschlecht die ursprüngliche Gleichberechtigung ja *„ohne eigene Schuld"* abhanden gekommen ist. Hippel insistiert auf der prinzipiellen Gleichheit aller Menschen, da *„Mann und Weib eigentlich nur ein Mensch sind".*[400] Eine wie auch immer geartete, wie auch immer begründete *„Furcht"* kann und darf nicht von der Einsicht des prinzipiell Richtigen abhalten. Hippels simpler Schluss aus

---

[399] vgl. Hippel 1793, S.145
[400] Hippel 1793, S.142

dieser Argumentation könnte lauten: „Männer, vergesst die Furcht – sie ist irrational und unbegründet!" Das ist in der Tat alles, was Hippel zu sagen übrig bleibt. Eine irrationale Emotion lässt sich allerdings nicht mit einem rationalen Argument entkräften. Bei Emotionen ist jede Argumentation beendet, da diese kein Werkzeug einer rationalen Auseinandersetzung sind. Hier ähnelt das sich Berufen auf Emotionen dem ständigen Aufzeigen von Erfahrungen.

Die zweite Weise, auf die Hippel die Furcht des männlichen Geschlechts vor dem weiblichen entkräften möchte, ist die Betonung und Bekräftigung weiblicher (Geistes-)Stärke. Durch das Betonen der hervorragenden Leistungen und Eigenschaften von Frauen möchte Hippel, ähnlich wie Holst, den Männern zeigen, dass sie bei einer *Bürgerlichen Verbesserung der Weiber* nur gewinnen und nichts verlieren können. Durch die Überhöhung der weiblichen Eigenarten und Fähigkeiten erreicht Hippel allerdings eher das Gegenteil; indem er immer wieder betont, dass Frauen schon jetzt, im Zustand ihrer Unterdrückung, ihrer Vernachlässigung und ihrer „misslichen Lage" in vielen Dingen die Männer überflügeln, stellt sich für den „furchtsamen" Mann die Frage, ob seine Angst, seinerseits „unterjocht" zu werden, nicht mehr als begründet ist. Da ich diesen Aspekt der Überhöhung der weiblichen Fähigkeiten in Hippels Text zunächst nachweisen muss, habe ich ihn im nächsten Abschnitt gesondert behandelt. Zunächst geht es hier um die Darstellung des Motivs für die herrschende Unterdrückung der Frau durch den Mann, der „männlichen Furcht" und um Hippels Bemühen, sie mit prinzipiellen Argumenten zu entkräften.

Die Erde vergleicht Hippel mit einem „vermischten Feudum,"[401] dass Männern und Frauen zu gleichen Teilen als Lehen gegeben worden ist. Aus diesem Grund seien, so Hippel, die Ansprüche des weiblichen Geschlechts auf gleichberechtigte Herrschaft über

---

[401] vgl. Hippel 1793, S.116

dieses Lehen auch rechtmäßig – Frauen werden, so Hippel, über kurz oder lang *"zum Gebrauche der Vernunft kommen und sich betrogen finden müssen,"*[402] wenn Männer weiterhin versuchen, die Wahrheit dieses gleichberechtigten Anspruchs zu verschleiern. Hippel betont, dass auch wenn man Frauen ihre bürgerlichen Rechte bisher vorenthalte, so kann über die Menschenrechte doch nur Gott urteilen – diese prinzipiellen Rechte, die Frauen haben, weil sie Menschen sind, können ihnen vom Mann nicht entzogen werden und dürfen ihr letztlich auch nicht verweigert werden.

Der Grund, warum Männer Frauen ihren *"rechtmäßigen Anteil"* an der Erde vorenthalten, ist für Hippel darüber hinaus die diffuse Befürchtung der Männer, dass Frauen ihre Freiheit missbrauchen könnten. An die Männer gerichtet fragt Hippel:

"Wie wollet ihr denn jene Furcht nennen, die euch abhält, dem anderen Geschlechte seine Ehre wiederzugeben? Die Zeiten sind nicht mehr, um das andere Geschlecht überreden zu können, dass eine Vormundschaft wie bisher für dasselbe zuträglich sei, dass sie seinen Zustand behaglicher und sorgloser mache als eine Emanzipation".[403]

Die Freiheit, so Hippel, sei mit all ihren Unannehmlichkeiten auch noch der bequemsten Sklaverei vorzuziehen. Mit Verweis auf die tätige Mitwirkung von Frauen in der Französischen Revolution belegt Hippel, dass Frauen *"den Wert der Freiheit zu schätzen wissen"*.[404] Frauen haben, so Hippel, durchaus einen Sinn für den hohen Wert der Freiheit, auch wenn Männer sich oft bemühten, das Gegenteil zu belegen. Immer wieder betont Hippel, dass Männer mit allen Mittel versuchten, Frauen von den *"Wohltaten"* ihrer Vormundschaft zu überzeugen – der Hinweis, dass *"diese Zeiten nicht mehr sind,"* bezieht sich auf die Durchset-

---

[402] Hippel 1793, S.119
[403] ebd.
[404] vgl. Hippel 1793, S.122

zung der grundsätzlichen bürgerlichen Freiheit in Folge der Französischen Revolution.

Die Furcht der Männer, durch die *„Weiber unterjocht"* zu werden,[405] behauptet Hippel, habe dazu geführt, dass die Frauen Gnade und Güte, statt Rechte erhalten. Mit *„pharisäischer Heuchelei"* haben die Männer versucht, das weibliche Geschlecht *„einzuschläfern"* und das Naturrecht der Frauen auf Gleichheit zu *„vertilgen"*.

> „Furcht! Fiel dies Wort auf? Es sollte auffallen. - Seht, ich will mein Herz ausschütten und zur Ehre des männlichen Geschlechts bekennen, dass keine bösere Absicht als die Furcht, das andere Geschlecht würde uns beherrschen, den Grund zu unserer Herrschaft über dasselbe gelegt hat".[406]

Hippel weist auf seine Beobachtung hin, dass gerade die Männer, welche ihre Frauen anbeten, jegliche Anstrengung unterlassen, sich für die Rechte der Frauen einzusetzen: *„Das Gefühl von dem Werte seines vortrefflichen Weibes verstärkt die Furcht des Herrn Gemahls"*.[407] Aus diesem Grund griffen Männer zu einer subtilen List, um der vortrefflichen Gattin den *„Mund zu stopfen:"* Sie beschenken die Frau mit ihrer Bewunderung und ihrer Verehrung – was allerdings nicht darüber hinwegtäuschen kann, dass die eigentliche Schuld, nämlich ihnen Gerechtigkeit widerfahren zu lassen, längst nicht beglichen ist.[408] Frauen würden, so Hippel, von Männern durch eine *„grobe und subtile Art"* zum Müßiggang verurteilt, indem man sie mit Kleinigkeiten und Nichtigkeiten zu beschäftigen suche und ein außerordentliches Gewicht auf den eigenen Staatsberuf lege. Männer *„rechnen sich die Amtsgeschäfte äußerst hoch an, um sich bei ihren Weibern in Achtung zu erhalten"*.[409] Mit dem Verweis auf die *„Grenzen der fräulichen Schamhaftigkeit"*

---

[405] vgl. Hippel 1793, S.102
[406] Hippel 1793, S.103
[407] ebd.
[408] Hippel 1793, S.104
[409] Hippel 1793, S.104

würden Frauen von Männern in die „*Klasse der Unedlen, der Knechte*" herabgewürdigt, „*damit nur unser Geschlecht sicher bleibe, nie von ihm zum Zweikampfe gefordert zu werden*".[410] All dies sind, so Hippel, „*elende Kunstgriffe,*" zu denen Männern sich herablassen müssen, nur um die offensichtlichen „*Winke der Natur*" nicht sehen zu müssen. Die so oft zitierte Schwäche von Frauen sei, so Hippel, eigentlich ihre Stärke – sie hätten bewiesen, dass sie auch „*in Ketten frei*" sein können und der Umstand, dass Frauen nie versucht hätten, ihre Rechte mit Gewalt zurückzubekommen, qualifiziere sie als vernünftige Gesprächs- und Verhandlungspartner. Im Verlauf des Textes verdichtet sich die in diesem Abschnitt entwickelte Ansicht, dass die Unterdrückung der Frau durch den Mann eine bewusst konstruierte Abhängigkeit ist. Schließlich formuliert Hippel explizit: „*Man vernachlässigt sie nicht bloß; man unterdrückt sie absichtlich*".[411] Auch im *Nachlass* kommt Hippels Überzeugung, dass letztlich beide Seiten, Männer wie Frauen, über die tatsächliche Lage der Dinge aufgeklärt werden müssen, zum Ausdruck, wenn er schreibt: „*Wahrlich Weiber, Ihr seid das bei weitem nicht selbst, was ihr zu sein glaubt, und was zu sein man Euch einredet*".[412]

Hippel macht bezüglich der Furcht der Männer vor dem weiblichen Geschlecht allerdings noch eine weitere wichtige Bemerkung, die weit über das bisher Ausgeführte hinausreicht. Nach Hippels Überzeugung können nämlich nur Frauen wahre Christen sein, denn

> „Wenn Männer mit Verzichtleistung auf ihre Stärke, die so leicht in Leidenschaft ausartet, eigentliche Christen werden und Selbstrache, Blutvergießen, alle Machtansprüche und Machtbeweise aufopfern sollen, so wähnen sie, dass sie bei diesen christlichen Tugenden ihr Geschlecht einbüßen"[413]

---

[410] Hippel 1793, S.108/109
[411] Hippel 1793, S.135
[412] Hippel 1801, S.66
[413] Hippel 1793, S.149/150

Die Furcht der Männer besteht also nicht nur darin, von Frauen zum „*Zweikampfe gefordert zu werden*," sondern bei einem Machtverzicht von männlicher Seite geht es im Grunde genommen um die Angst des Verlustes der Männlichkeit. Hippel stößt hier auf die tiefsitzenderen Motive für die Aufrechterhaltung der bestehenden Geschlechterhierarchie, denn wenn die bestehenden Machtansprüche von Männern ihre eigentliche Männlichkeit, d.h. ihre Geschlechtlichkeit definieren, dann müsste sich zunächst an den geschlechtsspezifischen Zuschreibungen innerhalb der Gesellschaft etwas ändern, damit sich im Verhältnis der Geschlechter zueinander etwas verändern kann. Wenn Machtansprüche und Machtbeweise mit Männlichkeit gleichgesetzt werden, dann werden alle Appelle Hippels an das gerechte Urteil und die Vernunft der Männer zwangsläufig ins Leere gehen, wenn Hippel nicht einen Versuch unternimmt, diesen eigentlichen Männlichkeitsverlust zu thematisieren. Einen kleinen Ansatz dazu macht Hippel, indem er schreibt: „*Es ist schwer, Gutes zu wollen und zu tun, wenn das so leicht auszuführende Böse noch obendrein Ehre bringt*".[414] Damit kritisiert Hippel implizit, dass männliche Machtbeweise von zu vielen nicht nur geduldet, sondern sogar honoriert werden; sie bringen „*Ehre*". Expliziert man die Prämisse: Böse Taten (in Form von Machtansprüchen und Machtbeweisen) sollten keine Ehre bringen (d.h. auch nicht als männlich definiert werden), dann ergibt sich aus Hippels Entwurf ein ernsthafter Ansatz, um über die Stellung von Geschlecht und Geschlechtlichkeit in der Gesellschaft nachzudenken. Es lässt sich aus Hippels abschließender Bemerkung: „*Ich mag diesem Gegenstande wohlbedächtig nicht nähertreten*"[415] nur schließen, dass ihm die Wichtigkeit dieses angesprochenen Punktes wohl bewusst gewesen ist, er eine Auseinandersetzung darüber (aus welchen „*wohlbedächtigen*" Gründen auch immer) aber unterlässt. Hippel nimmt die „*männliche Furcht*" vor dem

---

[414] Hippel 1793, S.150
[415] Hippel 1793, S.150

weiblichen Geschlecht im gesamten Text zu leicht, wenn er hier bereits auf eine Verbindung zwischen Machtansprüchen und Männlichkeit gestoßen ist.

4.3 Die Überhöhung der weiblichen Natur

„Sie sind das Salz der Erden, das allem Geschmack gibt, das Licht, das überall erleuchtet, es mag als Mond des Hauswesens oder als Sonne des Staates aufgehen".[416] Dieser Satz steht als Motto über dem folgenden Abschnitt der vorliegenden Arbeit und ebenso über weiten Teilen von Hippels Text; nämlich überall dort, wo Hippel seine prinzipielle Argumentation bezüglich der den Frauen zustehenden Rechte verlässt und in ein fast schwärmerisches Lob des weiblichen Wesens verfällt. Hippel muss seine Forderungen bezüglich der *Bürgerlichen Verbesserung der Weiber* bekräftigen und belegen und die von ihm konstatierte Furcht der Männer vor dem weiblichen Geschlecht entkräften. Er tut dies, indem er die hervorragenden Eigenschaften und besonderen Fähigkeiten von Frauen hervorhebt. Dabei entsteht oft der Eindruck, dass er das weibliche Geschlecht – und zwar durch das Berufen auf die natürlichen Eigenschaften desselben – überhöht.

Gleich zu Beginn des Textes liest Hippel den Sündenfall in der Bibel nicht unter dem Aspekt der Verführung Adams durch Eva zum Bösen, sondern ihr angebliches *„Verbrechen"* hätte lediglich darin bestanden, Adam die Vernunft gezeigt zu haben: *„Sie zerbrach die Ketten des Instinkts, der die Vernunft nicht aufkommen ließ, und triumphierte – Eva sollte die Vernunft, ihr zum Andenken heißen".*[417] Später weist er darauf hin, dass der Mensch sich nur von *„zweierlei Tatsachen"* Begriffe gemacht habe, von der *„Natur"* und von der *„Freiheit"*. Wenn man diese beiden Tatsachen sinnlich abbilden wollte, so Hippel, *„müssen beide in Gestalt eines Weibes*

---

[416] Hippel 1793, S.217
[417] Hippel 1793, S.24

dargestellt werden".⁴¹⁸ Vernunft, Natur und Freiheit sind bei Hippel also weiblich.

Auch Hippel beginnt, nach dem Belegmuster, das uns schon im Holst-Text begegnet ist, mit Hilfe von Beispielfrauen die *„großen Anlagen in Weiberseelen"* zu belegen. Ich gehe an dieser Stelle näher darauf ein, um sowohl die Parallele als auch den Unterschied zum Text von Amalia Holst aufzeigen zu können.

Nachdem Hippel Anna Komnena, die Zarin Elisabeth und Maria Theresia als *„ruhmreiche"* Beispiele genannt und einen Exkurs über Katharina die Zweite und Voltaire unternommen hat,⁴¹⁹ fragt er selbst:

> „Wozu eine vollständige Nomenklatur von berühmten Weibern, von solchen, die das Schicksal zu Kronen berief und die sie mit Würde trugen? – Es sei genug, eine Margaretha von Dänemark, eine Christine von Schweden, eine Sophie Charlotta von Preußen zu nennen; [...] verdienen nicht eine Cornelia, die edle Mutter der Graccen, eine Arria und die durch so viele Gerüchte gegangene Johanna von Arc unsere Bewunderung? Nach diesen Beispielen wird man mir ohne Zweifel den Beweis erlassen, dass es den weiblichen Seelen nicht an großen Anlagen fehle".⁴²⁰

Hippel hält also eine *„vollständige Nomenklatur berühmter Weiber"* für überflüssig – ganz im Gegensatz zu Holst, der diese offenbar ein großen Anliegen gewesen ist. Auch später im Text beginnt Hippel zunächst, *„prosaische Beispiele"*⁴²¹ anzuführen, um zu belegen, dass Frauen trotz Ausschluss von Bildungseinrichtungen zu Weisheit gelangten. Er weist darauf hin, dass es nicht schwer fallen würde, *„in vielen Fächern des weitläufigen Gebiets menschlichen Wissens und menschlicher Kunst weibliche Namen aufzufinden, die sich einen Anspruch auf Achtung und Ruhm erwarben".*⁴²² Hippel

---

[418] Hippel 1793, S.130
[419] vgl. Hippel 1793, S.41-43
[420] Hippel 1793, S.43
[421] vgl. Hippel 1793, S.147
[422] Hippel 1793, S.148

verweist neben Martha und Tabea auf eine „*Menge von Weibern*" in der Kirchengeschichte, die sich durch Heldenmut und „*unerschütterliche Standhaftigkeit*" ausgezeichnet haben. Und obwohl er zum wiederholten Male der Auflistung von Beispielfrauen eine Absage erteilt, hebt Hippel erneut an: „*Überall, wo Genieflug und Kunstfleiß der Menschen hinreicht, treffen wir Weibernamen an*"[423] und sogleich erfährt die Leserin / der Leser zahlreiche namentlich genannten Einzelbeispiele. Im weiteren Verlauf des Textes begegnen uns auch viele weitere Namen, die wir aus der doch recht vollständigen Nomenklatur Holsts bereits kennen. Es ist also nicht so, dass Hippel auf das Nennen von Beispielen verzichtet – er bettet diese nur sehr viel geschickter in einen inhaltlichen Zusammenhang ein, als das bei Holst der Fall ist. Zudem sind bei Hippel die genannten Beispiele plausibler, da er nicht nur den (wie auch immer gearteten) „*Einfluss*" von Frauen auf Staat und Gesellschaft belegen möchte, sondern später im Text tatsächlich einfordert, dass Frauen – als Person – wirklich Politikerinnen, Diplomatinnen und Ärztinnen sein sollen.

Hippel begründet, warum es kein Wunder ist, dass diese „*hervorragenden Anlagen in den Weiberseelen*" nicht die Regel sind, sondern Ausnahmen bleiben: Erstens habe auch das männliche Geschlecht keinen „*Überfluss an edlen Seelen*" und zum anderen mangelte es an „*Pflege und Wartung*" „*aller edlen und großen Keime, welche die Natur in die Seele der Weiber legte*".[424] Bei dieser Begründung fällt auf, dass Hippel ohne Umschweife die Erziehung und die herabsetzende Behandlung der Frauen durch die Männer für das Zurückbleiben der Frauen verantwortlich macht. Der Hinweis von Holst, dass Frauen sich nur mehr Mühe geben müssten, bessere Frauen zu werden, fehlt bei Hippel.

---

[423] Hippel 1793, S.150
[424] Hippel 1793, S.45. Die gleichen Gründe führt auch Amalia Holst an (s.o.)

Immer sind bei Hippel mangelnde Gelegenheiten die Ursache, warum Frauen oft „*ihr Licht unter den Scheffel*" stellen mussten. Wenn Frauen, so Hippel, die Gelegenheit zum Sprechen von „*Kanzel und Lehrstuhl*" hätten, dann würden ihre Reden besser überzeugen können, als die der Männer, weil sich ihre Worte ohne allen Zweifel „*einen noch leichteren Zugang zu unserem Herzen bahnen*".[425] An dieser Stelle beginnt Hippel, auf die „*feinere*" und „*edlere*" Natur der Frauen abzuheben, denn Frauen seien nicht nur die besseren Rednerinnen, sondern auch die besseren Zuhörerinnen: „*Weiber sind Meisterinnen in der Kunst zu hören, Original-Hörerinnen*".[426] Überdies verstünden Frauen die „*höhere Chemie*", trockene, theoretische Grundsätze mit Leben und Leichtigkeit zu erfüllen und zur Hoffnung „*haben sie eine außerordentliche Anlage*".[427] Frauen hätten die Gabe, so Hippel, alles fröhlich zu machen, wenn sie selbst es sind, ihre „*Feste sind Erntefeste, Laubhüttentage, welche die Natur geheiligt hat*".[428] Sie hätten das „*besondere Talent*", Sprachen zu sprechen und zu lehren, da Gedächtnis, Einbildungskraft und ein „*gewisser Geist für das Detail*" zu ihren besonderen Eigenschaften gehören. Auch bezüglich der Wissenschaft und Philosophie betont Hippel:

> „**Weiber sind sehr für innere Wahrheit; und wenn sie gleich jenes berühmte Ministerphlegma nicht besitzen, so wissen sie doch mit Kälte zu unterscheiden, was bloß trockene und was brauchbare Kenntnis ist**".[429]

Sie würden sich nicht so leicht in Spekulationen verlieren, sie könnten sich die Wissenschaften zu eigen machen und sie leicht „*mit sichtbarem Nutzen*" anderen beibringen. Hier fällt auf, dass Hippel die außerordentlichen Fähigkeiten von Frauen auch auf einem Gebiet hervorhebt, dem sich Holst noch argumentativ

---

[425] Hippel 1793, S.151
[426] Hippel 1793, S.155
[427] Hippel 1793, S.157
[428] Hippel 1793, S.158
[429] Hippel 1793, S.169

verweigert hat, da sie nicht ausreichend Beispielfrauen nennen konnte, um ihre Aussagen zu belegen. Für Hippel sind mangelnde empirische Beispiele kein Hindernis; so ist denn auch in der Politik *"von ihrem Verstande und von ihren Herzen zu erwarten, dass sie die Politik säubern, und ihr zum Besten der Menschheit mehr Natur und Wahrheit beiordnen werden".*[430] Frauen hätten das Talent, so Hippel, die *"heimlichsten Gedanken"* eines anderen Menschen auszuspähen, denn sie würden das menschliche Herz besser als jeder Mann kennen. Die Teilnahme von Frauen in den Bereichen der Gesetzgebung und Rechtsprechung würden eine Vereinfachung und die Etablierung der *"Vernunft als Hilfsrecht"*[431] zur Folge haben. Gesetze müssten so verfasst, begründet und angewendet werden, dass sie auch *"gemeineren Leuten"* verständlich und nachvollziehbar wären.

Für das Richteramt seien Frauen ebenfalls hervorragend qualifiziert, denn sie *"besitzen Geduld, die Klagen und Schutzreden der Parteien anzuhören [...] auch fehlt es ihnen nicht an Beredsamkeit, um den Sturm der Parteien zu besänftigen, und die Flut der Rede in ihre Ufer zurückzuweisen".*[432] Frauen verfügten dabei auch über die nötige Härte, wenn es darum ginge über Schuld und Unschuld zu entscheiden und über die nötige Güte, wenn es darum ginge, *"die menschliche Schwachheit"* bei ihrem Urteilsspruch zu berücksichtigen. Hippel gibt zu bedenken, dass auch die Männer Schwächen hätten – und diese Schwäche der Männer arte bei ihnen, anders als bei Frauen, in *"List, Heimlichkeit und Grausamkeit"* aus, weil sich die Männer ihrer Schwächen schämten, was Frauen gar nicht nötig hätten. Zu Grausamkeit sind Frauen zudem *"schon wegen ihres mitleidigen und menschlichen Charakters nicht aufgelegt,"*[433] denn *"ein sanfter gemäßigter Charakter ist dem*

---

[430] Hippel 1801, S.104/105
[431] vgl. Hippel 1801, S.112
[432] Hippel 1801, S.117
[433] Hippel 1801, S.126

anderen Geschlecht eigen".[434] Es ist bemerkenswert, wie oft Hippel, der ansonsten mit der prinzipiellen Gleichheit aller Menschen argumentiert, um das Recht von Frauen an der gleichberechtigten Partizipation zu belegen, auf die Besonderheiten des „weiblichen Charakters" eingeht.

Ganz allgemein sind nach Hippels Meinung die Frauen das eigentlich stärkere Geschlecht, wenn er fragt, was wohl aus dem männlichen Geschlecht geworden wäre, wenn es in dem Maße wie das weibliche Unterdrückung erfahren hätte: *„Würden wir noch so viel Urkundliches an uns haben [...]? Würde der Mann, der Mensch, nicht bei uns weit mehr aufhören als bei jenen?"*[435] Etwas später fügt er bekräftigend hinzu: *„Welch ein Stoff muss in diesem Geschlechte liegen, da er allen diesen Hindernissen noch bis jetzt so stattlichen Widerstand geleistet hat?"*[436] Das Fazit Hippels lautet immer wieder, dass Frauen anders sind als Männer.[437] Selbst das Sterben ist bei Frauen anders – sie *„sterben in der Regel alle philosophisch"*[438] und ruhig. Gelassen und mit der Natur in Einklang gingen sie hinüber, ohne *„Geschrei"* und *„Resignation"*.

Auf dem Gebiet der Heilkunde hält Hippel es schlicht für schamlos und unschicklich, dass sich Frauen vor einem fremden Mann, auch wenn er Arzt ist, entblößen müssten. Des-gleichen für sittenwidrig hält Hippel es, dass männliche Tanzlehrer, Frisöre, Schneider und Schuster in einer intimen Weise mit dem weiblichen Körper in Kontakt kämen. Das Frisieren der Haare sowie das Maßnehmen für Kleidungsstücke müssten, so Hippel, ausnahmslos von Frauen betrieben werden.[439] In der Heilkunde sind

---

[434] Hippel 1793, S.171
[435] Hippel 1793, S.45
[436] Hippel 1793, S.48
[437] „Weiber haben eine gewisse Kraft und Energie der Seele, nach welcher sie vieles mit ganz anderen Augen ansehen und mit ganz anderen Ohren anhören, und mit ganz anderen Kopfe und Herzen verstehen, als wir" Hippel 1801, S.128
[438] Hippel 1793, S.178
[439] vgl. Hippel 1793, S.206/207

Frauen aber zu noch Höherem berufen, denn *"Die Anlage des anderen Geschlechts zur Arzneikunst und Chirurgie beweiset unwiderlegbar seine vorzügliche Beobachtungsgabe".*[440] Auch hier beruft sich Hippel wieder auf die weiblichen Fähigkeiten. Frauen könnten besser hinsehen, seien von Natur aus feinfühliger und einfühlsamer – die Natur habe sie *"ganz eigentlich zu diesem Geschäft berufen".* Es schwächt die von ihm eingangs entworfene Argumentation erheblich, wenn er sich in diesen Textabschnitten der Überhöhung des Weiblichen widmet und sich stets auf die Natur beruft. In der eingangs entworfenen Logik müssten die hier anhaltend skizzierten weiblichen Eigenschaften als ein Resultat der Geschlechtertrennung und damit der kulturell bedingten geschlechtsspezifischen Arbeitsteilung betrachtet werden.

Doch Hippel lässt nun nicht mehr ab und fährt mit dem Vorwurf an die Frauen fort, sie würden sich viel zu häufig auf ihren *"Putz"* konzentrieren. Hippel meint, dass diese Eitelkeit von selbst aufhöre, wenn man Frauen die Gelegenheit gäbe, sich von einer *"vorteilhafteren Seite"* zu zeigen.[441]

"Der Einwand meines Gegners, dass Weiber zu viel Zeit auf ihren Leib verwenden, spielt den Krieg in sein eigenes Land – sind wir es nicht, die ihnen die Seele bestreiten, die sie auf den Körper einschränken?"[442]

Die männliche Eitelkeit, betont Hippel an anderer Stelle übersteige die der Frauen an *"allen Enden und Orten".*[443] Schwach und weichlich seien Männer viel eher als Frauen. Wenn Männer die Kinder bekommen müssten, so Hippel, dann würde es ein großes Defizit bei den Geburten geben. Auch die Geschwätzigkeit, die Frauen oft zum Vorwurf gemacht wird, sei nur eine *"Unart des weiblichen Pöbels; und der männliche Pöbel macht in dieser Hin-*

---

[440] Hippel 1793, S.201
[441] vgl. Hippel 1793, S.219
[442] Hippel 1793, S.220
[443] vgl. Hippel 1793, S.40

sicht so wenig eine Ausnahme, dass er für schwatzhafter zu sein scheint".[444]

Männer sind also eitler, schwatzhafter, grausamer, neidischer, furchtsamer, weichlicher, grobschlächtiger, eigenwilliger, an Willkür gewöhnt und zudem „*moralische Blendlinge*" – über all dem steht Hippels Überzeugung: „*Tyrannen sind verzagt und kriechen überall, wo sie nicht befehlen dürfen".*[445] Hippel räumt dem männlichen Geschlecht nicht sehr viele Vorzüge ein; nicht einmal den Weg zur Vernunft hätten sie ohne Eva gefunden, die schließlich „*die Ketten des Instinkts"* zerbrach. Er wirft den Männern in Bezug auf die Behandlung der Frauen Ungerechtigkeit und bewusste Manipulation vor; Männer erregen bei den Frauen „*Bedürfnisse"* und machen „*Meinungen herrschend".* Männer bedienen sich eines „*Schwalls von Kunstwörtern,"* um Frauen zu verwirren und an geistiger Tätigkeit zu hindern.[446] Dies alles benutzen Männer, um sich als die Herren aufzuspielen.

Schließlich kommt auch Hippel zurück zur Furcht der Männer, denn sie „*sind im Grunde weit furchtsamer als die Weiber – es scheint nur anders. Immer verbinden sie sich mit anderen Männern und nennen oft [...] Freundschaft, was Furchtsamkeit heißen sollte".*[447] Hippel belegt also die hervorragenden Eigenschaften von Frauen, die er allesamt auf die besondere weibliche Natur zurückführt. Aber damit nicht genug; Hippel betont auch: „*ihr zur Beurteilung geschmeidiger Verstand vermag alles"*[448] und „*sie würden sicher mehr leisten als wir".*[449] Frauen zeigen, so Hippel, obwohl sich noch lange nicht gezeigt hat, „*was sie sein können und sein werden,"* oft eine Selbstständigkeit und Fassung, die Männer nicht selten „*beschämt"* – „*Sie haben keine andere Olympische Bahn, als Männer*

---

[444] Hippel 1793, S.188
[445] Hippel 1793, S.49
[446] vgl. Hippel 1793, S.69, S.104, S.168
[447] Hippel 1793, S.180
[448] Hippel 1793, S.171
[449] Hippel 1793, S.176

zu fahren; man öffne ihnen andere, und sie werden Wunder tun".[450] Wenn Frauen erst *"zu Kräften"* gekommen sind, betont Hippel, werden sie vermögen, was Männer nicht können; sie werden im *"lauten Geheul der Stürme"* dem *"Meere und dem Winde Silentium gebieten".*[451] Frauen werden dort zu gebieten wissen, wo Männer sich nur selten *"ein geneigtes Gehör"* verschaffen können. Für Hippel sind Frauen der *"Walfisch des menschlichen Geschlechts,"* dem zur Zeit lediglich *"Tönnchen zum Spielen"* vorgeworfen werden.[452]

Auch für die männlichen Ärzte wird es sehr viel schwieriger, wenn Frauen erst der Zugang zur Heilkunst ermöglicht wird. Hippel verweist darauf, dass Frauen schon jetzt, obwohl sie nur einen *"kargen Vorrat von Kenntnissen"* besäßen und von der Zunft der Ärzteschaft ignoriert würden, Kuren durchführten, die *"dem erfahrensten Arzte, wo nicht lauten, so doch stillschweigenden Beifall abzwingen".*[453] Wenn Hippel fragt, wie viel weiter Frauen sein würden, *"wenn ihnen der Zugang nachgelassen wäre, denen ihnen ein neidischer Zunftgeist bis jetzt vorenthielt,"* dann bekräftigt er die Befürchtung einer starken Konkurrenz, die Männer schwer für sich entscheiden könnten, wenn Hippels These zutrifft, dass Frauen von Natur aus die besseren Anlagen für diesen Beruf mitbrächten. Frauen würden, daran lässt Hippel keinen Zweifel,

---

[450] Hippel 1793, S.182
[451] Hippel 1793, S.183
[452] Zu diesem Vergleich muss ich anmerken, dass der Wal um 1800 nicht wie heute das Image eines intelligenten, friedlichen Meeressäugers hatte, sondern eher als mysteriöses Seeungeheuer durch das Bewusstsein der Menschen geisterte. Ich erinnere an dieser Stelle an einen der berühmtesten Angriffe der Walfängergeschichte auf ein Schiff durch einen Pottwal, der 1821 den Untergang der Essex zur Folge hatte und Herman Melvilles *Moby Dick* als Vorlage diente. Der Wal ist der biblische Leviathan – das größte Lebewesen, das Gott auf dieser Welt erschaffen hat und er ist, wie Thomas Jefferson 1778 schreibt, ein „schnelles und grimmiges Tier." Verbleibt man bei der zeitgenössischen Konnotation, bekommt Hippels Vergleich des weiblichen Geschlechts mit einem Walfisch einen bedrohlichen Beigeschmack – wie vernichtend kann dieser Leviathan werden, wenn er sich nicht mehr durch das Spiel mit „Tönnchen" ablenken lässt?!
[453] Hippel 1793, S.202

„*Taten tun – wert der Unsterblichkeit*",[454] sobald sie die Möglichkeiten erhielten, ihren Verstand zu üben und alle ihre natürlichen Anlagen auszubilden. Sobald das Ziel „*ihres geschäftigen Lebens*" über „*Küche und Stricknadel*" hinausreiche, schreibt Hippel, würden Frauen die Männer „*sehr bald an Scharf- und Tiefsinn übertreffen, ohne sich kraft ihres gesunden Menschenverstandes zu versteigen*".[455]

An den hier angeführten Beispielen wird deutlich, dass Hippel in seinem Bemühen, die hervorragenden Eigenschaften von Frauen zu belegen, oft den Bogen überspannt – er liefert mit seiner fast schwärmerischen Überhöhung die Grundlage für handfeste Befürchtungen der Männer, Frauen könnten sie auf „*allen Gebieten des Wissens*" schließlich übervorteilen.

Zum Ende seiner Schrift vergleicht Hippel Männer mit der Speise und Frauen mit dem Trank „*und nur Speise und Trank in Gemeinschaft halten Leib und Seele zusammen*".[456] Doch im Grunde genommen lässt Hippel keinen Zweifel an seiner Meinung, dass das Wenige, was gegessen werden kann, auch genauso gut getrunken werden kann.

4.4 Auswirkungen des postulierten Gleichheitsanspruchs

Das weibliche Geschlecht habe, so Hippel, „*ein Recht vom Staate zu fordern, dass er ihm Gerechtigkeit erweise*".[457] Der bürgerliche Staat, so Hippel, sei gerade zum Schutz der Schwächeren aufgerufen und zu eben diesem Zwecke entstanden. Die Gesellschaft sei das „*Meisterstück*" der Vernunft und die Hauptabsicht des Staates sei es, die Freiheit der Bürger zu befördern.[458] Der „*richtige Gebrauch der Vernunft*" mache den Menschen schließlich erst zum Menschen[459] und nur da, wo

---
[454] Hippel 1793, S.160
[455] Hippel 1793, S.234/235
[456] Hippel 1793, S.246
[457] Hippel 1793, S.129
[458] vgl. Hippel 1793, S.124

zum Menschen⁴⁵⁹ und nur da, wo wichtige Entscheidungen an vernünftigen Maßstäben orientiert seine, könne sich Freiheit entfalten. *„Gesetze erziehen Menschen und müssen sich, wenn Menschen mündig werden, von Menschen erziehen lassen".*⁴⁶⁰ Die Mündigkeit des Einzelnen nimmt in Hippels Entwurf immer wieder einen wichtigen Stellenwert ein. Der Mensch ist auch für Hippel zur Freiheit geboren⁴⁶¹ und deshalb ist es für Hippel *„schon unerträglich,"* auch dem besten Menschen, selbst wenn er mit einem *„väterlichen Wohlwollen"* regiere, untergeben zu sein. Niemand solle über mündige Menschen und Bürger regieren, außer sie über sich selbst, da sie doch schon *„längst die Kinderschuhe auszogen"* hätten.⁴⁶² Der mündig gewordene Mensch müsse und solle sich die Gesetze selbst geben und die Zustimmung zu diesen von jedem Mitglied der Gemeinschaft einfordern, wenn sie auch für alle bindend sein sollen. Auch für Frauen gilt Hippels Postulat des mündigen Bürgers, denn *„Frauenzimmer, welche Mütter werden können, sind keine Kinder mehr"*⁴⁶³ und auch von ihnen müsse die Zustimmung zu gesetzlichen Vereinbarungen eingefordert werden, denn andernfalls täten sie ja Verzicht auf ihre Vernunft und die *„heilige Ehre der Menschheit".*⁴⁶⁴

Da Hippels prinzipielle Argumentation immer mit den Gesetzen des Staates beginnt und endet, ist ein wesentlicher Aspekt in seinem Entwurf die Frage, welche Folgen seine Forderungen bezüglich der *Bürgerlichen Verbesserung der Weiber* für den Staat haben werden. Das Argument, dass dem Staat die *„Hälfte seiner Bürger"* fehle, wenn Frauen aus der bürgerlichen Gesellschaft ausgeschlossen würden, fällt bei Hippel zwar, reicht aber nicht aus, denn *„mit Volksmenge allein ist dem Staate nicht gedient, wohl aber mit Bürgern, [...] die frei, arbeitsam, wohlhabend und wohlden-*

---

[459] vgl. Hippel 1801, S.6
[460] Hippel 1793, S.130
[461] vgl. Hippel 1793, S.81
[462] vgl. Hippel 1793, S.241
[463] Hippel 1793, S.228
[464] vgl. Hippel 1801, S.82

kend sind".⁴⁶⁵ Menschen, so Hippel, seien der *„größte Schatz und das edelste Produkt"*⁴⁶⁶ des Staates. Freiheit ist, wie bereits erwähnt, eine der wichtigsten Voraussetzungen. Der Grundsatz der individuellen, bürgerlichen Freiheit muss sich dabei in gerechten Gesetzen niederschlagen, die alle Menschen gleich behandeln. Bei allen Vorzügen, die Frauen *„schon jetzt"* auszeichneten, obwohl sie noch gar keine Gelegenheit hatten, sie wirklich zu zeigen und einzubringen, sei es wichtig, so Hippel, die Frauen auf ihre bürgerlichen Geschäfte vorzubereiten. Hippel sieht, dass man Frauen ganz allmählich auf *„politische Köpfe und Füße"*⁴⁶⁷ helfen müsse. Dieses Aufhelfen dürfe nicht zu rasch vonstatten gehen: *„Man mäßige beim anderen Geschlecht die zu starke Neuheit: man bringe Weiber mit mehr ernsthaften Sachen, und zwar allmählich in Verbindung"*.⁴⁶⁸ Hippel legt es nicht darauf an, das andere Geschlecht *„Knall und Fall von seiner Sklaverei"* zu befreien; er will, wie eingangs bereits erwähnt, Frauen mit seiner Schrift keine *„Heerführerdienste"* leisten.⁴⁶⁹

Dennoch stellt Hippel unmissverständlich klar: *„In allen Gesellschaften, an denen Weiber teilnehmen, verbreitet sich Anstand"*⁴⁷⁰ und er weist darauf hin, dass auch das männliche Geschlecht durch die Herabwürdigung und Nichtachtung des weiblichen Geschlechts bislang nur verloren habe.⁴⁷¹ Dem Staat und der Gesellschaft gereiche es zum Vorteil, wenn Frauen ihre Kräfte und besonderen Anlagen in Staatsgeschäfte und öffentliche Ämter einbringen würden, denn

„ohne bürgerliche Verbesserung der Weiber [kann] weder Erziehung noch Ehe verbessert werden, und die Fortschritte der

---

[465] Hippel 1793, S.110
[466] vgl. Hippel 1801, S.12
[467] Hippel 1801, S.118
[468] Hippel 1801, S.119
[469] vgl. Hippel 1793, S.18
[470] Hippel 1793, S.21
[471] Das männliche Geschlecht „fällt zusammen, da es sich nicht die Mühe gibt, sich gerade zu halten" Hippel 1793, S.49

Menschheit zu besserer Erziehung und Ehe, die moralische Achse, um die sich alles dreht, müssen vernachlässigt bleiben".[472]

Erziehung und Ehe sind also die moralische Achse, um die sich in Staat und Gesellschaft alles dreht. Ohne die gleichberechtigte Partizipation von Frauen ist auf diesen wichtigen Gebieten kein wesentlicher Fortschritt, keine entscheidende Entwicklung zu erwarten. Frauen werden ihren „*großen Beruf der Natur*", nämlich das „*Weib ihres Mannes*" und die Mutter ihrer Kinder zu sein, niemals vollständig erfüllen können, wenn sie keine Bürgerinnen des Staates sind, wenn sie „*bloß Privilegien und nicht Rechte haben*". Denn „*solange der Staat sie nur wie parasitische Pflanzen behandelt*",[473] könne und dürfe man, gerechter Weise, nichts größeres von ihnen verlangen. Fast beschwichtigend appelliert Hippel:

„Sie werden nicht aufhören, Weiber zu sein – wie unglücklich wären wir, wenn sie das könnten! - nur werden sie aufhören, die Weiber zu sein, die sie jetzt sind – Diese Verwandlung wird uns heben [...] An uns ist der erste Schritt [...] diese Revolution zu bewirken. Werdet andere Männer, und alles, vorzüglich die Weiber, ist anders als jetzt. Mit dem Maße, mit dem wir sie messen, werden sie uns wieder messen".[474]

Für den Staat würden sich alle Anstrengungen erübrigen, die er jetzt unternimmt, so Hippel, um die Menschen zur Ehe zu ermuntern. Es bräuchte keine Gesetze mehr, die nur „*unnatürliche Hilfsmittel*" seien, um Eheleute zur „*Fortpflanzung des menschlichen Geschlechts*" anzuregen; es würde „*sich hier alles von selbst verstehen!*"[475] In Wissenschaft, Kunst, Philosophie und, wie im letzten Abschnitt bereits ausgeführt, in der Politik und Juristerei könnten Frauen einen großen Beitrag leisten, wenn man sie nur ließe.

---

[472] Hippel 1801, S.16/17
[473] Hippel 1793, S.45
[474] Hippel 1793, S.226
[475] Hippel 1793, S.109

Auf dem Gebiet der Heilkunde kommt hinzu, so Hippel, dass sich zahllose Frauen und Mädchen weiblichen Ärzten viel früher – und somit rechtzeitig für jede Hilfe – anvertrauen würden; ihre Krankheiten würden ernst genommen werden und nicht „*mehr die Schande der Ärzte sein*".[476] Auch die hohe Rate der Fehlgeburten und die hohe Sterblichkeit der Frauen im Kindbett würde zurückgehen, wenn Frauen nicht nur Hebammen wären, sondern mit dem nötigen Fachwissen ausgestattet wären. Hippel fasst schließlich zusammen: „*Kurz und gut, das zahllose Heer von Prozessen und Krankheiten würde vermindert werden, wenn Weiber Richter und Ärzte wären*".[477]

Bei Hippel tauchen, anders als bei Holst, Frauen als Personen in öffentlichen Ämtern auf. Ihre natürliche Bestimmung als Gattinnen, Mütter und Hausfrauen, wird ihnen schon nicht abhanden kommen, da sie ja „*nicht aufhören werden, Weiber zu sein*".[478] Da Hippel zu keiner Zeit und an keiner Stelle bei der *Bürgerlichen Verbesserung der Weiber* eine Gefahr für die Fortpflanzung des menschlichen Geschlechts oder auch nur für Ehe und Familie sieht, ist dieser ganze Bereich einer näheren Untersuchung gar nicht wert. Männer und Frauen werden nicht aufhören, sich zu lieben, zu heiraten und Kinder zu zeugen. Diese Überzeugung setzt Hippel als selbstverständlich voraus. Für ihn geht es letztlich um die Achtung der Frau als Mensch – im Sinne eines mündigen, selbsttätigen und selbstdenkenden Individuums, und um ihre Anerkennung als solches durch den Staat und seine Gesetze.

Hippel fasst schließlich in einem (!) Satz selbst zusammen:

> „Wär' es dem Staate Ernst, die große und edle Hälfte seiner Bürger nützlich zu beschäftigen; fühlte er die große Verpflichtung,

---

[476] vgl. Hippel 1793, S.205
[477] Hippel 1793, S.204
[478] vgl. Hippel 1793, S.226. „Die relativen Bestimmungen des Weibes in der Gesellschaft, insoweit es Weib ist – wer fragt nach diesen? Diese sind so ewig wie die Bestimmungen des Mannes als Mann" Hippel 1793, S.246

diejenigen, die die Natur gleich machte, auch nach Gleich und Recht zu behandeln, ihnen ihre Rechte und mit diesen persönliche Freiheit und Unabhängigkeit, bürgerliches Verdienst und bürgerliche Ehre wiederzugeben; öffnete er den Weibern Kabinette, Dikasterien, Hörsäle, Comptoire und Werkstätten; ließ er dem vermeintlich stärkeren Manne das Monopol des Schwertes, wenn der Staat sich nun einmal nicht ohne Menschenschlächter behelfen kann oder will; und machte er übrigens unter beiden Geschlechtern keinen Unterschied, so wie die Natur es wollte und wie die bürgerliche Gesellschaft es auch wollen sollte, wenn sie sich nicht etwa ihrer natürlichen Herkunft schämt: so würden Staatswohl und Staatsglückseligkeit sich überall mehren, die Menschen wachsen wie die Weiden an den Wasserbächen und die Menschheit ihrer großen Bestimmung mit schnellen Schritten zueilen".[479]

Bei der Forderung nach einer *Bürgerlichen Verbesserung der Weiber* geht es Hippel im Kern also um eine Verbesserung der Menschheit. Im *Nachlass* formuliert Hippel bekräftigend: *"und wer es nicht bemerkt hat, dass die Männer bei meiner Verbesserung der Weiber sich auch verbessern würden, hat mich nicht verstanden"*.[480]

Ein wichtiges Element in Hippels Entwurf ist die sinnvolle und nützliche Beschäftigung von Frauen. Das weibliche Geschlecht könne sich heute noch gar nicht auszeichnen, denn *"es lebt nicht, es spielt das Leben"*.[481] Nur wer eine Aufgabe übernehme, die wichtig für die Gemeinschaft sei, werde nicht müßig sein – der Müßiggang, der Frauen oft vorgeworfen werde, so Hippel, könne erst aufhören, wenn man ihr Wirken und Schaffen nicht mehr auf die Selbsterhaltung und den *"reinen Fortpflanzungstrieb"* beschränke und sie damit *"zum Tier"* herabwürdige.[482] Hippel beklagt, dass man Frauen mit Kleinigkeiten beschäftigt und sie damit an ernsthafter Beschäftigung ihres Geistes hindert. Eine *"reelle Beschäftigung,"* so Hippel, würde *"das Weib, seinen Mann*

---
[479] Hippel 1793, S.208
[480] Hippel 1801, S.151
[481] vgl. Hippel 1801, S.143
[482] vgl. Hippel 1801, S.59

und die Welt befreien" und er fragt: *"Wann wird Tätigkeit aus selbsteigener Wahl einmal aufhören, der königliche Vorzug der Männer zu sein!"*[483] Auf Beispiele zum Beleg seiner Forderungen muss Hippel freilich verzichten. Um die Fähigkeiten und die Anlagen von Frauen zu bürgerlichen Geschäften nachzuweisen, so Hippel, bedürfe es lediglich eines *"treuen Beobachters,"* der eine *"mindeste Kenntnis von den Triebfedern der Weltgegebenheiten hat,"*[484] denn *"dass es hier indes so wenig Beispiele gebe, daran sind wir und nicht die Weiber schuld".* Auf die Schwierigkeit der Beweisführung in Hippels Schrift werde ich im letzten Abschnitt noch einmal zurückkommen. Denn die von ihm konstatierten Vorteile für Staat und Gesellschaft durch die Partizipation von Frauen beruhen letztlich auf der hoffnungsvollen Annahme, dass Frauen sich als so hervorragend erweisen werden, wie Hippel sie darstellt und darauf, ob die herrschenden Männer es überhaupt auf einen Versuch ankommen lassen wollen. Vor dem bereits skizzierten Hintergrund, dass es bei dem Machtverzicht aber auch zu einem Gutteil eigentlich um den Verlust ihrer Männlichkeit geht, ist nicht davon auszugehen, dass sich auch nur ein Mann von der Argumentation Hippels überzeugen ließe.

---

[483] Hippel 1793, S.105
[484] Hippel 1801, S.103

4.5 Bildung und Erziehung

Eine auf einen bestimmten Zweck gerichtete Erziehung bezeichnet Hippel als *„Staatsbedürfnis,"* dem man so langsam beginne, nachzukommen.[485] Ohne ein Ziel in der Erziehung seien die Menschen wie *„irrende Schafe"* und liefen ohne *„Plan und Regel"* in der Gegend herum. Eine Erziehung zum Bürger ist auch für Hippel die wichtigste Voraussetzung für ein friedlichen Zusammenleben der Menschen, da sich die Gesellschaft nur durch die Bestimmungen mündiger Bürger einer gesetzlichen Grundlage und in Form von bindenden Verträgen versichern kann.

Solange Frauen nicht die gleiche Erziehung bekämen wie Männer, könne nicht entschieden werden, ob sie *„dem Mann gewachsen sei"*.[486] Bisher mussten die Frauen ihr Licht unter dem Scheffel verbergen. Die Erziehung ist für Hippel ein Teil der *„moralischen Achse,"* um die sich alles dreht. Die Wichtigkeit der Bildung und Erziehung für den Menschen unterstreicht Hippel, wenn er schreibt: *„Alles, außer sterben, muss der Mensch lernen. Zu allem, sei es gut oder böse, kann er sich gewöhnen"*.[487]

Neben der individuellen Freiheit, die dem Bürger die Sicherheit bietet, alle seine Fähigkeiten zu entwickeln, benötige der Mensch zu seinem Glück auch die Anerkennung und Würdigung seiner Verdienste.[488] Auch wenn die Natur begonnen habe, den Menschen zu schaffen, habe sie den größeren Teil den Menschen selbst überlassen. Der Mensch sei, nach Hippel, sein eigener Bildner – aber nicht im Sinne von Amalia Holst, dass jeder individuell für seine eigene Bildung zu sorgen habe, sondern eher in

---

[485] vgl. Hippel 1793, S.133
[486] Hippel 1801, S.9
[487] Hippel 1793, S.118
[488] „Verdienst und Würdigkeit sind die Bedingungen menschlicher Glückseligkeit, und der Mensch, sein eigener Bildner, kann aus dem Marmorwürfel, den die Natur ihm zuwarf, einen Gott und ein Tier machen – nach Belieben. [...] der Stoff, woraus eine Venus ward, [lässt] sich ebenso gut zu einem Merkur verarbeiten" Hippel 1793, S.15

einem gesellschaftlichem Sinn. Die Gemeinschaft bestimmt bei Hippel, ob aus dem von der Natur gelieferten „*Marmorwürfel*" ein Gott oder ein Tier werde, da die Werte „*Verdienst und Würdigkeit*" nicht in den Händen des Einzelnen liegen, sondern von der Gemeinschaft verliehen werden. „*Merkur*" und „*Venus*" unterscheiden sich hinsichtlich des Stoffes, aus dem sie gemacht sind nicht und bekräftigend führt Hippel aus:

„Die Natur scheint bei Bildung der beiden Menschengeschlechter nicht beabsichtiget zu haben, weder einen merklichen Unterschied unter ihnen festzustellen, noch eins auf Kosten des anderen zu begünstigen".[489]

In der Erziehung darf vom Menschen daher noch keine künstliche Unterscheidung zwischen den Geschlechtern gemacht werden. Bis zum 12. Lebensjahr sollte, so Hippel, die Erziehung der Geschlechter völlig gleich ablaufen, weil es bis dahin ausschließlich um die „*Menschenbildung*" gehe.[490] Die Pädagogik müsse „*Hebammendienste*" leisten, einen Spielraum für die Entwicklung aller Fähigkeiten geben und dürfe nur mit großer Vorsicht intervenieren.[491] Einen geschlechtlichen Unterschied gäbe es laut Hippel bis zu diesem Alter gar nicht – „*das Kind ist geschlechtslos*"[492] und der Mensch sollte der Natur nicht vorauseilen. Mann und Frau seien noch nicht „*geboren*", schreibt Hippel, und daher sei es auch nicht nötig, bei der Erziehung des Kindes auf das Geschlecht Rücksicht zu nehmen. Mit diesem Ansatz erteilt Hippel der populären Meinung, dass nur möglichst frühe Übung und stetige Wiederholung zur Meisterschaft führe, eine Absage. Die Überzeugung Campes, die ich in dem Sprichwort „Was Hänschen nicht lernt, lernt Hans nimmermehr" zusammengefasst habe, findet in Hippels Entwurf keine Entsprechung. Auch

---

[489] Hippel 1793, S.26
[490] vgl. Hippel 1793, S.136
[491] „Aller Unterricht muss sich in diesem Zeitraum auf das einschränken, was der Mensch glauben, wissen und tun soll" Hippel 1793, S.136/137
[492] Hippel 1793, S.135

von Holsts Meinung, dass einmal gemachte Fehler in der Erziehung später nicht mehr gut zu machen seien, grenzt Hippel sich ab. Selbst wenn das Kind – durch Unkenntnis oder falsch verstandene Fürsorge der frühen Erzieherin – *„verzärtelt"* werden sollte, so *„kann die Geschicklichkeit des Erziehers im Knaben- und Jünglingsalter wieder herstellen, was übel verstandene Zärtlichkeit im Kindesalter verdarb".*[493] Eine schwächliche Konstitution des Körpers ist für Hippel viel öfter ein *„Erbteil der Geburt"* als eine Folge von schlechter Erziehung.

Dennoch gilt auch für Hippel der Grundsatz: *„Nur aus unverzärtelten, festen, wackeren Kindern werden unverzärtelte, feste, wackere Leute!"*[494] Er plädiert ebenso wie Holst und Campe für eine *„natürliche"* Erziehung. Hippel begrüßt, dass man bei der Kindererziehung bereits davon abgekommen sei, die Kinder in *„Puppen"* zu verwandeln und sie in *„Federn zu ersticken,"* sowie sie mit *„Theriak oder einer sanften Hirnerschütterung zu betäuben",*[495] wenn sie schreien.[496] Auch von der *„tyrannischen Mode"* sollte man sich endlich verabschieden, so Hippel, und eine Kleiderordnung einführen, welche die natürliche Entwicklung des Körpern nicht hemme, sondern ihn mit den Elementen (Luft, Wasser, Sonne) in Kontakt bringe.

Nach dem Zeitpunkt, den die Natur zur *„Geschlechtsabsonderung"* vorgesehen habe, sollte sich auch die Gesellschaft richten; Hippel schlägt vor, diesen Tag, an dem das Mädchen zur Frau und der Knabe zum Mann wird, zu einem *„festlichen Tag"* zu machen. Bis

---

[493] Hippel 1793, S.139
[494] Hippel 1793, S.140
[495] Hippel 1793, S.139. Theriak ist eine Kräuter- und Gewürzmischung, die bereits in der Antike als Allheilmittel eingesetzt wurde und deren Zusammensetzung bis ins 19. Jahrhundert hinein stets verändert wurde. Da zu einem Gutteil unter anderem Baldrianwurzel und Opium enthalten waren, ist von einer betäubenden Wirkung auszugehen.
[496] Es war zu dieser Zeit noch üblich, Säuglinge bis zu den Schultern in feste Tücher zu wickeln und sie an einem Wand- oder Deckenhaken regelrecht aufzuhängen; daher auch Hippels Ausdruck ‚in Puppen verwandeln'

zu dieser festlichen Initiation, bei der der Knabe sein „*Männerkleid*" bekommen solle, könne die Erziehung aller Kinder „*unter den Händen und der Aufsicht des weiblichen Geschlechts bleiben*".[497] Nach dem 12. Lebensjahr, bei Mädchen bis zum 16., bei Jungen bis zum 18. Lebensjahr, sollten die Jugendlichen

„Geschäfte angewiesen bekommen, wozu sie mit Neigung und Geschicklichkeit versehen sind. Ehre, Rechte und Belohnungen werden alsdann nicht ein Geschlechts – Prärogativ, sondern Folgen des persönlichen Verdienstes"[498] sein.

Der „*persönliche Verdienst*" ist auch das einzige Kriterium, nach welchem Bürger klassifiziert werden dürften. Die Entwicklung zum Menschen ist dabei auch in dieser Phase der Erziehung „*nicht auf zu geben oder nur beiseite zu setzen*". Oberste Priorität der Erziehung solle und müsse in dieser Phase die Ausbildung zum Menschen und vor allem zum Staatsbürger haben. Warum diese Erziehung zum Staatbürger bei Mädchen bis zum 16. bei Jungen hingegen bis zum 18. Lebensjahr dauern sollte, wird von Hippel nicht weiter begründet. Prinzipiell hält Hippel es für angebracht, wenn die Erziehung nun „*bei jedem Geschlechte durch Personen des seinigen*"[499] erfolge, da jetzt der „*besondere Unterricht*" einsetze, der die unterschiedlichen Bestimmungen der Geschlechter berücksichtige. Der allgemeine Unterricht könne und solle aber auch weiterhin von „*Personen beiderlei Geschlechts*" gegeben werden.

Nähere Angaben zu Inhalt und Form von „*besonderem*" und „*allgemeinem*" Unterricht macht Hippel jedoch nicht. Mehr als eine Skizze sollten Hippels „*Verbesserungsvorschläge*" offenbar auch nicht sein. Er bezeichnet sie selbst als einen „*hingeworfenen Umriss*".[500] Gleich zu Beginn seiner Äußerungen zu Erziehung und Unterricht betonte Hippel bereits, dass er sich mit dieser Thematik eigentlich nicht weiter auseinander zu setzen gedenkt:

[497] Hippel 1793, S.137
[498] Hippel 1793, S.143
[499] vgl. Hippel 1793, S.142
[500] vgl. Hippel 1793, S.144

tik eigentlich nicht weiter auseinander zu setzen gedenkt: *„Doch warum mehr Bemerkungen über einen Gegenstand, der jetzt das dritte Wort unserer Schriftsteller ist und auf allen Dächern gepredigt wird?"*[501] Die zentralen Aspekte seiner *„neuen Ordnung"* habe ich dargestellt: Kinder sind zunächst geschlechtslos und dürfen daher von der Erziehung nicht geschlechtsspezifisch behandelt werden. Mit der Geschlechtsreife bekommt die Erziehung eine doppelte oder zweifache Funktion: durch einen besonderen, resp. geschlechtsspezifischen Unterricht werden die jungen Frauen und Männer auf ihre *„relativen Bestimmungen"* in der Gesellschaft vorbereitet. Zentral aber ist und bleibt, dass die Kinder und Jugendlichen durch den vermutlich wichtigeren allgemeinen Unterricht zu Bürgerinnen und Bürgern des Staates erzogen werden.

Hippel empört sich über mögliche Einwände gegen einen koedukativen Unterricht. Gegen den häufig zitierten Einwand, die „Sittlichkeit" sei dabei gefährdet,[502] führt Hippel den koedukativ durchgeführten Religionsunterricht an: *„Warum leiden in dieser Gemeinschule die Sitten nicht, obgleich der Religionsunterricht in Jahren erteilt wird, wo der Geschlechtstrieb äußerst reizbar ist?"*[503] In der Bürgerschule wären beide Geschlechter schließlich ebenso unter Aufsicht – warum soll ein gemeinsamer Unterricht hier schädlicher sein als dort?

Ein weiterer Einwand, dem sich Hippel hinsichtlich seiner konstatierten Vorteile für den Staat und die Gesellschaft gegenüber sieht, ist die besorgte Frage eines fiktiven Opponenten: *„Wird das andere Geschlecht unseren Erwartungen entsprechen? Wird es unsere Bemühung lohnen?"* und er beantwortet diese Fragen fast lapidar mit *„Auf welche Art werden wir uns von der Tragbarkeit des Bodens*

---

[501] Hippel 1793, S.137
[502] vgl. Hippel 1793, S.145
[503] Hippel 1793, S.146

versichern, wenn wir ihn nicht anbauen?"[504] Solange keine ernsthaften Versuche unternommen würden, so Hippel, die Geschlechter in allen bürgerlichen Belangen gleichzustellen, kann über den Gewinn ebenso bloß spekuliert werden, wie über mögliche schädliche Folgen. Hippel ist sich indes sicher, dass alle bürgerlichen Belange in den Händen von Frauen bestens aufgehoben sind – nicht zuletzt deshalb, weil sie die wahren christlichen Tugenden verinnerlicht hätten und wahre christliche Freiheit leben könnten.[505] Anders als Männer, die wahre Christenheit mit *„Selbstrache und Blutvergießen"*, mit dem Stellen von Machtansprüchen interpretieren. Mit einem Verzicht auf Machtansprüche gehe bei Männern, wie schon gesagt, die Furcht vor dem Verlust ihrer Männlichkeit einher.[506]

Solange Hippels *„hingeworfener Umriss"* einer neuen Ordnung, wie oben beschrieben, noch nicht eingeführt werden kann, fordert er:

„öffnet, Männer, der jetzigen weiblichen Jugend je eher je lieber unsere Edukations- und Lehranstalten und erlaubt ihr, an der Erziehung und dem Unterrichte, so wie er hier gelehrt und gelernt wird, teilzunehmen, ohne euch von der Furcht vor nachteiligen Folgen abwendig machen zu lassen".[507]

An dieser Stelle schließt sich der Kreis zu den bereits behandelten *„hämischen Alltagszweifeln"* der Männer, zu dessen Prüfung Hippel aufruft. Dass es *„Anstoß, Aufsehen, Ärgernis und nachteilige Folgen"* geben könnte, sei kein ausreichender Grund, eine *„verwerfliche Einrichtung der Dinge"* beizubehalten.

Frauen seien zum Erziehungsgeschäft bestimmt – das ist *„ohne allen Zweifel"* von der Natur so eingerichtet, betont Hippel, denn *„jedem geistigen Gedanken geben Weiber einen Körper".*[508] Sie achten

---
[504] Hippel 1793, S.146
[505] vgl. Hippel 1793, S.149
[506] vgl. Hippel 1793, S.150
[507] Hippel 1793, S.144
[508] Hippel 1793, S.134

darauf, Kinder nicht mit Wissen zu überfrachten und verknüpfen das Sinnliche mit geistigen Begriffen *"durch Bilder und Gleichnisse"*.[509] Deshalb sollten alle Kinderschulen *"Weiber zu Aufseherinnen und Lehrerinnen haben, weil die Natur das weibliche Geschlecht dazu mit ausgezeichneter Fähigkeit hinreichend ausgestattet hat"*.[510] Hervorzuheben unter den Fähigkeiten der Frauen seien, so Hippel, Reinlichkeit, Sanftmut, Geduld und Ausdauer bei *"anscheinend kleinlichen Beschäftigungen"*, sowie ihre Redefertigkeit und *"andere zur Kindererziehung unentbehrliche Eigenschaften"*.[511]

Sowohl Hippels Appell an die Männer, sich nicht durch falsche Vorurteile den Blick für das Vernünftige und Richtige verstellen zu lassen als auch seine Begründung, dass die Natur Frauen mit allen nötigen Eigenschaften und Fähigkeiten ausgestattet habe, um dem Staat und der Gesellschaft nützlich sein zu können, kehren hier also wieder.

4.6 Die Mühsal des Verstehens: Zur Textgestaltung bei Hippel

Als Beispiel für die Kunst des Formulierens, die Hippel in seinem Text immer wieder zelebriert, möchte ich im Folgenden die Textstelle zitieren, in der er seinen Ansatz zur Beantwortung der Frage, wann, wo und wie der Unterschied der Geschlechter entstanden ist:

> „Diese Fragen, die jeder sich aufwerfen muss, der zu fragen versteht, wenngleich die größte Kunst zu antworten ihm nicht gegeben sein sollte, haben allerdings nicht wenig von der Natur jenes weltberühmten Knotens, der, da geschürzet war, auch wieder hätte aufgelöst werden sollen, den aber Alexander, nach der Weise vieler unserer Dichter, zu zerhauen die unästhetische Dreistigkeit hatte. Ständen wir dem Wann und Wo, der Zeit und dem Raume nach, näher, so würde es wahrscheinlich keines Ödips bedürfen,

---

[509] Hippel 1793, S.135
[510] Hippel 1793, S.137
[511] Hippel 1793, S.138

um bei dieser Meisterfrage eine akademische Prämie von dreißig Silberlingen zu gewinnen und das Wie obendrein zur allgemeinen Befriedigung zu beantworten".[512]

Gleichzeitig illustriert dieses Beispiel auch, dass Hippel bei seinen Lesern viel (Vor-)Wissen voraussetzt. Er zitiert hier den Gordischen Knoten, den Alexander der Große auf seine Weise gelöst hat, um die Herrschaft über Kleinasien zu erlangen – er schlug ihn mit seinem Schwert entzwei, anstatt ihn wie vorgesehen, zu entwirren. Der Hinweis auf „Ödip" mag auf Voltaires „Œdipe" verweisen oder auch direkt den Mythos des König Ödipus zitieren, der immerhin das Rätsel der Sphinx löste, allerdings dafür keine „akademische Prämie von dreißig Silberlingen" erhielt. Das Aussetzen akademischer Prämien für Antworten auf „Meisterfragen" war allerdings zur Zeit Hippels und auch später noch eine bekannte und gängige Methode, einen wissenschaftlichen Diskurs zu führen. „Meisterfragen" wurden zum Beispiel von Universitäten gestellt und eingehende Schriften und Arbeiten zum Thema wurden gesammelt und von einem Expertengremium bewertet. Auf diese Weise fand ein wissenschaftlicher Wettkampf statt – Rousseau ist durch eine solche Preisschrift bekannt geworden und auch der berühmte letzte Satz des Mathematikers Fermat sollte auf diese Weise endlich den Beweis erhalten, den Fermat selbst schuldig geblieben ist.[513] Um am oben genannten Beispiel eine Übersetzung zu wagen, ließe sich nun also anführen, dass das *Wann, Wo* und *Wie* der Entstehung des geschlechtlichen Unterschiedes zeitlich und räumlich so fern liege, dass die Beantwortung dieser Fragen dem Rätsel der Sphinx gleiche; es gälte also diesen Gordischen Knoten zu entwirren, oder ihn wie Alexander, zu zerschlagen, was allerdings eine „unästhetische Dreistigkeit" wäre.

---

[512] Hippel 1793, S.51
[513] Dieses Beispiel ist allerdings ein Beleg dafür, dass auch hohe Geldprämien nicht immer ausreichen, um wissenschaftliche Erkenntnis voran zu bringen – die Fermatsche Vermutung wurde 1670 zum ersten Mal veröffentlicht und erst 1995 bewiesen.

Neben den vielfach ineinander verschachtelten Sätzen, die sich häufig über zehn und mehr Textzeilen erstrecken und einer nichtrepräsentativen Zählung meinerseits zufolge aus über hundert Worten bestehen können,[514] wird das Verständnis des Textinhaltes durch die nötige Voraussetzung einer umfassenden Bildung der Leserin / des Lesers erschwert. Um die Vergleiche, die Hippel zieht, verstehen zu können, muss man mit den zitierten Personen oder Vorkommnissen vertraut sein. Die bekannteren und gängigeren Vergleiche, zum Beispiel aus der Bibel[515] oder der Mythologie[516] lasse ich außer Acht, doch *„wie wär' es, wenn ich ohne Feldgeschrei und Sturmglocke, wie weiland Diogenes, laternisierte und mit einer Handleuchte"*[517] beleuchte, dass Hippel sich einer recht anspruchsvollen Ausdruckweise bedient?

Nach Vergleichen wie zum Beispiel: *„...wie ein paar Angures der alten Zeit.."*.[518] oder *„...wie ein Besuch der Boucaniers auf Tierra del Fuego in den Höhlen der Pescherähs.."*.[519] oder *„...wie die Stoiker und ihr Erzmärtyrer Peregrinus Proteus.."*.[520] muss man bei Hippel nicht lange suchen. Er verwendet auch gern und häufig fremdsprachige Formulierungen, wie zum Beispiel in: *„es hätte sein Malborough s'en va t'en guerre geleiert, und damit wäre alles vergeben und vergessen gewesen"*[521] oder *„als wenn sie in grandum doctoris utriusque medicinae promoviert hätten"*.[522] Dieses letzte Beispiel führt zu einer weiteren Leidenschaft Hippels, dem Verwenden von Fremdwörtern. Campe war schon aus Überzeugung an einer Verdeutschung fremdsprachiger Ausdrücke interessiert, Hippel

---

[514] vgl. z.B. Hippel 1793, S.230
[515] Adam und Eva, David und Goliath, den Turmbau zu Babel usw.
[516] z.B. Jupiter, Venus, Merkur, Paris, Ariadne, Argus, Pegasus, die Argonauten
[517] Hippel 1793, S.12
[518] Hippel 1793, S.22
[519] Hippel 1793, S.29
[520] Hippel 1793, S.45
[521] Hippel 1793, S.114
[522] Hippel 1793, S.34

hingegen verwendet Ausdrücke wie „*inokulieren*",[523] „*subaltern*"[524] oder „*spendivisch*"[525] und bei ihm geht es zum Beispiel um „*Enthusiasmus*",[526] „*Distinktionen*",[527] „*Indigestionen*",[528] „*Negotiation*",[529] „*Indolenz*"[530] und „*Gallizismen*".[531] Es wäre ein *Palliativum*,[532] wenn die Leserschaft um 1800 auch mit heute gängigen Ausdrücken wie „Individualität", „Intuition", „subjektiv" und „konventionell" etwas zu verbinden wussten.

An manchen Stellen ist die heutige Leserin des Textes allerdings eher im Nachteil. So erschließt sich der Ausdruck „*Wir haben unseren Kubach, und alles ist in bekannter Melodie*"[533] heute nicht mehr – ich habe in verschiedenen Lexika und Wörterbüchern nachgeschlagen, ohne fündig zu werden. Aus dem Kontext lässt sich eine Bedeutung ebenso wenig ableiten, da dieser Satz von Hippel zwischen zwei Gedankenstrichen im Text eingefügt ist.

Immer wieder nimmt Hippel Bezug auf z.B. Platon,[534] Sokrates,[535] Aristoteles,[536] Rousseau,[537] Voltaire,[538] Hume,[539] Thomas Payne,[540] Newton,[541] Mirabeau[542] und Machiavelli.[543] Der Leserin / dem Leser des Textes sollten darüber hinaus auch Namen wie Con-

---

[523] Hippel 1793, S.213
[524] Hippel 1793, S.211
[525] Hippel 1793, S.214
[526] Hippel 1793, S.233
[527] Hippel 1793, S.89
[528] Hippel 1793, S.241
[529] Hippel 1793, S.243
[530] Hippel 1793, S.249
[531] Hippel 1793, S.42
[532] Hippel 1793, S.237
[533] Hippel 1793, S.157
[534] Hippel 1793, S.16, S.56, S.143, S.233
[535] Hippel 1793, S.134, S.152, S.176, S.179, S.184, S.233
[536] Hippel 1793, S.93, 231
[537] Hippel 1793, S.10, S.135, S.250
[538] Hippel 1793, S.41-43, S.174, S.180, S.250
[539] Hippel 1793, S.174, S.193, S.213
[540] Hippel 1793, S.16, S.25
[541] Hippel 1793, S.20, S.216
[542] Hippel 1793, S.121, S.189
[543] Hippel 1793, S.108, S.250. Bei den Seitenangaben erhebe ich keinen Anspruch auf Vollständigkeit; es ist eine Auswahl.

damine, Maupertui, Linné, Rorarius, Helvetius, Cartesius, Divus Justitianus, Haller, Prokop, Alphonsus, Johnson, Franklin, Robinet, Montaigne, Cicero, Seneca, Terraston, Galen, Burke, Young und Herschel etwas sagen. Hippel zitiert diese höchst selten wörtlich, sondern geht eher kommentierend auf sie ein oder verwendet die Namen als beispielhaften Beleg, wie zum Beispiel in: *„Leibniz war so wenig Professor Philosophiae als Wieland Professor Poëseos",*[544] oder *„wenigstens gab es keinen Geister-Linné, der sie klassifizierte".*[545]

Der Text wirkt zudem nur sehr grob gegliedert. Gut 250 Textseiten sind in nur sechs Kapitel unterteilt, wobei das erste und das letzte Kapitel die vier mittleren, zentralen Kapitel des Textes, eher kommentierend einrahmen. Hippel kommt auf knapp 220 Textseiten mit einer thematischen Unterteilung in nur vier Kapitel aus. Die zahlreichen Abschweifungen und Exkurse erschweren das Erkennen einer klaren argumentativen Linie im Text erheblich. Verglichen mit anderen zeitgenössischen philosophischen Schriften, ist die *Bürgerliche Verbesserung* kein sehr schwieriger Text. Im Vergleich jedoch mit anderen Schriften des gleichen thematischen Inhalts, sind die von Hippel verwendeten sprachlichen Mittel ein auffälliges Merkmal.

---

[544] Hippel 1793, S.230
[545] Hippel 1793, S.36

4.7 Einschätzung zur Wirksamkeit des Hippel-Textes.

Der Text ist, wie ich im letzten Abschnitt deutlich gemacht habe, in jedem Fall für heutige Leser nicht leicht zu fassen, da es einer nicht unerheblichen Übersetzungs- und Deutungsarbeit bedarf. Dies gilt für den anspruchsvollen Satzbau ebenso wie für das nötige Vor- oder Hintergrundwissen, sowie für die notwendige Arbeit des Herausarbeitens der zentralen Aspekte und Argumentationsstrukturen. Hippels Schrift ist theoriegeleitet, auch wenn sie eher einen essayistischen Eindruck hinterlässt. Die hinter Hippels Ausführungen stehenden Theorien bezüglich der Gesellschaft und dem Aspekt der Macht sind alles andere als simpel und müssen von der Leserin / dem Leser erst erarbeitet werden. Das theoretische Konstrukt zu entschlüsseln, musste auch von der damaligen Leserschaft erst einmal geleistet werden.

Wenn man Hippel folgt, will er das weibliche Geschlecht *„aufmuntern"* die Erlösung aus seinem Sklavendasein zu *„verdienen"* – für wen schreibt Hippel aber tatsächlich? Er appelliert an die Männer, der *„anderen Hälfte der Menschheit"* endlich Gerechtigkeit widerfahren zu lassen – und dies ist, wie ich versucht habe zu zeigen, durchaus konsequent, denn die *„herrschenden Männer"* sollen einsehen, dass sie nur falsche Vorurteile und fadenscheinige Gründe vorschieben, um Frauen in ihrer unmündigen Situation zu halten. Die Männer sollen erkennen, dass es nur ihre diffuse Furcht vor Machtverlust ist, die sie von den richtigen Schritten zum Wohle des Staates und der Entwicklung der Gesellschaft abhält. Also ist die wahre Zielgruppe Hippels die Männer und nicht die Frauen, die er *„aufmuntern"* möchte? In diesem Fall allerdings wird Hippels Entwurf inkonsequent, nämlich indem er sich weigert, die Angst der Männer vor Machtverlust mit der tief sitzenden Furcht vor Männlichkeitsverlust zu durchdenken und argumentativ zu entkräften. Die männlich konnotierten gesellschaftlichen Zuschreibungen von Werten wie Ehre werden von Hippel nicht weiter ausgeführt und damit kommt er analytisch an die wahre Furcht von Männern gar nicht heran. Seine Appelle an den Gerechtigkeitssinn und die prinzipielle Vernunft von Männern reichen nicht aus, um eine *„männliche Furcht"* vor dem weiblichen Geschlecht zu entkräften – im Gegenteil schürt Hippel bestehende Ängste und Befürchtungen mit der Überhöhung der spezifisch weiblichen Fähig- und Fertigkeiten. Mit vernünftigen Prinzipien argumentiert Hippel gegen Emotionen und *„Alte Sitte"*. Damit möchte er Männer und Frauen überzeugen. Es ist aber wohl so, dass sich Männer wohl viel eher angesprochen – und angegriffen fühlen müssen als Frauen.

Über verkaufte Exemplare und Auflagenzahlen der *Bürgerlichen Verbesserung* ist mir nichts Genaues bekannt. Sicher ist nur, dass sich diese Schrift nicht so gut verkaufte, wie Hippels *Über die Ehe*.[546] Zu einer möglichen Buchwirkung äußert sich Hippel selbst.[547] Er ist dabei der Ansicht, dass es keine Rolle spiele, in wie vielen Auflagen der Text erscheine; am Ende scheint es nur wichtig, ob das Geschriebene zu überzeugen vermag. Die Zahl der verkauften Exemplare erlaubt dabei in der Tat keinen Rückschluss auf die Menge der Leserinnen und Leser, die sich der

---

[546] vgl. dazu auch die Ausführungen in Abschnitt 4.1

[547] „Es ist ja nichts weiter als ein Buch, das ich verbreche; wahrlich eine Kleinigkeit. Wirkte je eins? Auf frischer Tat? An Stell' und Ort? [...] Wahrlich, es hat auf die Wirkung keinen Einfluss, ob ein Buch zehn, fünf oder nur eine Auflage erlebt; und der Autor, der nach Anzahl der verkauften Exemplare ein angeworbenes Heer mit ihm gleichdenkender Menschen, die vermittelst seines Buches Handgeld genommen, berechnen will, scheint weder Bücher noch Menschen zu kennen [...]. Einer jeden Schrift, sie sei wes Standes oder Ehren sie wolle, stehet das gewöhnliche Schicksal aller Schriften bevor: gelesen und vergessen zu werden, falls sie sich bloß auf Meinungen einschränkt [...] Gelingt es mir indes, Leben und Erfahrung in mein Büchlein zu legen und einen Geist in die toten Buchstaben zu hauchen, so werd' ich wenigstens auf einen Teil der Ehre rechnen können, welche sich der mündliche Vortrag gegen den schriftlichen herausnimmt, indem es von ihm heißt: der Glaube kommt durch die Predigt" Hippel 1793, S.19

Meinung des Autors angeschlossen haben.[548] Hippel baut auf innere Wirkmechanismen der Schrift, die darin bestehen, der eigenen Meinung und vertretenen Position „*Leben, Geist und Erfahrung*" einzuhauchen, um das Schicksal des Vergessens von der Schrift abzuwenden. Hippel bestätigt meine Einschätzung zur Wirksamkeit von Campes *Väterlichem Rat*, wenn er dem mündlichen, lebendigen und emotionalen Vortrag die größere Wirkung zugesteht; der „*Glaube,*" d.h. die Überzeugung kommt durch die „*Predigt*".

Hippel ist – das dürfte bis hierher klar geworden sein – im Vergleich mit Campe als Prediger aber eher unbegabt. Angesichts der von Hippel angeführten Thesen und Behauptungen ist dies fatal für die innere Textwirkung. Er *behauptet*, dass die Gesellschaft zu einem echten Fortschritt nur durch die Freilassung der Frauen kommen könnte. Wie es aber dann konkret aussehe, wenn Frauen Richterinnen, Ärztinnen und Politikerinnen wären, überlässt er der Phantasie der Leser/innen. Die angesprochenen Männer, die ihre Ängste überwinden sollen, werden diese Vision allerdings nicht als Befreiung, sondern im Gegenteil als Bedrohung empfunden haben. Auch wenn Hippels Schrift der „*Geist*" in keinem Fall abgesprochen werden kann, so muss sie auf die wichtige Plausibilitätsressource der Erfahrung verzichten. Auf bisherige Erfahrungswerte kann sich Hippel als Beleg für seine Thesen nicht berufen. Er weiß, dass Erfahrungen „*subjektive Überzeugungen*" hervorbringen können, verweist allerdings auf die Gefahr, die das Berufen auf Erfahrung mit sich bringt, indem er zu bedenken gibt: „*eine allgemeine Wahrheit auf diesen Grund zu*

---

[548] Zudem muss die zu dieser Zeit gängige Praxis des Vorlesens mitbedacht werden. Für alle hier behandelten Schriften gilt, dass schlicht nicht ausgesagt werden kann, wie viele Leserinnen sie tatsächlich erreicht haben mögen. Darüber hinaus kann auch kaum eingeschätzt werden, wie viele andere Autoren sich von den Schriften inspirieren ließen. Dazu ist der noch vorhandene Bestand der Schriften um 1800 entweder zu lückenhaft erhalten oder aber – und dieser Umstand wiegt wahrscheinlich schwerer – noch überhaupt nicht gesichtet und ausgewertet.

bauen, reichen nur Erfahrungen hin, die so allgemein sind wie die Wahrheit, der sie zur Unterlage dienen sollen"[549] Hippel weist damit auf die Form der zirkulären, in sich geschlossenen Argumentation hin, die immer schon als Prämisse voranstellt, was sie argumentativ belegen soll. Und er fragt zu recht:

> „Haben wir wirklich bereits einen solchen Vorrat an Erfahrungen, dass wir ein System wagen können, nach welchem für die ganze Hälfte des menschlichen Geschlechts eine so nachteilige Unterscheidungslinie sicher gezogen werden kann?"[550]

Und er hat ja Recht, es gibt seinerzeit keine Erfahrungen, die belegen, dass Frauen *nicht* das werden können, was Hippel prophezeit. Die Lage ist verzwickt und vergleichbar mit den Schwierigkeiten, die heute ehrliche Politikerinnen haben, wenn sie nur mit ihrer Überzeugung ausgestattet gegen Populisten antreten müssen.

Auf die Benennung von Beispielen als Beleg für seine Thesen, dass Frauen sogar besser als Männer geeignet seien für alle Staatsgeschäfte, Künste und Wissenschaften, muss Hippel allerdings auch verzichten und schreibt selbst:

> „Wahrlich, Weiber sind nicht nur zu Wissenschaften und Künsten auferlegt, sondern zu Geschäftsverwaltungen geboren, wenn gleich hier noch weniger Beweise, als in Hinsicht der Wissenschaften und Künste geführt, und öffentliche Beispiele genannt werden können".[551]

Es können keine *„Beweise geführt"* und keine *„Beispiele genannt"* werden. Seine Argumente fußen damit auf einer im Wortsinn utopischen Basis; weil die von ihm konstatierten Vorteile und Vorzüge von Frauen in der existierenden Gesellschaft, resp. im täglichen Leben (noch) keinen Ort haben. Mögen die Vernunftgründe, auf die sich Hippel deshalb jenseits aller Erfahrung be-

---

[549] Hippel 1793, S.37
[550] Hippel 1793, S.37/38
[551] Hippel 1801, S.98

ruft, auch noch so zwingend sein – die unmöglich scheinende Umsetzbarkeit seiner Thesen verschließen seiner Argumentation die wichtigste Plausibilitätsressource: Anknüpfung an Bekanntes oder Bestehendes.

Im Grunde fordert Hippel eine völlig neue Gesellschaftsordnung. Die mit dieser Umwälzung einhergehenden Unsicherheiten, Zweifel und Ängste seiner gegen seine Ansichten opponierenden Zeitgenossen, werden dabei von ihm nicht recht ernst genommen, sondern als *„hämische Alltagszweifel"* abgetan. Hippel bringt es auf den Punkt, wenn er schreibt:

> „Soll eine verwerfliche Einrichtung der Dinge, und wenn sie tausend mal tausend Jahre gewährt hätte, auch bei dem unbehaglichen Gefühl des Nachteiligen, bei der gewissen Aussicht einer besseren Zukunft, darum noch ungestört fortdauern, weil ihre Abänderung mit Schwierigkeiten, vielleicht mit anscheinend bedenklichen Folgen verknüpft sein kann?"[552]

Den Frauen die bürgerlichen Rechte vorzuenthalten, ist prinzipielles Unrecht. Dieses Unrecht zu beseitigen, wird aber schwierig – und das nicht nur, weil bestehende gesellschaftliche Strukturen eingerissen und neu errichtet werden müssen, sondern auch weil die Folgen dieses Umsturzes noch überhaupt nicht absehbar sind. Für Hippel steht zwar außer Frage, dass nie etwas getan werden würde, wenn alle möglichen Folgen der Handlung immer bis zur Gänze ängstlich abgewogen werden würden; Menschen mit einer eher konservativen Einstellung würden dieses Vorgehen aber eher als verantwortungslosen Blindflug abtun. Prinzipiell ist Hippel der Meinung, wenn etwas falsch, im Sinne von unvernünftig und unrecht ist, muss es geändert werden. Alle Befürchtungen und alles Berufen auf die Tradition muss hinten angestellt werden, bis die gemachten Erfahrungen tatsächlich Aufschluss über richtig oder falsch geben könnten. Zweifel und Bedenken dürften, so Hippel, nicht von der Umset-

---

[552] Hippel 1793, S.145

zung des prinzipiell Richtigen abhalten – sonst käme die Menschheit keinen Schritt weiter. Jedoch ist das, was Hippel skizziert in der Tat nur eine *„gewisse Aussicht"* auf eine bessere Zukunft. Dieser Ausblick, den Hippel mit seinen Forderungen unternimmt, ist vage und unsicher.

Aus diesem Grund kommen auch zeitgenössische Kritiker zu der Überzeugung, Hippels Schrift enthalte

„Behauptungen, die so sehr gegen alle Erfahrung streiten, Paradoxen, die so ungeheuer, Vorschläge, die so ganz unausführbar und schimärisch sind, dass man sie schwer mit den übrigens so hellen Blicken, den Einsichten, der Menschenkenntnis des Vf. [Verfassers] reimen kann".[553]

Auch Amalia Holst, die Hippels Schrift ihren Leserinnen ausdrücklich empfiehlt, bemerkt in einer Fußnote: *„Ich glaube vielmehr, dass eine solche völlige Umwälzung in den bürgerlichen Verhältnissen viel Verwirrung hervorbringen möchte".*[554] Hippel verkennt in seinem an Leichtsinnigkeit grenzenden, optimistischen Entwurf der zukünftigen Gesellschaft das herrschende Sicherheitsbedürfnis seiner Zeitgenossen, welches auch mit klaren Geschlechterverhältnissen einhergeht.

Aus heutiger Sicht ist die vernünftige und prinzipielle Argumentation Hippels, in der er sich auf die Gleichheit aller Menschen beruft, um auch für alle Menschen die gleichen Rechte einzufordern, sicherlich eine der stärksten.[555] Auch wenn Hippel sich auf die hervorragenden Fähigkeiten und Anlagen von Frauen – und damit letztlich wieder auf eine spezifische Weiblichkeit – beruft, um seine Forderungen zu stützen.

---

[553] Rezension der *Bürgerlichen Verbesserung* in „Allgemeine Literatur-Zeitung" Nr. 387, II, Dezember 1794; vgl. Honegger 1991, Anm. 138
[554] Holst, S.19
[555] nicht zuletzt deshalb, weil wir uns infolge der normativen Implikationen der Aufklärungsbewegung an das Konzept der *„rationalen Zustimmungsnötigung"*, d.h. dem für wahr Erachten einer bestimmten Sachlage vermittels des Belegens mit „guten" Gründen „gewöhnt" haben. (vgl. Kopperschmidt, 2000)

Die Unterdrückung der Frau hat, wie Hippel betont, Tradition, ja vielleicht sogar seit „*tausend mal tausend Jahren*" Bestand. Auch wenn diese Tradition durch ihren langen Bestand nicht richtiger wird, so sind die Folgen heute (und waren es um 1800) zu beobachten und eine ernsthafte Auseinandersetzung mit bedenklichen Folgen und zu erwartenden Schwierigkeiten bei der Änderung dieser „*verwerflichen Einrichtung*" sollte in jedem Fall stattfinden. An der Ernsthaftigkeit Hippels zum Thema der weiblichen Bildung kann in der *Bürgerlichen Verbesserung* aufgrund der zu weit gehenden Forderungen nach radikalen Umbrüchen in der gesellschaftlichen Organisation aber durchaus gezweifelt werden. Hippels Entwurf verunsichert und lähmt; er schürt (männliche) Ängste, ohne wirkliche Alternativen oder neue Möglichkeiten im Verhältnis der Geschlechter zueinander aufzeigen zu können.

5. Bildung befördert die Vernunft. Zusammenfassung und Ausblick

Die hier behandelten Schriften von Campe, Holst und Hippel wurden in der bisherigen wissenschaftlichen Auseinandersetzung, wie ich einleitend bereits ausgeführt habe, zu oft unter dem Aspekt der willkürlichen Unterdrückung und Kleinhaltung der Frauen (Campe) und dem der sich dagegen auflehnenden *„Gegenstimmen"* (Holst, Hippel) betrachtet, um eine inhaltliche Differenz der jeweiligen Texte, sowohl in Bezug auf die vermittelten Inhalte als auch in Bezug auf ihre sprachliche Form, aufzeigen zu können. Die Texte wurden oft nur verschlagwortet und in dieser inhaltlich stark reduzierten Weise als Belege für ein Täter-Opfer-Modell bezüglich der Analyse des Geschlechterverhältnisses verwendet.

Wenn man sich also fragt, warum sich diese alternativen Entwürfe (Holst, Hippel) nicht gegen die Entwürfe des *Mainstreams* (Campe) durchsetzen konnten, dann ist m.e. ein genauer Blick in die Originalschriften unumgänglich. Es ist in der vorliegenden Arbeit deutlich geworden, dass die Texte selbst genügend Anhaltspunkte bieten, um Aussagen hinsichtlich ihrer Wirksamkeit machen zu können. Eine besondere Aufmerksamkeit lag dabei auf der inneren Wirkung, welche die Texte aufgrund der textimmanenten Prämissen und der verwendeten Begründungszusammenhänge und Belegstrategien entfalten können. Dieser genauere textanalytische Blick hat gezeigt, dass der Entwurf von Campe praktisch alle argumentativen Vorteile hinsichtlich der Überzeugungskraft auf seiner Seite hat; vom guten Ruf des Autors als erfolgreicher Erzieher (also Campes Bekanntheitsgrad) bis hin zu der didaktisch aufbereiteten Textgestaltung und der bildlichen Ausdrucksweise. Die persönliche, emotionale Ansprache Campes an seine Leserin, mit der es dem Autor des *Väterlichen Rats* gelingt, einen vertraulichen Konversations- und Edukationsraum zu schaffen, spielt dabei eine ebenso große Rolle wie die wichtige Abgrenzung des Bürgertums vom Adel, mit der Campe den bürgerlichen Lesern ein aufwertendes Wir-Gefühl vermittelt. Nicht zuletzt kann sich Campe auf Erfahrungswerte berufen und diese als sicheres Wissen in Szene setzen. Campe stellt das bisherige Wertesystem der geschlechtlichen Ordnung nicht in Frage, sondern erarbeitet eine Möglichkeit, wie und auf welche Weise Frauen unter den herrschenden gesellschaftlichen Bedingungen seiner Zeit und aus eigener Kraft glücklich werden können. Alles in allem kann Campe mit seinem Entwurf quasi eine Garantie für ein gelingendes Frauenleben unter Berücksichtigung aller bestehenden Abhängigkeiten abgeben.

Amalia Holst rückt in ihrem Entwurf zunächst vom individuell gelingenden Frauenleben ab. Für sie steht, wie sie selbst schreibt, der Fortschritt der Menschheit im Vordergrund. Die Menschheit kann sich, so ihre These, als Ganzes nicht weiterentwickeln, wenn Frauen auf dem Gebiet der *„höheren Geistesbildung"* zurückbleiben. Die Bedeutung ihrer Forderung nach der *„echt und wahrhaft"* gebildeten Frau wird für das praktische Leben, den zu meisternden Alltag von Frauen, allerdings nicht deutlich; im Gegenteil gleichen sich die Konsequenzen ihres Entwurfs für einen individuellen weiblichen Lebensentwurf an die von Campe erörterten recht genau an. Hinzu kommt ihre herablassende Haltung gegenüber den unteren sozialen Bevölkerungsschichten, den *„niederen Ständen"*, die auch zukünftig nichts als *„Domestiken"* sein werden und sein sollen. Gerade mit dieser Haltung offenbart Holst, dass es ihr beim menschlichen Fortschritt nicht um die ganze Menschheit geht – damit verrät sie ihre eigene Argumentationsgrundlage, welche auf der universellen Implikation der Aufklärung, nämlich der prinzipiellen Gleichheit aller Menschen aufbaut.

Eben dies findet sich bei Hippel nicht. Er ist letztlich zu seiner Gleichheitsforderung hinsichtlich der Bürgerrechte für Frauen konsequent gezwungen; seine Forderung der gleichberechtigten

Partizipation von Frauen in allen Bereichen des gesellschaftlichen Lebens folgt aus seiner Überzeugung, dass alle Menschen gleich sind und sich die Bürgerrechte aus den allgemeinen Menschenrechten ergeben müssen. Da Frauen Menschen sind, haben sie unbestreitbar Menschenrechte und müssen demnach auch Bürgerrechte erhalten. Wenn Frauen Bürgerrechte erhalten müssen, dann müssen sie auch befähigt werden, diese nicht nur passiv auszuüben – in dieser Konsequenz fallen alle geschlechtsbedingten Unterscheidungen hinsichtlich der Erziehung, der Bildung und auch der Berufswahl und Berufstätigkeit weg. Vor dieser ungeheuerlichen Konsequenz, die so viel Umwälzung, eine solch radikale Neuerung der ganzen Gesellschaft mit sich bringen würde und die deshalb auch so viel Unsicherheit bezüglich des prognostizierten Vorteils in sich birgt, schreckt zunächst wohl jeder Leser und vor allem jede Leserin zurück. Zusammen mit dem das weibliche Geschlecht überhöhenden Pathos Hippels ergibt der Text eine für seine Zeitgenossen verwirrende Mixtur. Bestehenden, von Hippel selbst konstatierten (männlichen) Ängsten vor Macht- und Kontrollverlust kann er mit seinem Entwurf nicht adäquat begegnen. Ob die weibliche Macht, die Hippels Entwurf heraufbeschwört, wirklich wahr wird oder nicht, ist dabei nicht weiter von Belang; *„jedenfalls fungiert sie als Schreckgespenst, [...] denn wahr wird diese Macht schon durch die Angst, die sie hervorruft"*.[556]

Wenn es richtig ist, dass Meinungen sich auch auf Grund überzeugend geführter Rede ändern können, dann muss hinsichtlich des Geschlechterverhältnisses berücksichtigt werden, dass es sich nur um normative Argumentationen handeln kann, welche eingesetzt werden können, um zu überzeugen. Die sich entwickelnde Wissenschaft vom Menschen brachte um 1800 eher Erkenntnisse über die Unterschiede zwischen der männlichen und der weiblichen Biologie hervor – das bedeutet, die Sachlage

---

[556] Fraisse, S.81

sprach eindeutig für eine geschlechtsspezifische Differenz und weniger für eine Gleichheit aller Menschen.[557] Letzteres war allerdings Bestandteil der normativen Implikation der Aufklärungsbewegung. Die theoretischen Schwierigkeiten liegen auf der Hand: um beide Erscheinungen zu retten, muss eine differenzierte (oder differenzierende) Gleichheit entwickelt werden – Campe schaffte dies mit seiner zusätzlichen normativen Setzung einer spezifisch weiblichen Bestimmung, die in die *„menschliche Bestimmung"* quasi eingebettet wurde. Er eröffnete Frauen mit seinem Entwurf einen ganz eigenen, selbständigen Wirkungskreis. Dieser war auch für Holst der Inbegriff jeglicher weiblicher Bestimmung. Ihre zusätzliche Forderung, die auf der Annahme einer prinzipiellen Gleichheit der Geisteskraft der Geschlechter beruht, soll sicher stellen, dass Frauen in ihren Bildungsbestrebungen zumindest nicht „behindert" werden dürfen. Doch diese Forderung verliert an Plausibilität durch den eingestandenen Umstand, dass diese *„höhere Geistesbildung"* für Frauen auch keinen anderen oder erweiterten Wirkungskreis eröffnet. Die Frau selbst sieht durch ihre höhere Geistesbildung nur sehr viel klarer und inniger ein, dass sie sich aus allen öffentlichen Belangen heraushalten sollte und muss. Es ist nicht ihre Bestimmung, das erworbene Wissen zum Selbstzweck, also zum Broterwerb oder einfach aus „Lust am Lernen" einzusetzen. Es dient einzig und allein der verbesserten Ausübung ihres „natürlichen Berufes" als Gattin, Hausfrau und Mutter. Wo also für Campe das Thema der Gleichheit der Geschlechter eine untergeordnete Rolle spielt, weil er bereits dem Konzept der *„weiblichen Sonderanthropologie"* folgend die geschlechtliche Differenz betont, versuchen Holst und stärker noch Hippel die Grundannahme einer natürlichen Gleichheit der Geschlechter aufrecht zu erhalten. Claudia Honegger betont, dass vielen Frauen und Männern der Aufklärungszeit die Suche nach einer Geschlechterdifferenz als *„unwür-*

---

[557] vgl. Honegger: zur Entwicklung einer „Sonderanthropologie" der Frau

dig des neuen Geistes der Illumination" erschien; *„die natürliche und konstitutionelle Gleichheit der Geschlechter schien ihnen noch fraglos. Genau diese ‚aufgeklärte' Argumentation aber erscheint wenig später zunehmend als ‚reine' oder bloße Philosophie, schlimmer noch: als empirisch unhaltbar".*[558] Die empirische Forschung der Anatomen bringt den Unterschied in der körperlichen Organisation der Geschlechter ans Licht und das Bestreben, den Menschen wieder als eine Einheit von Geist und Körper zu denken, also die cartesische Trennung zwischen der ‚*Res cogitans'* und der ‚*Res extensa'* wieder partiell aufzuheben, führte zu der Erkenntnis, dass sich Frauen und Männer eben auch in ihrer psychischen und moralischen Organisation fundamental unterscheiden. Wo Geist und Körper als Ganzheit, d.h. in wechselseitiger Abhängigkeit zueinander stehend, gedacht werden, da erscheint jede Argumentation, die einen physischen Unterschied zugeben muss, einen psychisch-moralischen allerdings verneint, als rückschrittlich. In diesem Sinne ist es wieder Campe, der mit seinem *Väterlichen Rat* das neue Wissen der Zeit transportiert und somit seine Meinung vor dem Hintergrund des herrschenden Paradigmas als fortschrittlicher und innovativer gewertet werden muss als die von Holst und Hippel.

Bewegt man sich auf einem argumentationsanalytischen Niveau, kann man, wie Elke Spitzer nachgewiesen hat, die Entwicklung von Argumenten zur Frauen- und Mädchenbildung bereits im späten Mittelalter beginnen lassen. Ideengeschichtlich ergeben sich Verbindungen von der sogenannten „Querelle des Femmes" bis weit in das 19. Jahrhundert hinein. Bei den realen und / oder ideell zugestandenen Möglichkeiten von Frauen der Partizipation an (höherer) Bildung, die mit der Frage begann, ob *„die Weiber Menschen sind"*, handelte es sich noch lange nicht um eine Frage, die die gesamte Gesellschaft als konstituierendes Moment beschäftigte. Auch um 1800 ist die Frauen- und Mädchenbildung

---

[558] Honegger 1991, S.141

vorwiegend privat organisiert; höhere Frauen- und Mädchenbildung findet da statt, wo man es sich leisten kann, es herrscht eine gewisse zweckgebundene Standesfreiheit, d.h. jeder gesellschaftliche Stand spielt nach eigenen Regeln. Erst mit der Idee des Bürgerstaates, welche durch die Idee des aufgeklärten, vernünftig handelnden Individuums und der Idee prinzipieller Gleichheit aller Menschen getragen wird, beginnt die Frage der Mädchen- und Frauenbildung eine Angelegenheit des Staates zu werden und drängt in die öffentlichen Diskurse. Damit wird die Frauen- und Mädchenbildung zu einem öffentlichen und pädagogischen Interesse. Sehr viel stärker als vor der Französischen Revolution findet eine neue Differenzierung der Gesellschaft über die Frage der Geschlechtszugehörigkeit statt. Dort wo die gesellschaftliche Differenzierung nach dem von der Geburt definierten Stand zu schwinden beginnt, entstehen neue Zuordnungsversuche, neue Muster, mit denen die Gesellschaft geordnet werden kann. Eine dieser neuen Differenzierungskategorien ist die Geschlechtszugehörigkeit. Wenn Frauen ihr prinzipielles Mensch-Sein bereits zugestanden wird, dann geht es vorrangig um die Frage, wie und auf welche Weise das Problem der geschlechtlichen Ungleichheit gelöst werden kann. Die Frage, wie sich das Verhältnis zwischen Frau und Mann gestaltet, wird interessanter als die Frage nach dem Verhältnis zwischen Herzog und Kaufmann. Die Intention zeitgenössischer Schriften das tradierte Muster des Frau-Mann-Verhältnisses aufrecht zu erhalten, ist offensichtlich – denn die faktischen Unterschiede in der körperlichen Organisation der Geschlechter scheinen plausible, wissenschaftlich fundierte Gründe dafür zu liefern.[559] Die wichtige Funktion der Kategorie Geschlecht bei der gesellschaftlichen Differenzierung wird am faktischen Ausschluss der Frauen in Frankreich sichtbar: *„Die Frauenclubs werden 1793 geschlossen, und die Grundsätze und Gesetzesparagraphen des Code civil verweigern*

---

[559] vgl. erneut Honegger 1991

dem weiblichen Geschlecht die Staatsbürgerrechte".[560] Der demokratische Grundgedanke, dass das Recht eines Menschen das Recht aller Menschen sei, führt paradoxerweise dazu, dass Ausnahmen von der Regel nicht mehr zugelassen werden können; d.h. wenn es für einzelne Frauen zuvor als durchaus legitim, wenn auch exzentrisch, galt, sich mit so unweiblichen Gegenständen wie der Mathematik zu beschäftigen, dann führen solche Ausnahmen nun zu Verunsicherungen, weil sie zur Regel werden könnten. Die neuen Regelungen hinsichtlich des Geschlechterverhältnisses müssen deshalb normativ-bindend für alle Frauen sein.

Wie sich an Campes Konzept ablesen lässt, werden Versuche unternommen, auf die Frage der geschlechtlichen Ungleichheit in der bewährten, tradierten Weise zu antworten. Dies ist nicht selbstverständlich, aber nachvollziehbar, denn dort wo sich eine ganze Gesellschaft beginnt umzugestalten, liegt der Versuch nah, an so viel Bekanntes wie möglich anzuknüpfen. Die traditionelle Geschlechterhierarchie ist eine solche bekannte Größe – sie sollte den nötigen gesellschaftlichen Umbau möglichst schadlos überstehen. Dafür muss die bekannte Einrichtung allerdings auf die neue, veränderte Basis verpflanzt werden und normativ-bindend verankert werden. Deshalb arbeitet dieser Verankerungsversuch auch mit den Mitteln der erneuerten Basis, welche aus der Idee der Gleichheit aller Menschen, der aus ihrer Vernunftbegabtheit resultierenden prinzipiellen Freiheit und ihrer Individualität besteht. Auch Campe erkennt die prinzipielle Gleichheit aller Menschen an, auch er rückt nicht von der *„Vernunftbegabtheit"* der Frauen ab – ganz im Gegenteil appelliert er an die Vernunft und Einsicht von Frauen, den typischen Beruf als Hausfrau, Gattin und Mutter ideologisch zu verinnerlichen. Die Frau mag keine Freiheit haben, Richterin zu werden, aber es bleibt ein freiheitlicher Entschluss, von ganzem Herzen zu wollen, was sie soll. Die freie Willensäußerung von Frauen, sich in ihrem Wirkungs-

---

[560] Fraisse, S.79

kreis voll entfalten zu wollen, ist ein Garant für ihre prinzipielle Freiheit als Mensch. Basierend auf den Werten Vernunft, Gleichheit und Freiheit, wird das Gebäude der traditionellen Geschlechterhierarchie neu errichtet.

Der von mir angesprochene Konflikt, das Problem eine alte Einrichtung auf eine neue Basis zu verpflanzen, wird durch einen Monolog des männlichen Helden in Caroline Auguste Fischers[561] Roman *Die Honigmonathe* (1802) illustriert:

> „Wollen da raisonieren! – wollen da untersuchen, ob wir Recht haben, die Herren zu spielen. Eine schöne Geschichte! – Recht oder Unrecht! Genug, was wir sind, das sind wir, und werden wir, so Gott will, schon bleiben. So etwas ist unerhört – und dazu in unseren Zeiten! [...] Das kommt von den vermaledeiten Aufklärern. Könntet ihr dann nur zur rechten Zeit Einhalt tun. Ja! Bändigt einmal den Strom; wenn ihr die Dämme eingerissen habt. Aus Grundsätzen sollten die Weiber gut sein? – Zum Henker mit euren Grundsätzen! Der Spinnrocken und die Nähnadel, allenfalls die Bibel und das Gesangbuch, und statt aller Grundsätze ein männliches D u s o l l s t ! – So hieß es in alten Zeiten, und unsere Väter befanden sich wohl dabei".[562]

Angesprochen ist hier der Zweifel, ob dieses Verpflanzen auf die neue Grundlage und damit die neue Verankerung der alten Ordnung überhaupt gelingen kann. Die *„vermaledeiten Aufklärer"* haben in dieser zitierten pessimistischen Perspektive etwas in Gang gesetzt, das sie nicht aufzuhalten in der Lage sein werden. Zudem werden Männer in eine Legitimationsnot gebracht, was das Geschlechterverhältnis angeht und in eine Diskussion verstrickt, die sie gar nicht führen möchten. Campe sieht durchaus, dass die Verpflanzung der alten Ordnung auf die neue Basis zunächst auf wackligen Füßen steht. Das ist der Grund, weshalb sein Entwurf die Ausführlichkeit, Eindringlichkeit und unbe-

---

[561] Caroline Auguste Fischer (1764-1842) war Schriftstellerin und Frauenrechtlerin
[562] zitiert nach Spitzer, S.137

zweifelbare Sicherheit besitzt, welche seinen *Väterlichen Rat* kennzeichnen.

Die Vermutung, dass das Geschlechterverhältnis auf strukturell andere Weise normalisiert worden ist, als das Verhältnis zwischen Bürgern und Staat[563] liegt also nah. Vielleicht muss die Emanzipation des Bürgers als vernunftbegabtes Individuum und die Emanzipation der Frau als dem Mann gleichwertig und gleichberechtigt auf je unterschiedlichen Ebenen betrachtet werden; soziale Ungleichheit wird nicht automatisch als soziale Ungerechtigkeit wahrgenommen und wird deshalb auch nicht zwangsläufig protestierend angegangen. Ein Bewusstsein von Ungerechtigkeit kann nicht aufkommen, wenn die überwiegende Mehrzahl der Frauen davon überzeugt ist, dass es ihre Aufgabe innerhalb der gesellschaftlichen Arbeitsteilung ist, die Versorgung der Familie zu gewährleisten. Wenn der Mann in seiner Rolle als Versorger akzeptiert und etabliert ist – und das kann in einer patriarchial organisierten Gesellschaft gar nicht anders sein – dann wird auch sein Sprach- und Entscheidungsrecht akzeptiert und nicht als ungerecht(-fertigt) empfunden. Die mindeste Bringschuld der Versorgten gegenüber dem Versorger besteht in einer gewissen Loyalitätsbezeugung. Die Konzentration der Aufgaben der Frau auf ihren Beruf als Hausfrau und Mutter innerhalb der gesellschaftlichen Arbeitsteilung bindet die Arbeitskraft von Frauen an einen ganz bestimmten Zweck und an das private Umfeld, die Familie. Weil dieser häusliche Bereich aber völlig auf der Seite des Versorgtwerdens steht, ist frau als Versorgte auch moralisch gebunden; es ist nicht nur ökonomisch unklug, sich gegen jemanden zu stellen, der die eigene Existenzgrundlage sichert, sondern auch unmoralisch – das Recht ist auf Seiten des Versorgers. In der Schrift von Amalia Holst kommt dies deutlich zum Ausdruck. Zwar denkt Holst eine prinzipielle Gleichheit und Gleichwertigkeit der Eheleute, denkt die Ehe als

---

[563] resp. dem Verhältnis zwischen Individuum und Gesellschaft

Freundschaft, die gegenseitigen Vertrauen braucht, um gedeihen zu können. Dennoch weiß Holst, *„will der Mann irgend eine Autorität, eine Herrschaft über sie behaupten, so wird freilich das Weib sich in ihr Schicksal zu schicken wissen, da Körperkräfte, Gesetze und alte Sitte auf des Mannes Seite sind".*[564] Sie wird immer diejenige sein, die nicht auf ihre Rechte „trotzt",[565] die die Willkür des Gatten mit Geduld erträgt, denn *„sie kann bei diesem Nachgeben nur gewinnen".* Selbst wenn die Frau das Recht hat, das gleiche Verständnis, die gleiche Nachsicht vom Ehemann zu verlangen – wo sollte sie dieses Recht einklagen können? Freundschaften werden nicht vor Gericht verhandelt, wie Holst sehr richtig erkennt. Wie man es auch wendet; die Frau bleibt die Versorgte und ist damit strukturell eine Leistungsnehmerin, für die sie gewisse Gegenleistungen zu erbringen hat.

Während Campe ganz persönlich und vertraulich die einzelne Leserin anspricht, wendet Holst sich bereits an die *„geschätzten Freundinnen"* und Hippel schließlich an die Männer. Heute würde man sagen, die Zielgruppen der jeweiligen Schriften sind unterschiedliche – und Campe hat zweifelsohne die größte Zielgruppe angesprochen. Zu diesem Schluss muss man kommen, wenn man berücksichtigt, dass der Appell Hippels an die Männer weitestgehend diejenigen ausschloss, die sich mit der gesamten Thematik nicht auseinandersetzen wollten. Technisch ist Hippels Ansprache an die Männer völlig korrekt und konsequent – die Männer waren diejenigen, die davon überzeugt werden mussten, dass es falsch ist, den Frauen Rechte vorzuenthalten, sie nicht als Mensch, sondern als *„Domestiken"* zu betrachten. Frauen wurden faktisch von Männern in Unmündigkeit und Abhängigkeit gehalten – und will man diesen Umstand abgeändert sehen, gibt es zwei Möglichkeiten: Entweder man ruft zu gewaltsamen, revolutionärem Aufstand auf. In diesem Fall wäre

---

[564] Holst, S.84
[565] vgl. Holst, S.78

die zu wählende Form ein eindringlicher Appell an die, die betroffen sind; die Frauen. Oder man appelliert an die Vernunft, Einsicht und das Gerechtigkeitsempfinden der Machthaber, freiwillig das schiefe Machtverhältnis zu korrigieren. Die angesprochenen Männer können sich allerdings jedem noch so dringlichen Appell durch Desinteresse entziehen.

Holst spricht in ihrem Text das „*wahrhaft gebildete Weib*" an und schließt damit all diejenigen Frauen aus, die nicht über die ökonomischen Möglichkeiten zur Verwirklichung ihrer Ideale verfügen. Daher ist ihre Zielgruppe wohl auch die kleinste; sie besteht aus Frauen des Bildungsbürgertums. Zudem muss berücksichtigt werden, dass Holst mit ihrer Vorstellung der Frau als Gefährtin des Mannes in Kreisen des Bildungsbürgertums offene Türen einrennt. Dieses Ideal galt als akzeptiert. Bei Friedrich Schlegel beispielweise

> „erscheint die Gestalt der philosophisch geschulten Hetäre als Ideal der emanzipierten und attraktiven Partnerin des Mannes. Die Hetairai (griech. ‚Gefährtin der Männer'), die im antiken Athen als Mätressen prominenter Politiker und Philosophen häufig gebildete, wohlhabende Frauen waren [...] wurden zum Wunschbild für bürgerliche Intellektuelle".[566]

Holst verbindet in ihrem Entwurf das Wunschbild der bürgerlich intellektuellen Männer nach einer Gefährtin und das Ideal der nützlichen, klug wirtschaftenden Hausfrau und umsichtigen Mutter.

Betrachtet man die verwendeten sprachlichen Mittel der drei Schriften, kommt man nicht umhin, wieder Campe den größten Vorteil zuzusprechen. Über den Ton der persönlichen Vertrautheit hinaus, ist der *Väterliche Rat* regelrecht didaktisch aufbereitet. Campe wiederholt, präzisiert und kontrolliert seine Behauptungen und formuliert praktische Handlungsanweisungen. Holst

---

[566] Görner, S.839

hingegen demonstriert ihre eigene Belesenheit mit ihren „*Durchflügen*" durch die Geschichte, denen man oft nur schwer folgen kann und ist weder bereit, noch in der Lage ihre Opponenten inhaltlich zu entkräften. Die Vorschläge für die Umsetzung ihrer Forderungen unterscheiden sich in der Konsequenz überhaupt nicht mehr von denen, die schon Campe formuliert hat. Zudem wird die Aufgabe der „höheren Geistesbildung" jeder einzelnen Frau selbst in Eigenverantwortung zugeschrieben; ohne Schule, ohne Lehrer, allein aus dem Studium der „*Originalquellen*" soll und muss die Frau sich bei Holst zu einem besseren Menschen bilden. Hippel wählte die abstrakteste Sprache – um seiner Schrift folgen zu können, sind viele Vorkenntnisse nötig; der Text liest sich alles andere als leicht. Wenn Hippel tatsächlich alle Männer hätte ansprechen wollen, dann wäre ein leichterer sprachlicher Zugang sicher von Vorteil gewesen.

Als Wirkungstypen von Texten können die Verstärkung, die Schwächung, die Neutralisierung, die Umkehrung, die Konformität und die Nonkonformität von Meinungen und Einstellungen gelten. Dabei ist wohl in den seltensten Fällen nur ein Wirkungstyp beteiligt.

„Die wahrscheinlichste Wirkung ist die Bekräftigung schon vorhandener Einstellungen, die nächst wahrscheinliche ist die Abschwächung, die am wenigsten wahrscheinliche ist die Umkehrung bisheriger Meinungen".[567]

Wenn zu einem bestimmten Themengebiet noch keine Meinung oder Einstellung gebildet wurde, ist die Chance groß, „*dass sich aufgrund der Rezeption eines Textes eine völlig neue Einstellung bildet*". Für das Thema der hier behandelten Texte bedeuten diese Ergebnisse der Buchwirkungsforschung, dass eine neue Einstellung zum Geschlechterverhältnis um 1800 keine sehr günstigen Voraussetzungen hinsichtlich der Umsetzung hatte; jede und jeder hatte Vorstellungen von den Aufgaben einer Frau in der

---

[567] Sahr S.162

Gesellschaft, von ihren Pflichten und ihrer „*Bestimmung*" – das hat sich bis heute nicht geändert. Nicht zuletzt durch das Vorbild der Elterngeneration werden bestimmte Werte und Einstellungen hinsichtlich der Geschlechtszugehörigkeit tradiert. Selbst wenn es in der heutigen Forschung die Erkenntnis als gesichert gelten kann, dass man nicht als Mann oder Frau geboren, sondern dazu gemacht wird, ändert sich nichts an der Wichtigkeit der Kategorie Geschlecht als Identifikationsmoment für das eigene Leben – es war und ist nicht egal - im wörtlichen Sinne „gleich" - ob man als Frau oder Mann lebt.

Hippel skizziert in seiner Schrift eine radikale Neuordnung des Geschlechterverhältnisses – selbst wenn er selbst immer wieder darauf hinweist, dass es sich bei dieser Neuordnung um einen Prozess handeln müsse, ist seine Argumentation im Kern als utopisch zu kennzeichnen, da sich alle seine Forderungen aus rein theoretischen Annahmen über ein zukünftiges Sosein gesellschaftlicher Organisation ergeben. Der wahrscheinlichste Wirkungstyp dieses Textes wird die daher die Nonkonformität gewesen sein – da bei der bisherigen Einstellung zum Thema des Geschlechterverhältnisses der Umstand der Ungleichheit und der Ungleichwertigkeit vorherrschend waren und weil aufgrund der prinzipiellen Betroffenheit aller Menschen diese vorherrschende Meinung als etabliert gelten muss – d.h. die Chancen sind gering, dass sich eine völlig neue Einstellung bilden kann. Eine generelle Ablehnung von Hippels Entwurf ist aufgrund dessen strukturell vorprogrammiert. Bildlich gesprochen, versucht Hippel mit seinem Entwurf das Schiff auf hoher See bis auf die Planken umzubauen – wenn man aber alle Elemente entfernt, die das Schiff benötigt, um sich über Wasser zu halten, dann wird es unweigerlich sinken. Die Angst vor einem solchen Untergang spielt dabei eine große Rolle – auch das sieht Hippel sehr deutlich, wenn er in seiner Schrift immer wieder die, seiner Meinung nach unbegründete „*Furcht der Männer*" anspricht, die sie davon abhalte, wichtige, weil gerechte Entscheidungen zu treffen. Strukturell fehlen Hippels Entwurf zudem die Belege für ein mögliches und plausibles Gelingen seiner Forderungen; er kann keinerlei Erfahrungen vorweisen, die seinen Behauptungen eine verlässliche Grundlage bieten können. Überzeugungen können sich aufgrund von Erfahrungen herausbilden, auch wenn diese Überzeugungen dann kognitiv verantwortungslos sein sollten, d.h. wenn die Überzeugten keine rationalen Gründe für ihre Überzeugung nennen können. Dennoch können sich solche „*unverantwortlichen Überzeugungen als Wissen qualifizieren*",[568] wenn sich gemachte Voraussagen als verlässlich erwiesen haben, „*denn es ist rein gar nichts unverständlich daran, Überzeugungen zu haben, für die wir keine Gründe geben können*".[569] Über die Wahrheit einer Behauptung urteilt nicht der Überzeugte, sondern der zu Überzeugende: „*Eine Behauptung oder eine Überzeugung für wahr zu halten, bedeutet [...] selbst die Behauptung zu billigen*".[570] Auch in Bezug auf soziale Gruppen hat sich diese Feststellung innerhalb der Medienwirkung bestätigt. Prozesse der sozialen Kontrolle spielen bei unterschiedlichen Wirkungsmodellen eine Rolle. Die Wahrscheinlichkeit einer bestimmten Wirkung eines Textes ist

„auch das Resultat der Übereinstimmung des kommunizierten Inhalts mit dem Wertesystem der jeweiligen Gruppe. Wenn die Intentionen des Kommunikators den Gruppennormen zuwiderlaufen, steigt die Wahrscheinlichkeit eines Bumerang-Effekts: Eine beabsichtigte Einstellungs- und Verhaltensänderung resultiert in einer Verstärkung des Wir-Gefühls der Gruppe und in einem Imageverlust des Urhebers der Aussage".[571]

Hierin liegt also ein plausibler Grund, warum Hippels Entwurf keine Alternative zum Mainstream der herrschenden Meinungen

---

[568] Brandom, S.139
[569] Brandom, S.139
[570] Brandom, S.157
[571] Jäckel, S.74

und Einstellungen sein konnte.[572] Vermutlich hat die Radikalität seiner Forderungen sogar das Wir-Gefühl der Hauptstrom-Protagonisten verstärkt.[573] Hinsichtlich der hier behandelten Texte lässt sich zumindest feststellen, dass also weder Hippels Entwurf, noch der Entwurf von Amalia Holst die Qualität eines eigenständigen Gegenentwurfs (zu Campe) besitzen. In Holsts Entwurf repräsentiert sich lediglich eine Variante in der Entwicklung der Rede von der *„weiblichen Bestimmung"* als Gattin, Hausfrau und Mutter. Dass die Frau um 1800 durchaus als eigenständige Person gedacht werden konnte, zeigt sich in Hippels Entwurf. Ebenso deutlich zeigt sich allerdings auch, dass sie nicht so gedacht werden *sollte*, da die Gefahren des Kenterns ihres *„Nachens der Glückseligkeit"* (Campe) viel zu groß und zahlreich waren.

Wenn es weiterhin richtig ist, dass Meinungen und Einstellungen zu bestimmten Themen durch (Massen-)Medien gebildet werden können, dann ist die Monographie um 1800 immer noch der wichtigste Posten innerhalb einer sich gerade entwickelnden Medienlandschaft. Neben den hier behandelten Texten von Campe, Holst und Hippel wäre es sicher fruchtbar auch Caroline Rudolphis[574] *Gemälde weiblicher Erziehung* (1807) und Betty

---

[572] Und nebenbei liefert sie eine Antwort auf Honeggers Vermutung, dass Hippels Texte aufgrund seines Images als *„versponnener, einsamer Gynokrat"* ungelesen liegen blieben.

[573] Hier erscheint ein interessanter Gedanke für anschließende Untersuchungen im Bereich der Wirksamkeit von Texten: Ist es möglich, dass radikale Gegenentwürfe herrschender Meinungen und Einstellungen vielleicht die materiale Grundlage dafür liefern, die Argumente des Mainstreams noch weiter abzusichern? D.h., werden die Vertreter des Mainstreams vielleicht erst durch radikale Gegenargumente zu einer ausführlicheren, tieferen Begründung der eigenen Position genötigt? Es scheint plausibel, dass eine Radikalisierung von Gedanken und Konzepten auf der einen Seite, eine Vereinheitlichung und größere Geschlossenheit der Entwürfe auf der anderen Seite zur Folge hat.

[574] Caroline Rudolphi (1753-1811) war Schriftstellerin, Dichterin und Erzieherin

Gleims[575] *Erziehung und Unterricht des weiblichen Geschlechts* (1810) einer genaueren textanalytischen Betrachtung zu unterziehen. Aber auch über die Schriften von Ernst Brandes[576] und Christoph Meiners,[577] auf die Amalia Holst so ausdrücklich *keinen* Bezug nimmt, müsste eine detailliertere Auseinandersetzung stattfinden, da Claudia Honegger bereits deren Wichtigkeit bei der Durchsetzung der moral-physiologischen Grundlagen der Geschlechterdifferenz nachgewiesen hat.[578]

Zeitungen und Zeitschriften etablieren sich zwar bereits im 17. Jahrhundert,[579] bleiben allerdings im 18. Jahrhundert neben dem Buch die einzigen Medien und werden in ihren Inhalten von der staatlichen und kirchlichen Zensur stark eingeschränkt. Erst 1829 kommt die Photographie als neues Medium hinzu. Zeitschriften und Periodika werden erst im Verlauf des 19. Jahrhunderts immer wichtiger. Sogenannte *Taschenbücher*[580] oder *Almanache*[581] sind zum Teil mit Kupferstichen versehen und wirken mit kurzen Artikeln an der *„Belehrung und Erziehung"* der Frau mit. Christina Klausmann bemerkt dazu:

> „Die Moral wurde dick aufgetragen, und die dauernde Wiederholung der immer gleichen Botschaft lässt vermuten, dass den Frauen die ihnen eigene „Bestimmung" so natürlich noch nicht war".[582]

---

[575] Betty Gleim (1781-1826) war Schriftstellerin, Schulgründerin und Pädagogin
[576] *Über die Weiber* (1787)
[577] *Geschichte des weiblichen Geschlechts* (1788). Christoph Meiners (1787-1810) war Professor in Göttingen, Ethnograph und Philosoph
[578] vgl. Honegger 1991, S.47: die Schrift von Brandes „zu ignorieren, scheint kaum möglich gewesen zu sein."
[579] die erste Zeitung 1609, die Zeitschrift 1682. vgl. Jäckel, S.28
[580] z.B. das *Taschenbuch für edle deutsche Weiber*, Leipzig 1800 oder das *Taschenbuch für Damen auf das Jahr 1801*, herausgegeben von Huber, Puffel, Lafontaine u.a., Tübingen
[581] z.B. *Anmuth und Schönheit aus den Misterien der Natur und Kunst für ledige und verheiratete Frauenzimmer*, Berlin 1802
[582] In: Sklavin oder Bürgerin? S.805

Die Inhalte der *Taschenbücher* und *Almanache* dieser Zeit sind hinsichtlich der verwendeten Argumentationsmuster und Begründungsstrukturen nicht erforscht. Interessant wäre die Frage, ob sich in diesen Taschenbüchern und Almanachen ein breiteres Argumentationsschema repräsentiert als es bei den Monographien der Fall ist und ob sich damit ein weiter gespannteres diskursives Feld ergeben hat, in dem das Thema der weiblichen Erziehung und Bildung kontroverser verhandelt worden ist. Zu vermuten ist aber, dass die belehrenden und ratgebenden Artikel der *Almanache* dem *Väterlichen Rat* von Campe ein günstigeres Klima für die Verbreitung bereiteten, als der *Bürgerlichen Verbesserung der Weiber* von Hippel. Es ist durchaus wahrscheinlich, dass die Artikel der *Almanache* das Feld eher verengt als erweitert haben. Hinzu kommt, dass sich das lesende Publikum erst langsam und offenbar im Verbund mit der Entwicklung des Bürgertums konstituierte: *"Zunächst konzentrierte sich die Expansion des Lesens somit auf das Bürgertum"*.[583] Die Lesefähigkeit der deutschen Bevölkerung um das Jahr 1800 wird auf 25 bis 40% geschätzt. Erst ab Mitte des 19. Jahrhunderts kann man von einem *"Massenpublikum"* sprechen, da sich die Lesefähigkeit auf Grund der verbesserten Schulbildung erhöhte. Man darf also nicht vergessen, dass die Druckerzeugnisse zwar durch sinkende Papierpreise günstiger wurden und auch leichter zugänglich[584] aber noch immer nur von einem Teil der Bevölkerung überhaupt gelesen werden konnten. Hinzu kommt die gängige Praxis des Vorlesens, die Aussagen über die Verbreitung von Texten im behandelten Zeitraum erschwert.

Die vorangegangenen Überlegungen machen noch einmal deutlich, dass es ein schwieriges Unterfangen ist, sich bei der Frage nach der Wirkung von Texten auf Auflagenzahlen und Zahlen verkaufter Exemplare stützen zu wollen. Die hier behandelten

---

[583] Jäckel, S.39
[584] In Berlin gab es 1831 bereits 80 Buchhandlungen; vgl. Jäckel, S.40

Ganzschriften waren, wie gesagt, neben den *Almanachen* und *Taschenbüchern* die wichtigsten Medien der Zeit und da der äußere Zugriff auf sie wegen der ungenauen Kenntnisse über ihre Verfügbarkeit und der noch ungenaueren Kenntnisse über die Lesefähigkeit (noch) verwehrt scheint, ist der Zugriff über die textimmanenten Begründungsstrukturen der einzig mögliche. Diesen Untersuchungsansatz weiter auszubauen, wäre sicher lohnend.

Literatur und Quellen

Primärliteratur

Campe, Joachim Heinrich: Väterlicher Rath für meine Tochter. Ein Gegenstück zum Theophon. Neudruck der Ausgabe Braunschweig 1796. Mit Einleitung von Ruth Bleckwenn. (Quellen und Schriften zur Geschichte der Frauenbildung, Band 3) Paderborn (Verlag M. Hüttemann) 1988.

Hippel, Theodor Gottlieb von: Über die bürgerliche Verbesserung der Weiber (1793). Nachwort von Ralph-Rainer Wuthenow. Frankfurt a.M. (Syndikat) 1977. (Dieser Ausgabe liegt der Text von Hippels Schrift im 6. Band der Sämtlichen Werke, Berlin 1828, zugrunde.)

Hippel, Theodor Gottlieb von: Nachlass über weibliche Bildung. Berlin 1801. Lage (BEAS-Edition; Quellen und Schriften zur Geschichte der Frauenbildung, Band 21) 1999.

Holst, Amalia, geb. von Justi: Über die Bestimmung des Weibes zur höheren Geistesbildung. Neuausgabe des 1802 in Berlin bei Fröhlich erschienenen Buches. (1.Auflage 1983) 2. erw. Aufl., Vorwort und Nachwort von Berta Rahm. Zürich (Ala) 1984.

Sekundärliteratur

Allen, Ann Taylor (2000): Feminismus und Mütterlichkeit in Deutschland 1800-1914. Weinheim.

Blochmann, Elisabeth (1966): Das „Frauenzimmer" und die „Gelehrsamkeit". Eine Studie über die Anfänge des Mädchenschulwesens in Deutschland. Heidelberg.

Brehmer, Ilse (Hrsg.) (1982): Sexismus in der Schule. Weinheim, Basel.

Dreßen, Wolfgang (1982): Die pädagogische Maschine. Zur Geschichte des industrialisierten Bewusstseins in Preußen / Deutschland. Frankfurt a.M., Berlin, Wien.

Fraisse, Geneviève (1995): Geschlecht und Moderne. Archäologien der Gleichberechtigung. Herausgegeben von Eva Horn. Frankfurt a.M.

Frevert, Ute (1986): Frauen-Geschichte. Zwischen bürgerlicher Verbesserung und Neuer Weiblichkeit. Frankfurt a.M.

Frevert, Ute (1995): „Mann und Weib, und Weib und Mann". Geschlechter – Differenzen in der Moderne. München.

Friedrich-Ebert-Stiftung (Hrsg.) (1989): Bildungschancen in Bayern – gleich verteilt? München.

Gerhardt, Ute (1990): Unerhört. Die Geschichte der deutschen Frauenbewegung. Reinbek bei Hamburg.

Glötzner, Johannes (1989): Rechengeschichten von Britta und Lars. München.

Görner, Karin (1989): Neue Weiblichkeitsideale. In: *Sklavin oder Bürgerin?* S.838-846.

Grossmann, Wilma / Naumann, Britta (Hrsg.) (1987): Frauen und Mädchenrollen in Kinder- und Schulbüchern. Frankfurt a.M.

Hahn, Georg / Angelika und Friedrich Götz / Brigitte Marcher (1982): Kinder, Küche, Kleider. Historische Texte zur Mädchenerziehung. Wien.

Henne, Helmut (1996): Braunschweigische Wörterbuchwerkstatt – Joachim Heinrich Campe und sein(e) Mitarbeiter. In: Visionäre Lebensklugheit. Seiten 215-224.

Heuser, Magdalena (1989): Jakobinerin, Demokratin und Revolutionär. Therese Hubers ‚kleiner winziger Standpunkt' als Weib um 1800. In: *Sklavin oder Bürgerin?* S.143-157.

Honegger, Claudia (1989): Die Ordnung der Geschlechter. Die Wissenschaften vom Menschen und das Weib 1750-1850. Frankfurt a.M. / New York.

Honegger, Claudia (1989): Die französische Anthropologie der Revolutionszeit und die Neubestimmung der Geschlechter. In: *Sklavin oder Bürgerin?* S. 294-307.

Jonach, Michaela (1997): Väterliche Ratschläge für bürgerliche Töchter. Frankfurt a.M.

Jonas, Friedrich (1981): Geschichte der Soziologie. Band 1. Opladen (2.Aufl.).

Kleinau, Elke / Claudia Opitz (Hrsg.) (1996): Geschichte der Mädchen- und Frauenbildung. Band 1: Vom Mittelalter bis zur Aufklärung. Frankfurt a.M./ New York.

Lange, Sigrid (Hrsg.) (1992): Ob die Weiber Menschen sind. Geschlechterdebatten um 1800. Leipzig.

Link, Jürgen (1999): Versuch über den Normalismus. Wie Normalität produziert wird. Opladen, Wiesbaden.

Link, Jürgen (2001): Aspekte der Normalisierung von Subjekten. Kollektivsymbolik, Kurvenlandschaften, Infografiken. In: Gerhard / Link / Schulte-Holtey (Hrsg.): Infografiken, Medien, Normalisierung. S.77-92.

Link, Jürgen / T. Loer / H. Neuendorff, H. (Hrsg.) (2003): "Normalität" im Diskursnetz soziologischer Begriffe. Heidelberg.

Mill, John Stuart / Taylor Mill, Harriet / Taylor, Helen: Die Hörigkeit der Frau. (The subjection of women) Ulrike Helmer (Hrsg.) 2.unverändert.Aufl. Königstein / Taunus 1997. Mit einem Nachwort von Hannelore Schröder.

Pratchett, Terry / I. Stewart / J. Cohen: Die Gelehrten der Scheibenwelt. München 2000.

Prengel, Annedore (1993): Pädagogik der Vielfalt. Verschiedenheit und Gleichberechtigung in Interkultureller, Feministischer und Integrativer Pädagogik. Opladen.

Rousseau, Jean – Jacques: Emile oder von der Erziehung. Emile und Sophie oder die Einsamen. München 1979. Fünftes Buch.

Salzer, Anselm / Tunk, Eduard: Illustrierte Geschichte der deutschen Literatur. In sechs Bänden. Band II: Vom Barockzeitalter bis zum Sturm und Drang. Revid. u. erw. Neuaufl. Köln (Naumann &. Göbel).

Schillers sämtliche Werke in zwölf Bänden. Mit Einleitung von Karl Goedeke. Band I. Stuttgart 1875.

Schmid, Pia (1993): Der Beitrag der Pädagogik bei der Durchsetzung der bürgerlichen Geschlechtertheorie. (Unveröffentl. Habilschrift) Univ. GH Siegen.

Schmid, Pia (1996): Ein Klassiker der Mädchenerziehungstheorie: Joachim Heinrich Campes Väterlicher Rat für meine Tochter (1789). In: Visionäre Lebensklugheit. Seiten 205-214.

Schmid, Pia (1996a): Weib oder Mensch, Wesen oder Wissen? Bürgerliche Theorien zur weiblichen Bildung um 1800. In: Kleinau / Opitz: Geschichte der Mädchen- und Frauenbildung, S.328-345.

Schmitt, Hanno (1996): Visionäre Lebensklugheit: Zur Biographie Joachim Heinrich Campes. In: Visionäre Lebensklugheit. Seiten 13-32.

Schröder, Hannelore (Hrsg.) (1979): Die Frau ist frei geboren. Texte zur Frauenemanzipation. Band 1: 1789 – 1870. München.

Sklavin oder Bürgerin? Französische Revolution und Neue Weiblichkeit 1760 – 1830. Historisches Museum Frankfurt. Herausgegeben von Viktoria Schmidt-Linsenhoff. Marburg 1989.

Spitzer, Elke (2002): Emanzipationsansprüche zwischen der Querelle des Femmes und der modernen Frauenbewegung. Der Wandel des Gleichheitsbegriffes am Ausgang des 18. Jahrhunderts. Kassel.

Stalmann, Franziska (1991): Die Schule macht die Mädchen dumm. Die Probleme mit der Koedukation. München.

Strehler, Ingrid (1989): Den Männern gleich an Rechten ... Leipzig.

Tenorth, Heinz-Elmar (1994): „Alle Alles zu lehren". Möglichkeiten und Perspektiven allgemeiner Bildung. Darmstadt.

Visionäre Lebensklugheit. Joachim Heinrich Campe in seiner Zeit 1746 – 1818. (Ausstellung des Braunschweigischen Landesmuseums und der Herzog August Bibliothek Wolfenbüttel vom 29. Juni bis 13. Oktober 1996) Ausstellungskataloge der Herzog August Bibliothek; Nr. 74. Wiesbaden: Harrassowitz.

von Hentig, Hartmut: Bildung. Ein Essay. (Lizenzausgabe für die Wissenschaftliche Buchgesellschaft) Darmstadt 1997.

Wikander, Ulla (1989): Von der Magd zur Angestellten. Macht, Geschlecht und Arbeitsteilung 1789 – 1950. Frankfurt a.M.

Literatur zur Argumentationsanalyse und Buchwirkungsforschung

Bayer, Klaus (1994): Evolution – Kultur – Sprache. Eine Einführung. Bochum: Brockmeyer.

Bayer, Klaus (1999): Argument und Argumentation. Logische Grundlagen der Argumentationsanalyse. Opladen, Wiesbaden: Westdeutscher Verlag.

Berk, Ulrich (1979): Konstruktive Argumentationstheorie. Stuttgart-Bad Cannstatt: frommnann-holzboog.

Brandom, Robert B. (2001): Begründen und Begreifen. Eine Einführung in den Inferentialismus. Frankfurt a.M.: Suhrkamp (Lizenzausgabe WBG).

Buchwissenschaft und Buchwirkung. VII Leipziger Hochschultage für Medien und Kommunikation. Herausgegeben von Dietrich Kerlen und Inka Kirste. Leipzig (Institut für Kommunikations- und Medienwiss.) 2000

Jäckel, Michael (2002): Medienwirkungen. Ein Studienbuch zur Einführung. Wiesbaden: Westdeutscher Verlag (2. überarb. u. erw. Aufl.)

Kerlen, Dietrich (2000): Buchwirkungsforschung – Vermessung eines Forschungsfeldes. In: Buchwissenschaft und Buchwirkung, S.99-111.

Kopperschmidt, Josef (2000): Argumentationstheorie. Zur Einführung. Hamburg: Junius.

Kopperschmidt, Josef (1989): Methodik der Argumentationsanalyse. Stuttgart-Bad Cannstatt: frommann-holzboog.

Mitterer, Josef (2001): Die Flucht aus der Beliebigkeit. Frankfurt a.M.: Fischer.

Paschen, Harm (1992): Aufgaben und Instrumente einer argumentativ disziplinierten Erziehungswissenschaft. In: Paschen, Harm/ Lothar Wigger (Hrsg.): Pädagogisches Argumentieren, S.141-153.

Paschen, Harm/ Lothar Wigger (Hrsg.) (1992): Pädagogisches Argumentieren. (Beiträge zur Theorie und Geschichte der Erziehungswissenschaft, Band 12) Weinheim: Deutscher Studien Verlag.

Paschen, Harm / Lothar Wigger (1992a) : Zur Analyse pädagogischer Argumentationen. Bericht des Forschungsprojekts „Bielefelder Katalog pädagogischer Argumente". Weinheim: Deutscher Studien Verlag.

Prange, Klaus (1992): ‚Erfahrung' als Argument. In: Paschen, Harm / Lothar Wigger (1992) (Hrsg.): Pädagogisches Argumentieren. S.179-189.

Rath, Matthias (2000): Medienwirkung in Deutschland – eine Annäherung. In: Buchwissenschaft und Buchwirkung. Seiten 89-98.

Sahr, Michael (2000): Zwischen Glaube, Hoffnung und Wissen – Buchwirkungen bei jungen Lesern. In: Buchwissenschaft und Buchwirkung. S.155-169.

Schön, Erich (2000): Buchnutzungsforschung. In: Buchwissenschaft und Buchwirkung, S.113-130.

Zeitschriftenartikel

Berthold, P.: Zur Erziehung der weiblichen Jugend in den höheren Ständen. In: Ethische Kultur: Wochenschrift zur Verbreitung ethischer Bestrebungen; 6 (1898) 8, S. 61-63.

Harms: Die Stellung der Schule und des Hauses zur Erziehung der weiblichen Jugend der höheren Stände. In: Pädagogisches Archiv: Monatsschrift für Erziehung, Unterricht und Wissenschaft; 8 (1866) 6, S. 415-427.

Hermann, E.: Mädchenbildung. Pädagogisches. In: Pädagogisches Archiv: Monatsschrift für Erziehung, Unterricht und Wissenschaft; 38 (1896) 7, S. 463-466.

Hörner, D. Friedrich: Über die Bildungsfähigkeit des weiblichen Geschlechts und daher über den zu vollendenden Unterricht desselben in seinen reiferen Jugendjahren. In: Allgemeine Schulzeitung: ein Archiv für die Wissenschaft des gesamten Schul-, Erziehungs- und Unterrichtswesens und die Geschichte der Universitäten, Gymnasien, Volksschulen und aller höheren und niederen Lehranstalten. 1. Abteilung, Für das allgemeine Volksschulwesen; 6 (1829) 53, S. 417-424.

Lammers, Mathilde: Reform der Mädchenbildung. In: Die Lehrerin in Schule und Haus: Zentralorgan für die Interessen der Lehrerinnen und der Erzieherinnen des In- und Auslandes; 4 (1887/88) 8, S. 225-228.

Loeper-Housselle, Marie: Die Erziehung des weiblichen Geschlechts zur Selbständigkeit: Vortrag, gehalten in Nürnberg in der Generalversammlung des Allgemeinen deutschen Frauenvereins. In: Die Lehrerin in Schule und Haus: Zentralorgan für die Interessen der Lehrerinnen und der Erzieherinnen des In- und Auslandes; 10 (1893/94) 6, S. 161-172.

Natorp, O.: Über die Auswahl des historischen Stoffes für den Mädchenunterricht. In: Pädagogisches Archiv: Monatsschrift für Erziehung, Unterricht und Wissenschaft; 7 (1865) 3, S. 161-175.

Schwebende Fragen des höheren Mädchenunterrichts. In: Die Lehrerin in Schule und Haus: Zentralorgan für die Interessen der Lehrerinnen und der Erzieherinnen des In- und Auslandes; 8 (1891/92) 19, S. 589-591.